Baedekers
Allianz-Reiseführer
Florenz

Baedekers
Allianz 🛅 Reiseführer

Städte in aller Welt

Amsterdam	Hamburg	München
Athen	Hongkong	New York
Bangkok	Istanbul	Paris
Barcelona	Jerusalem	Prag
Berlin	Köln	Rom
Brüssel	Kopenhagen	San
Budapest	Leningrad	Francisco
Dresden	(St. Petersburg)	Singapur
Düsseldorf	Lissabon	Stuttgart
Florenz	London	Tokio
Frankfurt	Madrid	Venedig
am Main	Moskau	Wien

Reiseländer · Großräume

Ägypten	Irland	Mittelmeer
Asien	Israel	Niederlande
Belgien	Italien	Österreich
Dänemark	Japan	Portugal
Deutschland	Jugoslawien	Schweiz
Deutschland · Ost	Kanada	Skandinavien
Deutschland · West	Karibik	Spanien
Frankreich	Luxemburg	Tschechoslowakei
Griechenland	Marokko	Tunesien
Großbritannien	Mexiko	USA

Regionen · Inseln · Flüsse

Andalusien	Loire	Seychellen
Bodensee	Mallorca	Sizilien
Costa Brava	Malta	Südtirol
Elbe	Provence ·	Teneriffa
Gran Canaria	Côte d'Azur	Tessin
Griechische Inseln	Rhein	Toskana
Hawaii	Ruhrgebiet	Türkische
Ibiza	Schwäbische	Küsten
Kalifornien	Alb	Zypern

Städte in Deutschland und der Schweiz

Augsburg	Freiburg	Mainz
Bamberg	Hannover	Mannheim
Basel	Heidelberg	Nürnberg
Berlin (gr. + kl.)	Kiel	Passau
Bonn	Konstanz	Regensburg
Bremen	Leipzig	Trier
Darmstadt	Lübeck	Wiesbaden

Baedekers
Allianz Reiseführer
Florenz

VERLAG KARL BAEDEKER

Hinweise zur Benutzung dieses Reiseführers

Sternchen (Asterisken) als typographisches Mittel zur Hervorhebung bedeutender Bau- und Kunstwerke, Naturschönheiten und Aussichten, aber auch guter Unterkunfts- und Gaststätten hat Karl Baedeker im Jahre 1844 eingeführt; sie werden auch in diesem Reiseführer verwendet: Besonders Beachtenswertes ist durch * einen vorangestellten 'Baedeker-Stern', einzigartige Sehenswürdigkeiten sind durch ** zwei Sternchen gekennzeichnet.

Zur raschen Lokalisierung der Sehenswürdigkeiten von A bis Z auf dem beigegebenen Stadtplan sind die entsprechenden Koordinaten der Plannetzmaschen jeweils neben der Überschrift in Blaudruck hervorgehoben: *Ognissanti H 5.

Wenn aus der Fülle von Unterkunfts-, Gast- und Einkaufsstätten nur eine wohlüberlegte Auswahl getroffen ist, so sei damit gegen andere Häuser kein Vorurteil erweckt.

Da die Angaben eines solchen Reiseführers in der heute so schnellebigen Zeit fast ständig Veränderungen unterworfen sind, kann für die Richtigkeit keine absolute Gewähr übernommen werden. Auch lehrt die Erfahrung, daß sich Irrtümer nie gänzlich vermeiden lassen. Für Berichtigungen und Verbesserungsvorschläge ist die Baedeker-Redaktion – Zeppelinstraße 44/1, D(W)-7302 Ostfildern 4 – stets dankbar.

Impressum

Ausstattung:
94 Abbildungen (Bildnachweis am Ende des Buches)
19 Grundrisse, 2 Innenstadtpläne, 2 Lagepläne, 2 graphische Darstellungen, 1 Übersichtskarte, 1 großer Stadtplan (Kartenverzeichnis am Ende des Buches)

Text:
Linda und Heinz-Joachim Fischer, Rom

Bearbeitung und Fortführung:
Baedeker-Redaktion (Birgit Borowski)

Kartographie:
Gert Oberländer, München
Hallwag AG, Bern (Stadtplan)

Gesamtleitung:
Dr. Peter H. Baumgarten, Baedeker Stuttgart

5. Auflage 1992
Gänzlich überarbeitete, erweiterte und neugestaltete Ausgabe

Urheberschaft:
Verlag Karl Baedeker GmbH, Ostfildern-Kemnat bei Stuttgart
Nutzungsrecht:
Mairs Geographischer Verlag GmbH & Co., Ostfildern-Kemnat bei Stuttgart

Satz (Typotext): Gerda Kaul, Wendlingen
Textfilme: CB Fotosatz Berger, Leinfelden-Echterdingen
Reproduktionen: Repro Studio Lang, Ruit
Druck: Merkur-Druck Mayer GmbH, Ostfildern
Buchbinderische Verarbeitung: H. Wennberg GmbH, Leonberg-Eltingen

Printed in Germany
ISBN 3-87504-136-4

Inhalt

Liebe Leserin, lieber Leser,

Baedeker ist ständig bemüht, die Qualität seiner Reiseführer noch zu steigern und ihren Inhalt weiter zu vervollkommnen. Hierbei können ganz besonders die Erfahrungen und Urteile aus dem Benutzerkreis als wertvolle Hilfe gar nicht hoch genug eingeschätzt werden. Vor allem **Ihre Kritik, Berichtigungen und Verbesserungsvorschläge sind uns stets willkommen.** Sie helfen damit, die nächste Auflage noch aktueller zu gestalten.
Bitte schreiben Sie in jedem Falle an die

Baedeker-Redaktion
Karl Baedeker GmbH
Marco-Polo-Zentrum
Zeppelinstraße 44/1
Postfach 31 62
D(W)-7302 Ostfildern 4 (Kemnat).

Der Verlag dankt Ihnen im voraus bestens für Ihre Mitteilungen. Jede Einsenderin und jeder Einsender nimmt an einer jeweils zum Jahresende unter Ausschluß des Rechtsweges stattfindenden Verlosung von drei JRO-LEUCHTGLOBEN teil. Falls Sie gewonnen haben, werden Sie benachrichtigt. Ihre Zuschrift sollte also neben der Angabe des Buchtitels und der Auflage, auf welche Sie sich beziehen, auch Ihren Namen und Ihre Anschrift enthalten. Die Informationen werden selbstredend vertraulich behandelt und die persönlichen Daten nicht gespeichert.

Vorwort

Dieser Reiseführer gehört zur neuen Baedeker-Generation.

In Zusammenarbeit mit der Allianz Versicherungs-AG erscheinen bei Baedeker durchgehend farbig illustrierte Reiseführer in handlichem Format. Die Gestaltung entspricht den Gewohnheiten modernen Reisens: Nützliche Hinweise werden in der Randspalte neben den Beschreibungen herausgestellt. Diese Anordnung gestattet eine einfache und rasche Handhabung.

Der Reiseführer gliedert sich in drei Hauptteile: Im ersten Teil wird über die Stadt im allgemeinen, Bevölkerung, Kultur, Verkehr, Wirtschaft, berühmte Persönlichkeiten, Stadtgeschichte und Kunstgeschichte berichtet. Eine kleine Sammlung von Literaturzitaten leitet über zum zweiten Teil, in dem die Sehenswürdigkeiten in und um Florenz beschrieben werden. Daran schließt ein dritter Teil mit praktischen Informationen, die dem Besucher das Zurechtfinden vor Ort erleichtern. Sowohl die Sehenswürdigkeiten als auch die Informationen sind in sich alphabetisch geordnet.

Baedekers Allianz-Reiseführer zeichnen sich durch Konzentration auf das Wesentliche sowie Benutzerfreundlichkeit aus. Sie enthalten eine Vielzahl eigens entwickelter Pläne und zahlreiche farbige Abbildungen. Zu diesem Reiseführer gehört als integrierender Bestandteil ein ausführlicher Stadtplan, auf dem die im Text behandelten Sehenswürdigkeiten anhand der jeweils angegebenen Plankoordinaten zu lokalisieren sind.

Wir wünschen Ihnen mit Baedekers Allianz-Reiseführer viel Freude und einen lohnenden Aufenthalt in Florenz!

Baedeker

Verlag Karl Baedeker

Zahlen und Fakten

Wappen
der Stadt
Florenz

Allgemeines

Florenz, italienisch Firenze, ist die Hauptstadt der Region Toskana, eines der zwanzig 'Länder' Italiens, und zugleich Hauptort der Provinz Florenz. Während im Altertum Italien seine Impulse von Rom empfing, war vom Mittelalter bis zur Neuzeit meist Florenz der Mittelpunkt der geistigen Entwicklung. Von hier ging die Schöpfung der italienischen Sprache und Literatur aus, hier erwuchs die Blüte der italienischen Kunst. Eine erstaunliche Fülle von Kunstschätzen, bedeutsame geschichtliche Erinnerungen sowie eine reizvolle Umgebung machen Florenz zu einer der besuchenswertesten Städte der Erde.

Bedeutung

Die Stadt Florenz liegt auf 43° 46′ nördlicher Breite und 11° 16′ östlicher Länge zu beiden Seiten des Arno inmitten einer fruchtbaren Beckenlandschaft, umgeben von den Apenninen und dem toskanischen Hügelland (49–70 m ü. d. M.).

Geographische Lage

Das Klima in Florenz ist durch warme trockene Sommer und milde Winter gekennzeichnet. Im Juli und August ist in Florenz nur an je drei Tagen mit Regen zu rechnen, die Temperaturen übersteigen tagsüber häufig 30° C (vgl. Klimatabelle S. 199).
Der Sommer endet mit plötzlichen und heftigen Regenfällen, die Monate Oktober und November sind die regenreichsten des ganzen Jahres. Vor allem im November können in Florenz durchaus einmal 50 mm Niederschlag pro Stunde oder auch 120 mm in zehn Stunden fallen; verheerende Hochwasser sind häufig die Folge. Dennoch gibt es auch in diesen Monaten anhaltende Schönwetterperioden, und im Oktober werden häufig noch Temperaturen um 20° C gemessen. In den Wintermonaten muß man sich in der Regel auf Temperaturen zwischen 0° C und 10° C einstellen, es fällt

Klima

◀ *Neptunsbrunnen auf der Piazza della Signoria*

Allgemeines

Florenz: eingebettet in die malerische Hügellandschaft der Toskana

Klima
(Fortsetzung)

schon einmal Schnee, der jedoch nicht liegen bleibt. Immerhin ist die Sonnenscheindauer von November bis Februar mit 100 bis 135 Stunden pro Monat in Florenz mehr als doppelt so hoch wie beispielsweise in Kassel. Das Frühjahr präsentiert sich veränderlich mit mäßigen Niederschlägen. Während im März in den Nachmittagsstunden durchschnittlich 14° C verzeichnet werden, sind es im April schon 18° C und im Mai 23° C.

Fläche und
Einwohner

Florenz umfaßt eine Fläche von 102 km² mit 413 000 Einwohnern, damit ist es die achtgrößte Stadt Italiens.
Die 59 v. Chr. von den Römern gegründete Siedlung Florentia lag als fast quadratisches Rechteck auf dem rechten Ufer des Arno (das Forum befand sich auf der heutigen Piazza della Repubblica), die Nordgrenze verlief in der Höhe des heutigen Doms, die südwestliche Ecke stieß fast an den Fluß. Nach mehrmaligen Erweiterungen (unter byzantinischer Herrschaft, im 8., 9. und 12. Jh.) wurde das linke Arno-Ufer in das Stadtgebiet einbezogen und von einer Mauer umgeben, die noch sichtbar ist.
Im 18./19. Jh. dehnte sich die Stadt über die Befestigungen hinaus auf das umliegende Hügelland aus. Heute wächst sie weiter flußaufwärts nach Osten, neue Industrieanlagen siedeln sich allerdings vorwiegend im Nordwesten an.

Stadtbild

Das historische Zentrum von Florenz hat die Jahrhunderte weitgehend unbeschadet überdauert: Von Kriegseinwirkungen blieb es, abgesehen von der Ende 1944 vom deutschen Militär durchgeführten Sprengung der Arnobrücken, glücklicherweise verschont, und dank einer klugen Stadtplanung wurde es in den letzten Jahrzehnten nicht mit funktionalen Neubauten durchsetzt. So prägen noch heute Renaissancebauten den Stadtkern, daneben trifft man vor allem auf Bauzeugnisse der Romanik und Gotik.

Stadtbezirke

Im Mittelalter war Florenz in vier Quartieri (Viertel) eingeteilt, die nach den vier Stadttoren San Piero, Duomo oder Vescovo, San Pancrazio und Santa

Maria genannt wurden. Später wurden es sechs, so daß man von Sestieri sprach (San Piero, Duomo, San Pancrazio, San Piero a Scheraggio, Borgo, Oltrarno).
Heute gliedert sich Florenz in Quartieri, die zumeist den Namen der dort liegenden Kirchen tragen, wie Santa Maria Novella, San Giovanni, Santa Croce, San Domenico, Santo Spirito. Hinzu komen die Vororte links und rechts der großen Ausfallstraßen und auf den Hügeln San Miniato, Belvedere und Bellosguardo im Süden sowie Careggi, Montughi, Fiesole und Settignano im Norden.

Allgemeines, Stadtbezirke (Fortsetzung)

Die Comune di Firenze wird vom Palazzo Vecchio aus verwaltet – für diesen Namen statt der üblichen "della Signoria" oder "Ducale" hat sich die Stadtbehörde entschieden. Alle fünf Jahre finden Kommunalwahlen statt. Die Aufgliederung in Unterbezirke steckt noch in den Anfängen.

Verwaltung

Bevölkerung

Der Aufstieg der Stadt von der Colonia Florentia der römischen Veteranenkolonie zum blühenden Florenz der Renaissance vollzog sich langsam. Um 1330 zählte die Stadt etwa 30000 Einwohner. Diese Zahl stieg bis 1348 auf etwa 120000. Das furchtbare Pestjahr 1348 überlebte nur ein Drittel der Bevölkerung, die Einwohnerzahl sank auf 40000.
Erst in der Mitte des 19. Jh.s stieg die Zahl auf 150000 an und wuchs dann kontinuierlich. Heute leben 413000 Menschen in der Stadt am Arno.

Bevölkerungsentwicklung

Die Florentiner sind zu 99 % römisch-katholisch. Die Stadt ist Sitz eines Erzbischofs, der traditionell vom Papst in den Kardinalsrang erhoben wird. Jedoch gibt es Kirchen anderer christlicher Glaubensgemeinschaften und eine Synagoge.

Religion

Kultur

Seit der Renaissance hat sich Florenz seinen Rang als Zentrum von Kultur und Kunst bewahrt; wichtiger noch, es hat das Stadtbild seiner Blüte behalten. Die Kirchen und Paläste, Plätze und Brücken, Fresken und Gemälde, die in den Jahrzehnten seiner kulturellen Hoch-Zeit entstanden, blieben bestehen. Die Stadt zieht seitdem nicht nur allgemein interessierte Touristen an, sondern in besonderem Maße auch Künstler, Kunsthistoriker, Geschichtswissenschaftler und Kunstrestaurateure. Universitäten und wissenschaftliche Forschungsinstitute, Theater und Orchester, Oper und Bibliotheken beweisen die Lebendigkeit des Florentiner Geistes.

Kunstzentrum

Neben der seit 1924 bestehenden Staatlichen Universität (als Hochschule 1349 gegründet) gibt es folgende Hochschulen: Università di Parigi, Università Europea (Sitz in Fiesole), Università Internazionale dell'Arte, Università Libera per Attori. Neun öffentliche Bibliotheken stehen dem Publikum und Wissenschaftlern zur Verfügung.

Universitäten und Bibliotheken

Florenz bietet mit seinen Bauwerken, Kirchen, Palästen und Museen einzigartige Möglichkeiten für künstlerische und historische Studien. Deshalb kümmern sich zahlreiche Akademien und Institute um die Pflege von Wissenschaft und Kultur, wie etwa die Accademia della Crusca per la Lingua Italiana um die Förderung der italienischen Sprache. Daneben unterhalten auch ausländische Nationen wissenschaftliche Institute in Florenz, so Deutschland das "Istituto Tedesco di Storia dell'Arte" (Kunstgeschichte).

Akademien und wissenschaftliche Gesellschaften

Zwölf Theater, an der Spitze das Teatro Comunale, erfüllen den Wunsch nach klassischen und modernen Schauspielen und Opernaufführungen.

Theater

Verkehr

Kultur
(Fortsetzung)
Musik

Die Konzertveranstaltungen können auch hohen Ansprüchen gerecht werden, besonders die Darbietungen des Maggio Musicale Fiorentino, des "Musikalischen Mai von Florenz" (von Mai bis Ende Juni), der mit Unterbrechungen seit 1933 veranstaltet wird.

Museen

Etwa 50 Museen und Kunstsammlungen sind in Florenz der Öffentlichkeit zugänglich. Weltberühmt sind die Uffizien. Aber auch die Galleria dell' Accademia, das Museo Nazionale del Bargello, das Museo Archeologico, der Palazzo Pitti mit seinen Kunstsammlungen sowie zahlreiche kleinere Museen bewahren Kunstschätze von unermeßlichem Wert.
Die Moderne Kunst ist in Florenz allerdings bisher kaum vertreten, daran hat sich auch nach der jüngst erfolgten Eröffnung des Museo Marino Marini wenig geändert.

Umweltschäden

Ein Großteil der Kunstwerke von Florenz befindet sich jedoch nicht in Museen, sondern ist bzw. war ursprünglich im Freien aufgestellt. Um Skulpturen und bauplastischen Schmuck vor Umweltschäden zu retten, wurden in der Vergangenheit zahlreiche Kunstwerke nach umfassender Restaurierung in Museen untergebracht und an ihrem eigentlichen Standort durch Kopien ersetzt. Einige von ihnen wurden aus Kunststoff gefertigt. Daß dieser Weg auch in der Zukunft bei zahlreichen Kunstschätzen beschritten werden muß, ist unbestritten. Diskutiert wird in Florenz allerdings die Frage, ob für die Imitationen Kunststoff oder das Originalmaterial verwendet werden soll.

Verkehr

Flughafen

Der 5 km nordwestlich des Stadtkerns gelegene Flughafen von Florenz "Peretola" wird regelmäßig von der Alitalia und auch der Lufthansa angeflogen. Großflugzeuge können dort allerdings nicht landen.

Eisenbahn
und Bus

Florenz ist wichtiger Knotenpunkt für den Eisenbahnverkehr in Mittelitalien. Auf dem Hauptbahnhof Santa Maria Novella treffen alle Fernzüge ein. Der öffentliche Berufsverkehr in der Stadt und in die Umgebung wird von Autobussen bewältigt.

Autobahnen und
Ausfallstraßen

Schon im Römischen Reich war Florenz, an der Via Cassia gelegen, wichtige Handelsstation. Diese Funktion wurde im Mittelalter ausgebaut. Heute verfügt die Stadt über vorzügliche Verkehrsverbindungen durch Autobahnen, Schnellstraßen und gut ausgebaute Landstraßen.
Die Autostrada del Sole von Mailand nach Reggio di Calabria (Bologna – Arezzo) führt in weitem Bogen um Florenz herum. Weitere Autobahnen gehen in Richtung Siena sowie Lucca, Pisa, Livorno und Genua.
Staatsstraßen führen nach Bologna, Pontassieve (Forlí und Arezzo), Siena, Empoli und Prato (Pistoia und Bologna).

Privater
Innenstadtverkehr

Florenz Straßenanlage stammt weitgehend noch aus dem Mittelalter. Was sich in kunsthistorischer Sicht als unschätzbarer Wert erweist, wird zum unlösbaren verkehrstechnischen Problem. Die engen Gassen der Altstadt sind ebenso wie die wenigen Ausfallstraßen ständig verstopft. Mit einer teilweisen Sperrung der Innenstadt für den privaten Autoverkehr versuchte man vor einigen Jahren dem Verkehrschaos Herr zu werden: Ein begrenztes Areal, z.B. rund um die Piazza della Signoria, ist seitdem Fußgängern vorbehalten. In anderen Bereichen des Stadtkerns dürfen nur Anlieger ihr Auto abstellen.
Dieses Prinzip wird relativ streng überwacht, daher – und weil das Autofahren in Florenz nach wie vor kein Vergnügen ist – empfiehlt es sich für Touristen, auf ihren Pkw während der Dauer ihres Florenzaufenthaltes generell zu verzichten und ihn in der Hotel- oder öffentlichen Garage zu parken.

Wirtschaft

Die Florentiner haben seit dem Mittelalter als tüchtige Handwerker, geschickte Kaufleute und ordentliche Verwalter ihrer Stadt stets Wohlstand gesichert. Zeitweise beherrschten Florentiner Banken den Geldmarkt Europas, ihre Bankiers beeinflußten die europäische Politik. Die Herrscherfamilie von Florenz, die Medici, verdankte ihren Aufstieg dem Erfolg in Handels- und Bankgeschäften.
Da es Florenz nicht gelang, den anderen italienischen Staaten, der Republik Venedig, dem Herzogtum Mailand, dem Kirchenstaat des Papstes und dem Königreich Neapel-Sizilien, an politischer Macht ebenbürtig zu werden, verlor es seinen wirtschaftlichen Rang, so daß es heute weder als Handels- noch als Bankenzentrum international hervorragt.

Internationale Stellung

Reichtum erwarben sich Florentiner im ausgehenden Mittelalter durch die Textilindustrie (Webereien, Färbereien, Schneidereien, Seidenhandel), die noch heute als Bekleidungsindustrie ein wichtiger Einkommenszweig ist. Das hochentwickelte Handwerk (Keramik, Porzellan, Stickereien, Lederbearbeitung, Korbwaren) hat seine künstlerischen Traditionen bewahrt. Chemische und pharmazeutische Fabriken, feinmechanische Betriebe, der Antiquitätenhandel, Druckereien und Verlage stellen die meisten Arbeitsplätze.
Auch die landwirtschaftlichen Erzeugnisse der Toskana werden vielfach in Florenz weiterverarbeitet.

Traditionelle Wirtschaftszweige

Von größter Bedeutung ist für Florenz heute der Handel: Zahlreiche Banken haben in der Stadt ihren Sitz, ihre Modemessen (z.B. Alta Moda) sind weltberühmt, ihre Pelz-, Antiquitäten- und Buchmessen (z.B. Kinderbuch-Messe) Anziehungspunkt in- und ausländischer Besucher.
Da in Florenz – als Hauptstadt der Region Toskana und Hauptort der Provinz Florenz – auch die Verwaltungen der Region, der Provinz und der Kommune ihren Sitz haben, spielt somit auch das gesamte Dienstleitungsgewerbe eine wichtige Rolle in der Wirtschaft der Stadt.

Handel und Dienstleistungen

Hauptwirtschaftszweig ist jedoch der Tourismus mit allen seinen Vor- und Nachteilen. Jährlich überrollen etwa 6 Mio. Touristen die Renaissance-Metropole, der Ausländeranteil liegt bei etwa 60%. Zwar kommen viele nur für einen Eintagesausflug nach Florenz, doch droht die Stadt am Besucherstrom zu ersticken. In der Hauptreisezeit im Sommer sowie zu den hohen kirchlichen Feiertagen ist Florenz restlos 'ausgebucht', der Besucher muß dann mit nicht endenwollenden Schlangen vor Museen und anderen Sehenswürdigkeiten rechnen.
Dies hat dazu geführt, daß Florenz zu einer der teuersten Städte Italiens geworden ist. Nicht nur Hotel- und Restaurantpreise muten vielerorts utopisch an, auch Eintrittspreise für Museen und andere Sehenswürdigkeiten sind hoch. Eine abschreckende Wirkung hat dies jedoch bisher nicht gezeigt – und oc bleibt fraglich, ob es die richtige Entscheidung ist, Florenz nur einem 'ausgewählten' Publikum zugänglich zu machen

Tourismus

Berühmte Persönlichkeiten

Die nachstehende namensalphabetische Liste vereinigt historische Persönlichkeiten, die durch Geburt, Aufenthalt, Wirken oder Tod mit Florenz verbunden sind und weiterreichende Bedeutung erlangt haben.

**Leon Battista Alberti
(14. 2. 1404 bis
25. 4. 1472)**

Wie viele Renaissance-Persönlichkeiten der Florentiner Oberschicht, war auch Leon Battista Alberti ein 'uomo universale', ein vielseitig gebildeter und begabter Schriftsteller, Politiker und Architekt. Als Moralphilosoph schrieb er u. a. das nach wie vor aktuelle Buch "Della Famiglia" (Vom Hauswesen) über Eheprobleme, Vater-Sohn-Konflikt, Kindererziehung, Liebe und Freundschaft und vieles mehr. Als Kunsttheoretiker verfaßte er "Zehn Bücher über die Baukunst", eine Art Normenbuch der Renaissance-Architektur, außerdem "Drei Bücher über die Malerei" und eine Abhandlung "Über die Statue". Als Dichter schrieb er u. a. lateinische Eklogen (Hirtengedichte), eine Komödie, Gedichte und Erzählungen. Als Architekt lieferte er die Entwürfe für den Tempio Malatestiano in Rimini, für den Palazzo Rucellai und die Fassade von Santa Maria Novella in Florenz sowie für San Andrea in Mantua. Darüber hinaus war Alberti als Diplomat tätig, reiste 1430/1431 nach Frankreich, Flandern und Deutschland und weilte als Ratgeber mehrerer Päpste zwischen 1432 und 1464 oft in Rom. Der bedeutende Humanist, Gelehrte und Künstler Leon Battista Alberti, der in Genua 1404 während des Exils seiner Familie geboren wurde, starb 1472 in Rom und wurde in der Santa-Croce-Kirche seiner Heimatstadt Florenz begraben.

**Fra Angelico
(Fra Giovanni da
Fiesole; um 1387?
bis 18. 2. 1455)**

Der Sohn eines wohlhabenden Landwirtes aus dem Mugello-Tal trat mit zwanzig Jahren in das Dominikanerkloster von Fiesole ein. Dort verbrachte er viele Jahre als malender Mönch mit der Ausschmückung seines Heimatklosters durch Fresken. Sein Ruf als vorzüglicher Maler, weitgehend ein Naturtalent, verbreitete sich rasch, und als in Florenz 1436 das Dominikanerkloster San Marco neu gestaltet wurde, erhielt Fra Giovanni den Auftrag, die Klosterzellen mit Themen aus der Passion Christi auszugestalten. Dabei ist beachtenswert, daß das religiöse Wandbild zunehmend an Bedeutung gegenüber dem herkömmlichen Kruzifixus in der Klosterzelle gewinnt.
Fra Giovannis Malerei ist trotz starker Anlehnung an den gotisch-flächigen Stil von erstaunlicher Plastizität und Wirklichkeitsnähe. Sein Realismus ist teilweise so wirkungsvoll, daß die Mitbrüder beim Anblick der Kreuzigungsdarstellungen wegen des vielen Blutes in Ohnmacht fielen. Diese Art des Mitleidens, 'compassio' genannt, war durchaus beabsichtigt und gab der Malerei neue emotionale Impulse. Darüber hinaus ist der Malermönch auch ein wichtiger Neuerer der Bildkomposition, der vor allem Halbkreis und Kreis als konstituierende Elemente des Bildaufbaus nutzte. Die glanzvolle Farbigkeit, der beseelte Ausdruck und die innige Frömmigkeitshaltung der Figuren, vor allem auf seinen Altartafeln, kennzeichnen seinen Malstil. Die Nachwelt hat seine Lebensweise und seine künstlerische Leistung verklärt, indem sie ihm den Beinamen "Il beato Angelico" (der selige Engelsgleiche) gab. Während eines Aufenthalts in Rom, wo er Jahre zuvor in der Cappella Niccolina für Papst Nikolaus V. einen Freskenzyklus mit Szenen aus dem Leben der Heiligen Stephanus und Laurentius gemalt hatte, starb er 1455 und wurde in Santa Maria sopra Minerva begraben.

**Giovanni Boccaccio
(1313 bis
21. 12. 1375)**

Boccaccio wurde als unehelicher Sohn eines großbürgerlichen Kaufmanns aus Certaldo vermutlich in Paris geboren, wuchs in Florenz auf und ergriff zunächst den Beruf seines Vaters. Handelsreisen führten ihn mit Anfang 20 nach Neapel, wo er mit höfischen Kreisen in Berührung kam, sich zum Studium der alten Sprachen entschloß und anschließend als

Autor lateinischer und italienischer Literaturwerke für viele Jahre in Neapel blieb. Um 1340 hielt er sich wieder in Florenz auf, wo er mit dem Humanisten und Gelehrten Petrarca zusammentraf und sich beide um die Wiederbelebung der lateinischen und griechischen Sprache und Literatur bemühten. In dieser Zeit entstand u. a. Boccaccios psychologischer Liebesroman "Fiammetta" (1343), der auf ein persönliches Liebeserlebnis am Hofe von Neapel zurückgeht.

Boccaccio überlebte die große Pestepidemie von 1348, die über die Hälfte der Einwohner von Florenz dahinraffte, und verfaßte unter dem Eindruck dieser Katastrophe seinen berühmten Novellenzyklus "Il Decamerone" ("Das Dekameron", 1348 – 1353), der heute als Ursprung der italienischen Prosa überhaupt angesehen wird und die Weltliteratur entscheidend beeinflußt hat (Chaucer, Shakespeare, Rabelais, Lessing). In den 100 Erzählungen, von zehn Personen an zehn Tagen vorgetragen, geht es in praller realistischer Darstellung mit Lebenslust und Daseinsfreude um Fragen der Liebesmoral, angefangen von der hohen Kunst der Minne bis zur triebhaften Liebe, auf dem Hintergrund einer die Schranken der Gesetze, der Religion und Moral außer Kraft setzenden Pestkatastrophe.

Neben vielen weiteren Werken in italienischer und lateinischer Sprache schrieb Boccaccio als Bewunderer Dantes auch eine, historisch umstrittene, "Vita di Dante" (um 1360) und erhielt 1373 von der Stadt Florenz den ersten öffentlichen Lehrstuhl für die Deutung der Göttlichen Komödie übertragen.

Giovanni Boccaccio (Fortsetzung)

Der in Florenz geborene Maler, der den Spitznamen Botticelli ("Fäßchen") schon in seiner Jugend erhielt, erfuhr zunächst eine Ausbildung als Goldschmied und kam von dort in die Lehre zu Filippo Lippi. Sehr früh gewann er die Gunst der Medici-Familie, die ihn durch viele Aufträge förderte, ja er war sogar mit dem etwa gleichaltrigen Lorenzo il Magnifico befreundet. Botticelli war humanistischen Ideen sehr aufgeschlossen, die er auch in seinen Gemälden verarbeitete, erhielt Anregungen durch die Platonische Akademie zu Florenz, neigte aber in seinen späteren Jahren zur Mystik und zählte schließlich sogar zu den Anhängern Savonarolas.

Seine Hauptwerke entstanden in der Zeit von 1470 bis 1495 und sind in der Uffiziensammlung entwicklungsgeschichtlich gut und umfangreich präsentiert. Hinzu kommen noch die Fresken in der Sixtinischen Kapelle in Rom von 1481 bis 1483.

In seinen Bildvorstellungen vereinen sich die glanzvolle Lebensart der Epoche Lorenzo des Prächtigen mit humanistischer Bildung, starker Empfindsamkeit, mit scharfem Geist in Verbindung mit feiner, eleganter Linienführung des Pinsels und rhythmischen Farbklängen. Trotz einiger Aktfiguren ist Botticellis Malweise im Grunde 'neogotisch', da er auf den plastischen Realismus der Renaissance-Kunst bewußt verzichtet und statt dessen seinen Bildern einen verklärenden, geheimnisvollen Zauber verleiht.

Nach Tod und Vertreibung der Medici-Mäzene 1494 geriet Botticelli in eine persönliche und künstlerische Krise, die zum Teil durch religiöse Bilder aufgefangen wurde, ohne sich aber mit der neuen Malerei eines da Vinci, Michelangelo oder Raffael auseinanderzusetzen. Es ist nicht verwunderlich, daß er gegen Ende seines Lebens über 90 Federzeichnungen zu Dantes "Göttlicher Komödie" fertigte und sich mystisch mit dem Erlösungsgedanken auseinandersetzte.

Sandro Botticelli (Alessandro di Mariano Filipepi; 1445 bis 17. 5. 1510)

Der gebürtige Florentiner Baumeister und Bildhauer ist der eigentliche Schöpfer der Renaissance-Architektur. Voraussetzung für die Erneuerung der Baukunst war die intensive Beschäftigung mit antiker Architektur. Brunelleschi zog sogar mit seinem Freund, dem Bildhauer Donatello, nach Rom, um vor Ort die antiken Überreste zu studieren. Als Ergebnis der Messungen und Berechnungen entwickelte er geometrische und stereometrische Formen, die die Grundlage für seine Bauten bildeten.

Aus der optischen Lehre von Euklid leitete er schließlich zwischen 1410 und 1420 seine epochale Entdeckung der zentralperspektivischen Projektion ab, d. h. die wissenschaftlich exakte Darstellung eines dreidimensio-

Filippo Brunelleschi (1377 bis 1446)

Filippo
Brunelleschi
(Fortsetzung)

nalen Raums auf einer Fläche, was vor allem der Malerei ungeahnte Möglichkeiten eröffnete. Zu Brunelleschis großen Ingenieurstaten zählt außerdem die gewaltige, freitragende, doppelschalige Konstruktion der Domkuppel in Florenz, die von 1420 bis 1436 ausgeführt wurde. Im Profanbau setzte er mit dem Findelhaus neue Akzente durch die Verwendung von Hängekuppeln. In der Sakralarchitektur gelangen ihm mit San Lorenzo und Santo Spirito revolutionäre Longitudinalbauten (Langbau), die die gotische Baukunst als völlig überholt erscheinen ließen. In einer kühnen Synthese aus frühchristlichen basilikalen Baugedanken und antikisierender Formensprache (Säule, Pilaster, Kapitell, Gebälk) schuf Brunelleschi ein lichtdurchflutetes, proportional gleichgewichtiges Raumgefüge, in dem das Raumganze in ständiger Wechselwirkung mit den Einzelformen steht. In San Lorenzo beispielsweise wiederholt sich der Halbkreisbogen der Langhausarkaden in verkleinertem Maßstab in den Obergadenfenstern, in den Bögen der Kapellenöffnungen und in den Schildbögen der Hängekuppeln in den Seitenschiffen. In Santo Spirito bildet das Vierungsquadrat (Schnittfläche von Langhaus und Querhaus) die Maßeinheit für den ganzen Bau. Auf dem Gebiet des Zentralbaus orientierte sich Brunelleschi an byzantinischen Kuppelbau-Vorbildern. Die Alte Sakristei von San Lorenzo (quadratischer Kuppelraum), die Pazzi-Kapelle als Kapitelsaal der Franziskaner von Santa Croce (Kombination eines überkuppelten Rechteck- und Quadratgrundrisses) und das Oratorium von S. Maria degli Angeli (Achteck-Kuppelraum) bieten interessante Varianten des neuzeitlichen Zentralbaus.

Als Bildhauer nahm Brunelleschi 1402 am Wettbewerb um die Gestaltung der zweiten Bronzetür des Baptisteriums mit dem Relief "Die Opferung Isaaks" teil, das jedoch gegen den Entwurf Ghibertis unterlag, beide Reliefs befinden sich heute im Bargello-Museum. In Konkurrenz zu seinem Freund Donatello schuf er einen Kruzifixus mit einer ebenmäßig schönen, idealisierten Christusgestalt im Sinne einer klassisch-antiken Aktfigur (Santa Maria Novella). Im Dom zu Florenz fand der große Baumeister seine letzte Ruhestätte.

Leonardo Bruni
(1369 bis
9. 3. 1444)

Auf dem Grabstein des berühmten Florentiner Humanisten, der in Arezzo geboren wurde, steht in Santa Croce zu lesen: "Seit Leonardo aus dem Leben schied, trauert die Geschichte, die Beredsamkeit ist verstummt, und es heißt, daß die Musen, griechische wie lateinische, ihre Tränen nicht haben zurückhalten können", verfaßt von seinem Nachfolger als Kanzler von Florenz, dem Humanisten Carlo Marsuppini.

Bruni betrieb während eines ganzen Lebens eifrig Studien der klassischen Literatur und Philosophie. Er übersetzte Werke von Platon, Demosthenes, Plutarch und im besonderen die "Politik" des Aristoteles ins Lateinische, wodurch er sie der Bildungsschicht zugänglich machte. In italienischer Sprache verfaßte er Biographien von Dante, Boccaccio und Petrarca. Außerdem schrieb er eine eindrucksvolle Geschichte der Stadt Florenz, in der er feststellte:

"Es ist ungewöhnlich, wie die Möglichkeit für freie Bürger, selbst in Regierungsämter zu kommen, ihre Fähigkeiten stimuliert. Wo man den Menschen die Aussicht gibt, zu staatlichen Ehren zu gelangen, fühlen sie sich beflügelt und erreichen ein höheres Niveau ... Da diese Voraussetzungen durch unsere Republik gegeben sind, ist es nicht verwunderlich, daß Talent und Fleiß so soweit gebracht haben."

Leonardo Bruni hatte verschiedene öffentliche Ämter inne, als apostolischer Sekretär von 1405 an in der schwierigen Zeit der Kirchenspaltung und als Kanzler des Stadtstaates von Florenz seit 1427. In dieser Funktion war er für den gesamten Schriftwechsel der Regierung verantwortlich, verfaßte Briefe, Urkunden und diplomatische Botschaften. Der Ausspruch des Florentiner Erzfeindes Gian Geleazzo Visconti, Herzog von Mailand, daß ihm der ausgezeichnete Briefstil des Florentiner Kanzlers Coluccio Salutati, Brunis Vorgänger, mehr Schaden zugefügt habe als ein Söldnerheer, läßt sich auch auf Leonardo Bruni übertragen, der seine humanistische Bildung zum Wohle der Kommune von Florenz einsetzte.

Sandro Botticelli

Filippo Brunelleschi

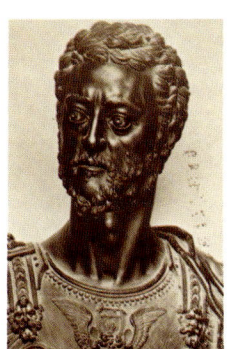

Cosimo I de'Medici

Der Florentiner Bildhauer und Goldschmied Benvenuto Cellini beeindruckte seine Zeitgenossen durch seine kunstvollen Arbeiten ebenso wie durch sein abenteuerliches Leben, das er in einer Autobiographie beschrieb (Goethe fand sie einer Übersetzung wert).

Das bildhauerische Können Cellinis ist in Florenz an dem "Perseus mit dem Haupt der Medusa" (vollendet 1554, in der Loggia dei Lanzi) und an der Büste Cosimos I de'Medici im Museo Nazionale del Bargello zu bewundern. Für den französischen König Franz I. schuf Cellini ein Salzfaß, das seine berühmteste und wohl einzige noch erhaltene Goldschmiedearbeit ist (Kunsthistorisches Museum in Wien).

Benvenuto Cellini (3. 11. 1500 bis 14. 2. 1571)

Cosimo der Ältere ist 'der Große' der Medici, der erste aus der Florentiner Familie, der zum besten der Bürger und zur Zierde der Stadt über Florenz herrschte. Das Volk verlieh ihm den altrömischen Ehrentitel "Pater patriae" (= Vater des Vaterlandes). Auf einem eindrucksvollen Gemälde des Jacopo da Pontormo in den Uffizien zeigt sich Cosimo als kluger, gewissenhafter, musischer, doch keinesfalls schöner Mann, dessen geistiger Ausdruck jedoch gewinnend wirkt.

Sohn des Giovanni di Bicci, eines erfolgreichen Bankiers und gewählten Gonfaloniere, vertrat Cosimo schon mit 31 Jahren zusammen mit seinem Bruder Lorenzo die Interessen der Familie. Bei einem der zahlreichen Machtkämpfe der Adelsfamilien um die politische Führung der Stadt wurde Cosimo 1433 verbannt. Ein Jahr später jedoch kehrte er unter dem Jubel des Volkes nach Florenz zurück und wurde zum Gonfaloniere gewählt, ein Amt, das er bis zu seinem Tode innehatte.

Neben dem politischen Wirken baute der Kaufmann Cosimo der Ältere seine Bankgeschäfte über ganz Europa aus. Als Mäzen förderte er großzügig die Künstler. Er vertraute den Bau des Palazzo Medici den Architekten Michelozzo und Donatello an, ließ das Kloster von San Marco in Florenz umgestalten, stiftete dazu die Bibliothek und förderte die Maler Fra Angelico und Fra Filippo Lippi. Er begründete die Medici-Bibliothek (Biblioteca Laurenziana) und die Philosophenschule (Platonische Akademie), an der Marsilio Ficino lehrte.

Cosimo lebte in der Zeit des Konzils von Florenz (1439 – 1443) und gewann dadurch Einblick in die kirchliche und europäische Politik. Als er starb, hinterließ er ein wohlgeordnetes Staatswesen und ein Volk, das tief um ihn trauerte.

Cosimo il Vecchio de'Medici; (27. 9. 1389 bis 1. 8. 1464)

Durch Cosimo I., seit 1537 Herzog von Florenz und 1569 von Papst Pius V. zum Großherzog der Toskana ernannt, erhielt das Geschlecht der Medici noch einmal eine politische Machtstellung in Florenz.

Cosimos Vater, Giovanni delle Bande Nere, so genannt nach der schwarzen Rüstung, die er als Anführer der 'schwarzen Reiterschar' trug, hatte

Cosimo I de'Medici (11. 6. 1519 bis 21. 4. 1574)

Berühmte Persönlichkeiten

Cosimo I de'Medici (Fortsetzung)

mit seinen fortwährenden kriegerischen Händeln das ganze Vermögen der Medici vertan.

Mit 17 Jahren trat Cosimo in das politische Leben von Florenz ein und unterwarf die Stadt mit Gewalt und Grausamkeit seiner Herrschaft. Als diese gesichert war, sanierte er die darniederliegende Wirtschaft und brachte Florenz noch einmal zu politischer Macht.

Als Herzog von Florenz verließ er das Stadthaus seiner Väter, den Medici-Palast, und zog in den Palazzo della Signoria ein, der nun Palazzo Ducale hieß. Später übersiedelte er in den Palazzo Pitti, der zum politischen, künstlerischen und geistigen Mittelpunkt von Florenz wurde, da auch Cosimo I. als echter Medici die Künstler seiner Zeit förderte.

So erfolgreich Cosimo I. als Fürst war, so wenig Glück hatte er in seinem privaten Leben. Sieben seiner acht Kinder erlitten einen frühen oder gewaltsamen Tod. 1574, mit 55 Jahren, starb Cosimo, nachdem er drei Jahre zuvor die Staatsgeschäfte seinem Sohn Francesco übertragen hatte.

Dante Alighieri (1265 bis 14. 9. 1321)

Dante wurde 1265 als Sohn angesehener Patrizier in der Arnostadt geboren und wuchs in einem Stadtviertel nahe dem heutigen Dom auf, zu einer Zeit, als in den Städten Norditaliens Kämpfe zwischen rivalisierenden Adelsfamilien tobten, die als Parteigänger des Kaisers Ghibellinen und als die des Papstes Guelfen genannt wurden. Vielfach ging es diesen Familien aber gar nicht um die Durchsetzung von Reichs- oder Papstinteressen, sondern um ihre Vormachtstellung in der jeweiligen Stadt.

Dantes Familie gehörte zur Ghibellinenpartei, die sich in Florenz weiße Guelfen nannte, und mußte mehrfach ins Exil gehen, wenn die päpstlichen schwarzen Guelfen wieder einmal die Regierung stellten.

Als Dante geboren wurde, war dies der Fall, so daß ein Teil seiner Familie in der Verbannung leben mußte. Seine Schulbildung erhielt Dante von den Franziskanern und Dominikanern in der Stadt. In Bologna studierte er anschließend Rechtswissenschaft und ging daraufhin mit etwa 20 Jahren in die Politik. 1295 gehörte er zum Rat des Capitano del Popolo, 1296 zum Rat der Hundert und 1297 zu dem des Podestà, bis er schließlich 1300 als Prior zum Mitglied der Signoria gewählt wurde. In diesem Jahr seiner politischen Tätigkeit brachen erneut blutige Kämpfe zwischen den Adelsgruppen in der Stadt aus.

Der Papst schickte den französischen Prinzen Karl von Valois nach Florenz, um die Ordnung wiederherzustellen. Die weißen Guelfen wurden der Verschwörung beschuldigt und ihre Anführer aus der Stadt verbannt. Auch Dante wurde als ihr Anhänger der politische Prozeß gemacht: 1302 wurde er zu lebenslanger Verbannung verurteilt, fünf Jahre später wurde sie in Abwesenheit Dantes in eine Todesstrafe umgewandelt. Dante lebte fortan verbittert und auf fremde Hilfe angewiesen in verschiedenen Städten Norditaliens, in Verona, in Treviso und Ravenna, wo er zuletzt als Botschafter in den Diensten des Signore Guido Novello della Polenta stand und 1321 starb. Sein Grab befindet sich in Ravenna. In Santa Croce zu Florenz erinnert ein Kenotaph an ihn.

Während seiner Exiljahre schrieb Dante seine wichtigsten staatsphilosophischen und literarischen Werke. Dazu zählen u. a. die lateinisch verfaßten Abhandlungen "Monarchia" und "De vulgari eloquentia" sowie die im toskanischen Dialekt, dem Vorläufer der italienischen Nationalsprache, geschriebene "Commedia", später mit dem Beinamen "Divina" versehen, ein aus 100 (3×33+1) Gesängen in Versform komponiertes allegorisch-lehrhaftes Gedicht, das, enzyklopädisch verfaßt, die wichtigsten geistigen Auseinandersetzungen des Mittelalters über Theologie und Philosophie, Kirche und Staat sowie die politisch-soziale Situation Italiens zur Zeit Dantes zum Thema hat.

In der "Göttlichen Komödie" und in einer Reihe von Gedichten taucht außerdem immer wieder die Frauengestalt Beatrice auf, eine Jugendbegegnung Dantes, die sich mit zunehmendem Alter zur Personifizierung der erlösenden Liebe wandelt. Mit dieser Minne-Vorstellung bleibt Dante noch stark dem mittelalterlichen Denken verhaftet.

Donatello (sein eigentlicher Name lautet Donato di Niccolò di Betto Bardi) ist der bedeutendste Bildhauer des 15. Jh.s, in seiner Zeit von keinem anderen Künstler an Ausdruckskraft, Themenvielfalt und Reichtum des Schaffens übertroffen.

Als Lehrling arbeitete er in der Werkstatt Ghibertis und bei Nanni di Banco, als Meister schuf er in seiner Heimatstadt Florenz Standbilder für die Fassade, die Außenseiten und den Campanile des Doms sowie für die Kirche Orsanmichele.

Die Begegnung mit der römischen Antike führte ihn dann weit über das mittelalterliche Kunstempfinden und Können hinaus. Er schuf die erste Aktdarstellung (Bronze-David, um 1430, im Museo Nazionale del Bargello), das erste Reiterstandbild (Bronzedenkmal des Gattamelata in Padua) und das erste vollkommen freistehende Gruppenmonument ("Judith tötet Holofernes", 1440, vor dem Palazzo Vecchio), die in der Neuzeit entstanden sind. Hervorzuheben sind weiter das Tabernakel mit der Verkündigung in der Kirche Santa Croce (um 1434) und die Sängertribüne mit tanzenden Kindern für den Dom (1433 – 1440, im Museo dell'Opera del Duomo). Seine realistische Bildhauerkunst ist Schönem wie Häßlichem gleich gewachsen und erweitert – beispielhaft für die nachfolgenden Künstler – die plastische Gestaltung der Figuren. Die Medici ehrten den Bildhauer, indem sie ihn in der Krypta Cosimos des Älteren in San Lorenzo beisetzen ließen.

Donatello
(Donato di Niccolò di Betto Bardi; um 1386 bis 13. 12. 1466)

Lorenzo Ghiberti erlangte unsterblichen Ruhm durch die zwei Bronzetore, die er für das Baptisterium (Battisterio San Giovanni) in Florenz schuf. In dem Wettbewerb um das Nordportal der Taufkapelle, den er gewann, bewarb er sich noch als Maler; von 1403 bis 1424, also 21 Jahre lang, arbeitete er an diesen Türen. Sein Meisterwerk bilden aber die beiden Flügel des Osttores, in die er (zu Recht) einmeißelte: "mira arte fabricatum" (= mit bewundernswerter Kunst geschaffen).

Der Bilderreigen der Portale (Szenen aus dem Alten und Neuen Testament, umgeben von Heiligen, Kirchenvätern und Ornamenten) zeigt das künstlerische Ausdrucksvermögen und handwerkliche Können des Bildhauers. Harmonie der Formen und Ausgewogenheit der Bewegungen zeichnen diese Werke aus; der noch gotische Ausdruck der Frömmigkeit wird mit dem klassischen Schönheitsideal der Renaissance verbunden.

Seine drei Bronzefiguren für die Kirche Orsanmichele sind die ersten Großbronzen der neuen Kunstepoche.

Auch als Baumeister (Mitarbeit am Florentiner Dom), Maler (Glasfenster im Dom), Goldschmied (die Werke sind leider verloren) und als Autor (Betrachtungen über die italienische Kunst des 13. Jh.s) ist Ghiberti hervorgetreten.

In seiner Werkstätte beschäftigte Ghiberti auch andere Künstler, darunter Donatello und Michelozzo.

Lorenzo Ghiberti
(1378 bis 1. 12. 1455)

Domenico Ghirlandaio ist der bedeutendste Vertreter einer Florentiner Malerfamilie der 2. Hälfte des 15. Jh.s, die eine große Werkstatt unterhielt und ihren Künstlernamen Ghirlandaio von den Schmuckgirlanden herleitete, die der Vater Tommaso Bigordi entwarf. Sein Sohn Domenico war ein beliebter Gesellschaftsmaler, der vor allem in religiösen Bildern eine Vielzahl lokaler Schauplätze und Porträts der Florentiner Oberschicht wiedergab. Seine realistische, optimistisch sinnenfrohe und etwas oberflächliche Darstellungsweise der bürgerlichen Welt von Florenz läßt sich gut bei den von Francesco Sassetti, Mitinhaber der Medici-Bank, gestifteten Fresken Ghirlandaios in der Sassetti-Kapelle von Santa Trinità beobachten, wo in der "Bestätigung der Franziskaner-Ordensregel durch Papst Honorius III." (1485) neben dem Stifter Sassetti mit Sohn auch Lorenzo il Magnifico, der Humanist Angelo Poliziano mit seinen beiden Medici-Zöglingen und der Patrizier Antonio de' Pucci abgebildet sind vor dem Hintergrund der Piazza della Signoria, ein der historischen Wahrheit widersprechender Einfall des Malers. In der Hauptchorkapelle von Santa Maria Novella zeigt Domenico Ghirlandaio erneut sein großes Erzähltalent und präsentiert in der Lebens-

Ghirlandaio
(Domenico di Tommaso Bigordi; 1449 bis 11. 1. 1494)

Berühmte Persönlichkeiten

Ghirlandaio
(Fortsetzung)

geschichte Mariens und Johannes des Täufers (1486–1490) ein großartiges Sittengemälde der lebensfrohen humanistisch-bürgerlichen Epoche im Florenz des ausklingenden Quattrocento.

Giambologna
(Giovanni da
Bologna
(1529 bis
13. 8. 1608)

Der aus Flandern (Boulogne sur Mer) stammende Bronzebildner und Marmorbildhauer Jean de Boulogne kam 1554/1555 für zwei Jahre nach Rom und ging anschließend nach Florenz und Bologna. In Florenz war er ab 1556 im Dienste der Medici tätig.
Auf der Piazza della Signoria befindet sich das Reiterstandbild von Herzog Cosimo I. (1587–1594), das als erstes Reiterdenkmal der Epoche des Absolutismus gilt. In der Loggia dei Lanzi ist die Marmorgruppe "Raub der Sabinerinnen" (1579–1583) zu sehen, eine sogenannte figura serpentinata, die mit spiraligen Windungen der Körper das Zeitalter der bewegten Barockskulptur einläutet. Mit dem fast schwebenden, nur auf der Fußspitze stehenden Bronze-Merkur (1580) im Bargello-Museum gestaltete er ein weiteres Beispiel der neuartigen, freistehenden, allansichtigen Skulptur. Ein Hauptwerk in Verbindung von frühbarocker Architektur, Malerei und Skulptur ist die von Giambologna konzipierte Antoninus-Grabkapelle in San Marco mit sechs lebensgroßen Nischenstatuen und ebensovielen Bronzereliefs sowie der bronzenen Liegefigur des hl. Antoninus, die sich in der Sakristei der Klosterkirche befindet.

Giotto di Bondone
(um 1266 bis
8. 1. 1337)

Giotto wird allgemein als Begründer der neuzeitlichen europäischen Malerei bezeichnet, da er um 1300 bedeutende, wegweisende Werke schuf, die mit der unräumlichen und unkörperlichen Gestaltungsweise der byzantinisch-mittelalterlichen Malerei brachen. Auf der Grundlage unmittelbarer Beobachtung von Natur und Wirklichkeit erreichte er in seinen Fresken und Altartafeln mit nach wie vor religiösen Themen ein realitätsnahes Bild der Welt und des Menschen. Er malte Figuren in betonter Körperlichkeit, die überdies menschliche Empfindungen ausstrahlen und als selbständig handelnde Personen erscheinen. Sein realistischer, monumentaler Figurenstil in Verbindung mit klaren Kompositionsprinzipien (Dreieckskomposition) und leuchtenden Farben wirkte schulbildend und anregend für Generationen von Malern.
Darüber hinaus war Giotto noch als Baumeister und Bildhauer tätig und erhielt in Florenz 1334 das Amt des Dombaumeisters übertragen, wo er in den wenigen Jahren bis zu seinem Tod hauptsächlich den Bau des Campanile (Glockenturm) vorantrieb.
Er unterhielt einen großen Werkstattbetrieb und war neben Florenz noch in Assisi, Padua, Rom, Rimini, Neapel und Mailand tätig. Zu seinen berühmten Werken zählen die 36 Fresken des Marienlebens und Lebens Christi (um 1305) in der Arena-Kapelle von Padua. Die Zuschreibung der Fresken der Franziskuslegende in der Oberkirche von Assisi an Giotto ist in der Forschung jedoch umstritten. Als sichere Werke gelten dagegen die sechs Fresken aus dem Leben des Franziskus (um 1320) in der Bardi-Kapelle und je drei Szenen aus der Vita Johannes des Evangelisten und des Täufers (um 1325) in der Peruzzi-Kapelle von Santa Croce in Florenz. Weiterhin die "Thronende Madonna" (um 1310) in den Uffizien und das Kruzifix in der Sakristei von Santa Maria Novella, ein Frühwerk um 1290.

Leonardo da Vinci
(15. 4. 1452
bis 2. 5. 1519)

Die italienische Renaissance hat zahlreiche vielseitige Persönlichkeiten hervorgebracht, doch nur das Genie Leonardo da Vincis vereint Fähigkeiten als Maler, Bildhauer, Baumeister, Naturforscher und Ingenieur. Allein Michelangelo ist ihm vergleichbar. Als Künstler führte die Renaissance auf einen Gipfel; seine Erkenntnisse und Erfindungen im technischen Bereich zeigen seinen weitumfassenden Geist.
Leonardo da Vinci war Schüler Verrocchios und wurde bereits 1472, mit zwanzig Jahren also, in die Malergilde von Florenz aufgenommen (erstes großes Eigenwerk "Anbetung der Könige", in den Uffizien). Von 1482 bis 1498 wirkte er am Hofe des Herzogs Lodovico Sforza in Mailand ("Madonna in der Felsengrotte" und "Das Abendmahl" im Refektorium des Klosters Santa Maria delle Grazie, stark beschädigt). In Florenz lebte er

Dante Alighieri *Leonardo da Vinci* *Lorenzo de'Medici*

wieder von 1500 bis 1506, danach in Mailand, schließlich von 1513 bis 1516 in Rom. 1517 folgte er einer Einladung von König Franz I. nach Frankreich.

Leonardo da Vinci (Fortsetzung)

Seine Werke aus den letzten zwanzig Lebensjahren sind fast alle verlorengegangen oder nur als Kopien seiner Schüler erhalten. Sein wohl berühmtestes Gemälde, die "Mona Lisa", befindet sich im Pariser Louvre, ebenso "Die Hl. Anna Selbdritt". Für den Palazzo Vecchio in Florenz entwarf er das Wandgemälde "Die Schlacht von Anghiari"; doch ist der Karton bis auf ein Teilstück verlorengegangen, von der Malerei nichts mehr erhalten. Das originalgroße Modell für ein Bronze-Reiterdenkmal des Herzogs Francesco Sforza wurde zerstört.

Leonardo war als Festungsbaumeister tätig, widmete sich intensiv wissenschaftlichen Aufgaben, sezierte Leichen, schrieb einen Aufsatz über die Anatomie des menschlichen Körpers und illustrierte ihn mit Zeichnungen, führte Flugexperimente durch, beobachtete den Vogelflug, untersuchte die Strömungsgesetze in Luft und Wasser, betrieb botanische und geologische Studien. Seine vielen Zeichnungen, die Bewegungsstudien des menschlichen Körpers, naturwissenschaftliche Untersuchungen, Entwürfe für Bauten und technische Projekte beweisen die Universalität dieses Renaissance-Genies.

Der klassische Renaissancefürst in Regierungsstil, Lebensführung, Weltanschauung, Bildung und Mäzenatentum – das war Lorenzo de'Medici, vom Volk "Il Magnifico" (= der Prächtige) genannt.

Lorenzo de'Medici; (genannt Lorenzo der Prächtige; 1. 1. 1449 bis 8. 4. 1492)

Lorenzo verschaffte unter Ausnutzung der Mittel der Medici-Bank und seines Rückhalts in der Florentiner Bevölkerung der Stadt die kulturelle und politische Vorrangstellung in Italien. Sein Bruder Giuliano fiel 1478 im Dom Santa Maria del Fiore der Pazzi-Verschwörung zum Opfer. Lorenzo konnte sich verletzt in die Sakristei retten. Durch eine Verfassungsänderung sicherte er sich nach dem Pazzi-Attentat eine monarchische Stellung. Er förderte die Platonische Akademie und war selbst literarisch tätig. In den "Mediceischen Gärten" bei San Marco sammelte er antike Skulpturen, zog die Bildhauer seiner Zeit zusammen und ließ junge Talente, wie Michelangelo, ausbilden. Andrea del Verrocchio (Putto im Innenhof des Palazzo Vecchio), Ghirlandaio und Sandro Botticelli waren für ihn tätig. Als Lorenzo mit 43 Jahren an einer geheimnisvollen Krankheit starb, schrieb Niccolò Machiavelli: "Nie starb in Italien ein Mensch mit dem Ruf so großer Klugheit, noch zu so großer Betrübnis seines Vaterlandes. Alle seine Mitbürger klagten über seinen Tod, keiner unterließ es, seine Trauer über dieses Ereignis zu bezeugen."

Lorenzo wurde zuerst in der alten Sakristei von San Lorenzo, später zusammen mit seinem Bruder in der von Michelangelo erbauten neuen Sakristei beigesetzt.

Berühmte Persönlichkeiten

Niccolò Machiavelli
(3. 5. 1469 bis 22. 6. 1527)

Als Historiker war Niccolò Machiavelli der große Chronist seiner Vaterstadt und hinterließ eine achtbändige Geschichte von Florenz. Als Kanzleisekretär der Republik Florenz von 1498 bis zum Verlust seines Amtes 1512 war Machiavelli trotz der innenpolitischen Zerrissenheit ein überzeugter Anhänger des republikanischen Systems, in dem die Menschen am ehesten zur freien Selbstentfaltung gelangen könnten. Als Vorbild erschien ihm dabei die römische Republik, die den Gemeinnutz zum Wohle aller Bürger vor den Eigennutz gestellt hatte, wie Machiavelli in seinen "Gedanken über Politik und Staatsführung" (Discorsi) ausführte. In verschiedenen Werken analysierte er seine eigene Epoche und gelangte vor allem in seiner Schrift "Der Fürst" ("Il Principe") zu scharfsinnigen, aber wenig erfreulichen Erkenntnissen über die Regeln und Verhaltensweisen in der Politik: "Der Herrscher, der es am besten versteht, wie ein Fuchs zu handeln, ist noch immer am besten weggekommen. Aber wer diese Fähigkeit besitzt, muß sie geheim zu halten wissen, und er muß ein geschickter Heuchler und Betrüger sein. Denn die Menschen sind so einfältig und so sehr auf die Nöte des Augenblicks eingestellt, daß einer, der sie täuschen will, immer einen finden wird, der sich täuschen läßt. (...) Ein Herrscher darf sich um den Vorwurf der Grausamkeit nicht kümmern, wenn er dadurch seine Untertanen in Einigkeit und Ergebenheit halten kann. Statuiert er nämlich einige wenige abschreckende Beispiele, so ist er barmherziger als diejenigen, die infolge allzugroßer Milde Unordnung einreißen lassen, aus der Mord und Plünderung entstehen..."

Zu seinen Lebzeiten waren die Schriften Machiavellis nur einem kleinen Kreis von Intellektuellen bekannt. Erst die Wirkung auf die Nachwelt machte ihn berühmt als Verfechter der Staatsräson, obwohl Machiavelli nur den religiös verbrämten mittelalterlichen Staat entmystifizierte, seine wirklichen Machtmechanismen freilegte und feststellte, daß Vernunft, Wille und Instinkt die Welt regieren und nur sie der menschlichen Labilität und den Schicksalsstürmen gewachsen sind. Weniger bekannt ist, daß Machiavelli auch Novellen, Gedichte und höchst originelle Lustspiele geschrieben hat.

Masaccio (Tommaso di Giovanni di Simone Guidi (21. 12. 1401 bis 1428)

Masaccio gilt als der Schöpfer der italienischen Malerei der Renaissance. Auf der Grundlage und in Weiterentwicklung des Giotto-Stils aus dem frühen 14. Jh. gelangte Masaccio mittels der exakt und konsequent angewandten Perspektivlehre, die zwischen 1410 und 1420 von Brunelleschi neu entdeckt wurde, zu einer nie zuvor erreichten Plastizität und Wirklichkeitstreue der Figuren, Räume und Landschaften. Die seelische Eindringlichkeit seiner Malerei bringt das Menschenbild der Renaissance aufs vollkommenste zum Ausdruck.

Masaccio war Schüler von Masolino und seit 1422 in Florenz tätig, wo er zusammen mit seinem Lehrer die Freskenfolge aus der Lebensgeschichte des Apostels Petrus in der Brancacci-Kapelle in S. Maria del Carmine zwischen 1424/1425 und 1427/1428 malte, darunter als eigenhändige Werke die "Vertreibung mit den nackten Adam und Eva", den ersten lebensnahen Akt in der Malerei der Renaissance, die "Almosenspende", die "Schattenheilung Petri", "Petrus taufend und lehrend in der Kathedra" sowie die berühmte Darstellung des "Zinsgroschen" mit ausdrucksstarker Mimik und Gestik der abgebildeten Personen. In S. Maria Novella befindet sich das Dreifaltigkeitsfresko (um 1426/1427) mit kniendem Stifterpaar, das Meisterwerk perspektivischer Raumdarstellung in der Frührenaissance-Malerei. Die Madonnentafel aus S. Giovenale a Cascia (1422) und die "Hl. Anna Selbdritt" (1424/1425), ein Gemeinschaftswerk mit Masolino, beide in den Uffizien, sind hervorragende Beispiele der religiösen Tafelmalerei in Temperatechnik mit kraftvoll-realistischen Heiligendarstellungen.

Michelangelo Buonarroti (6. 3. 1475 bis 18. 2. 1564)

Michelangelo Buonarroti, Maler, Bildhauer, Baumeister, Dichter und Forscher, hat die Kunst der Renaissance zur höchsten Vollendung gebracht. Mit 13 Jahren (1488) begann Michelangelo seine Lehre in der Werkstätte des Florentiner Malers Domenico Ghirlandaio. Neben der Neigung zur Malerei entwickelte sich mehr und mehr die Leidenschaft zur Bildhauer-

Niccolò Machiavelli

Michelangelo Buonarroti

Raffael

kunst. 1489 wurde der junge Michelangelo in die Bildhauer-Akademie der Mediceischen Gärten aufgenommen. 1494 verließ er Florenz (vor der Vertreibung der Medici und dem politischen Umsturz – der Dominikanermönch Savonarola sollte bald die Macht übernehmen) und arbeitete nach einem kurzen Aufenthalt in Venedig in Bologna. Sein nächster Wohnort war wiederum Florenz (1495/1496). Dann reiste Michelangelo nach Rom und blieb dort von 1496 bis 1501. In dieser Zeit entstanden "Der trunkene Bacchus" (Museo Nazionale del Bargello) und die "Pietà" (Sankt Peter zu Rom).

Von 1501 bis 1505 hielt sich Michelangelo wieder in Florenz auf; es entstanden der "David" (Galleria dell'Accademia), die "Madonna von Brügge", das Rundrelief "Madonna Pitti" (Bargello) und das Gemälde "Die Heilige Familie" (Galleria degli Uffizi). Sein unruhiger Geist und Aufträge ließen ihn zwischen 1505 und 1534 ein unstetes Wanderleben zwischen Florenz, Rom und Bologna führen. In diesen Jahren schuf er u. a. die Deckenfresken in der Sixtinischen Kapelle im Vatikan, die Grabkapelle der Medici bei San Lorenzo in Florenz, den "Moses" des Julius-Grabes in Rom, die "Boboli-Sklaven" (Accademia), den "Apoll" (Bargello) und die "Vittoria" (Palazzo Vecchio), dazu viele Zeichnungen. Mit kurzen Unterbrechungen blieb Michelangelo von 1534 bis zu seinem Tod (1564) in Rom ("Jüngstes Gericht" an der Altarwand der Sixtinischen Kapelle im Vatikan, Brutus-Büste im Bargello, Figuren für das Julius-Grab in Rom, Projekte für die Biblioteca Laurenziana bei San Lorenzo in Florenz, den Kapitolsplatz und die Kuppel von Sankt Peter in Rom). Sein Alterswerk, die Marmorgruppe der "Pietà" im Dom zu Florenz, und einige Sonett-Verse zeigen die Leiden dieses großen Künstlers:

"Der Last entledigt, die ich stöhnend trug,
gelöst von jedem irdischen Begehr,
kehr ich, ein schwacher Kahn, o Herr, den Bug
zu dir, aus Stürmen in das milde Meer."

Der Leichnam Michelangelos wurde von Rom nach Florenz übergeführt und in der Kirche Santa Croce bestattet.

Graf Mirandola wurde 1463 in dem gleichnamigen Ort bei Modena geboren und zeigte als Jugendlicher bereits große Begabung als Humanist. Er lernte Griechisch, Hebräisch und Arabisch, beschäftigte sich ausführlich mit Platon und Aristoteles, zeigte sich aber genauso interessiert an mittelalterlicher Mystik und an der jüdischen Kabbala. Als Schüler von Marsilio Ficino wurde er an der Platonischen Akademie von Florenz in den Kreis der Humanisten aufgenommen und war Weggefährte von Lorenzo il Magnifico und seines Bruders Giuliano de' Medici. Von Pico della Mirandolas Schriften ist vor allem "De dignitate hominis" (Über die Würde des Menschen) von großer Bedeutung. Am Anfang seines Traktats läßt er Gott zum

Michelangelo
Buonarroti
(Fortsetzung)

Giovanni Pico
della Mirandola
(24. 2. 1463 bis
17. 11. 1494)

Berühmte Persönlichkeiten

Giovanni Pico della Mirandola (Fortsetzung)

Menschen sprechen: "Ich habe dich ins Zentrum der Welt gestellt, damit du leichter um dich blicken kannst und alles, was sie enthält, siehst. Ich habe dich nicht als himmliches Wesen und nicht als irdisches, weder sterblich noch unsterblich geschaffen, damit du dein freier Erzieher und Herr seist und dir selbst deine Form gibst. Du kannst bis zum Tier absinken oder in freier Wahl dich zum Göttlichen emporschwingen... Du allein hast eine Entwicklung, die von deinem Willen abhängt, und du allein trägst die Keime allen Lebens in dir."

Auf der Grundlage des christlichen Weltbildes versucht Pico della Mirandola die Würde und Freiheit des Menschen neu zu bestimmen und mit Hilfe von Erziehung und Bildung zu erweitern und zugleich zu bewahren.

Sein Grab befindet sich in San Marco.

Raffael (Raffaello Santi; 1483 bis 6. 4. 1520)

Raffael (sein eigentlicher Name lautet Raffaello Santi oder Sanzio) ist der Künstler, der die "Malerei der Hochrenaissance am reinsten, vollkommensten und umfassendsten ausgedrückt hat" (J. Jahn), vor allem in den Fresken der "Schule von Athen" und der "Disputà" im Vatikanischen Palast sowie in den Madonnenbildern.

In Urbino geboren, trat Raffael mit 17 Jahren in die Malerwerkstätte des Perugino in Perugia ein. 1504 zog er nach Florenz, wo er die Werke der alten und "modernen" Maler mit Hingabe studierte. Von 1508 an lebte er in Rom; dort wurde ihm nach dem Tode Bramantes die Leitung der Bauarbeiten in Sankt Peter übertragen. Während dieser zwölf römischen Jahre erreichte er seinen künstlerischen Höhepunkt in den Fresken der "Stanzen des Raffael" im Vatikan.

Von den vielen Gemälden Raffaels in Florenz seien nur einige hervorgehoben: In den Uffizien (Galleria degli Uffizi): "Papst Leo X. mit zwei Kardinälen", "Papst Julius II.", "Madonna mit dem Stieglitz" und "Bildnis des Perugino"; im Palazzo Pitti: "La Donna Velata", "La Donna Gravida", "Madonna del Granduca" und viele andere.

Raffael wurde als einzigem Künstler die Ehre zuteil, im Pantheon in Rom begraben zu werden.

Stadtgeschichte

Die Hügellandschaft um Florenz ist altes Siedlungs- und Kulturgebiet, so entstand das nahegelegene Fiesole bereits im 7. oder 6. Jh. v. Chr. als etruskische Siedlung. Florenz selbst ist allerdings vermutlich erst unter Caesar 59 v. Chr. als römische Veteranenkolonie mit dem Namen 'Florentia' gegründet worden. **59 v. Chr.**

Der ostgotische Heerkönig Radagais belagert Florenz, wird aber von Stilicho zurückgeschlagen. **406**

Der byzantinische Feldherr Belisar schlägt die Ostgoten unter Totila. **539–541**

Die Langobarden beherrschen Italien unter fast völliger Ausschaltung Ostroms. Sie gründen das Herzogtum Tuscia. **ab 568**

Karl der Große unterwirft den Langobardenkönig Desiderius und macht Tuscia zur fränkischen Markgrafschaft. **774**

Gerhard, ein Anhänger der Cluniazensischen Reform, wird Bischof von Florenz. **1045**

Bestätigung Gerhards von Florenz als Papst Nikolaus II. **1059**

Die Markgräfin Mathilda von Tuscia vermittelt im Investiturstreit zwischen Kaiser Heinrich IV. und Papst Gregor VII. in Canossa. **1077**

Mathilda gibt ihre Vermittlerrolle im Investiturstreit auf und vermacht ihre Güter, die sogenannten Mathildischen Güter (mit Ausnahme von Florenz, Lucca und Siena) dem Papst.
Florenz bildet auf Seiten Mathildas einen der Hauptstützpunkte des Papstes im Kampf gegen das Eigenkirchenwesen. **um 1079**

Mathilda verleiht Florenz autonomes Stadtrecht. **1115**

Florenz unterwirft die benachbarte Konkurrenzstadt Fiesole. **1125**

Unter der Herrschaft des Adels ist Florenz zur Führungsmacht der Toskana aufgestiegen. **um 1200**

Kaiser Friedrich II. verzichtet zugunsten der römischen Kurie auf die Mathildischen Güter, die Kaiser Heinrich V. für sich beansprucht hatte. **1215**

Friedrich II. besiegt den Lombardischen Städtebund und wird vom Papst mit dem Bann belegt. Der Antagonismus zwischen den kaisertreuen Ghibellinen (= Waiblinger = Staufer) und den papsttreuen Guelfen (= Welfen) tritt offen zutage. **1237**

Der guelfische Statthalter wird aus Florenz vertrieben. **1238**

Das erste Konzil von Lyon erklärt Friedrich II. für abgesetzt. Neben den Unruhen zwischen Ghibellinen und Guelfen erschüttern Florenz schwere soziale Auseinandersetzungen zwischen dem Adel, den Oberen und Unteren Zünften. **1245**

Die Guelfen gewinnen noch vor dem Tod Friedrichs II. die Oberhand. Die kaiserlichen Beamten werden abgesetzt. Die Zünfte verkünden eine eigene Verfassung. **1250**

Stadtgeschichte

1252	Florenz beginnt mit der Prägung eines Golddukaten, der Fiorino oder Florenus genannt wird. Der Florenus (Florentiner) findet in ganz Europa Verbreitung (daher die Abkürzung fl. für Gulden).
1255	Errichtung des Palazzo Pubblico als Bürgermeistersitz.
1282	Die neue demokratische Verfassung stärkt die sog. Oberen Zünfte (arti maggiori) gegenüber den Unteren Zünften (arti minori, Handwerker).
1284	Die dritte Stadtmauer entsteht als Verteidigungsring, dient jedoch vor allem der Demonstration politischer Macht.
1293	Der Gonfaloniere (Bannerträger) löst den Podestà (Statthalter) ab. Er soll die Bürgerinteressen dem Adel gegenüber wahren. Oberste Behörde ist die Signoria unter der Leitung des Gonfaloniere.
1294	Beginn der Bauarbeiten am Dom Santa Maria del Fiore.
1299	Errichtung des Palazzo Vecchio.
1302	Die Guelfen verbannen die Ghibellinen (unter ihnen Dante) aus Florenz.
1333	Eine Arno-Überschwemmung zerstört viele Brücken und Bauwerke.
1334	Papst Benedikt XII. verbietet unter Strafe des Banns den Gebrauch der Namen Ghibellinen und Guelfen.
1340	Erstes großes Pestjahr.
1347/1348	Eine Hungersnot und eine zweite Pestepidemie dezimieren die Bevölkerung von Florenz um zwei Drittel.
1348	Vieri di Cambio de'Medici gründet die erste historisch belegte Medici-Bank.
1378	Der Wollkämmer-Volksaufstand bewirkt eine kurze Demokratisierung.
ab 1405	Durch den Kauf (1405) und die Unterwerfung Pisas (1406) baut Florenz seine Vorherrschaft in der Toskana aus. Florenz wird von einer oligarchischen Junta unter der Führung der Familie Albizzi regiert.
1421	Durch den Erwerb der Häfen Livorno und Portopisano verschafft sich Florenz Zugang zum Meer und erlangt eine wirtschaftliche Vorrangstellung in Europa. Giovanni, genannt Bicci de'Medici, wird Gonfaloniere.
1433	Nach dem verlorenen Krieg gegen Lucca läßt die Albizzi-hörige Oligarchie Cosimo den Älteren gefangensetzen und für zehn Jahre aus der Stadt verbannen.
1434	Rinaldo degli Albizzi wird als Gonfaloniere nicht wiedergewählt. Die Oligarchen rufen Cosimo de'Medici aus der Verbannung in dieses Amt.
1444	Cosimo der Ältere gibt den Palazzo Medici in Auftrag und gründet die Medici-Bibliothek (heute: Biblioteca Laurenziana).
1469 – 1492	Unter der Regierung Lorenzos des Prächtigen (Il Magnifico) erlebt Florenz seine Blütezeit. Mangelnde Koordination und Mißwirtschaft schwächen die Medici-Bank.
1478	Zwei Angehörige der Bankiersfamilie de'Pazzi verüben mit Unterstützung des Papstes ein Attentat auf Giuliano und Lorenzo de'Medici. Lorenzo

kann verletzt entkommen. Die Verschwörer werden gehängt. Die Verfassung von Florenz nimmt monarchistische Züge an.
1478 (Fortsetzung)

Der Dominikaner Fra Girolamo Savonarola kommt als Bußprediger nach Florenz, verkündet das nahende Endgericht und eine darauffolgende Erneuerung der Kirche.
1482

Savonarola erhebt das Kloster San Marco zu einer eigenen monastischen Kongregation mit streng asketischen Regeln.
1493

Karl VIII. von Frankreich fällt in Italien ein. Piero de'Medici unterwirft sich ihm in Pisa, ohne die Oligarchen gefragt zu haben: Die Medici werden aus Florenz vertrieben.
Savonarola ruft Christus zum König von Florenz aus und errichtet einen theokratischen Staat.
1494

Savonarola wird gehängt, seine Leiche öffentlich verbrannt.
1498

Piero Soderini führt als Gonfaloniere Reformen durch und erobert das abgefallene Pisa zurück.
1502 – 1512

Rückkehr der Medici.
1512

Kaiser Karl V. macht die Medici zu Herzögen von Florenz.
1531

Großherzogtum Toskana mit Hauptstadt Florenz.
ab 1569

Mit dem Tod Johann Gastons erlischt das Geschlecht der Medici. Das Großherzogtum fällt an das Haus Österreich.
1737

Florenz wird Hauptstadt des Königreichs Italien (bis 1871).
1865

Republik Italien.
1946

Eine schwere Flutkatastrophe trifft die Stadt, als der Arno über die Ufer tritt. Zahlreiche Tote und Obdachlose sowie erhebliche Schäden an der historischen Substanz.
1966

In Verbindung mit dem Europarat führen italienische Institutionen eine Ausstellung über die Medici durch: "Florenz und die Toskana der Medici in Europa um 1500".
1980

Für ein Jahr ist Florenz "Europäische Kulturhauptstadt".
1986

Um der Lärm- und Abgasbelästigung Herr zu werden, wird der private Autoverkehr in der Innenstadt erheblich eingeschränkt.
Im Oktober wird ein Museum eröffnet, das dem Werk des toskanischen Bildhauers, Malers und Graphikers Marino Marini (1901 – 1980) gewidmet ist.
1988

Die Entscheidung der Stadtverwaltung, im Freien aufgestellte Kunstwerke durch in den ursprünglichen Materialien gefertigte Kopien zu ersetzen, ist Gegenstand heftiger Diskussionen. Für das italienische Ministerium für Kulturgüter sind aus Kostengründen auch Plastikkopien denkbar.
1991

Kunstgeschichte

Florenz ist eine Kunst und Kulturmetropole ersten Ranges. Die schöpferischen Leistungen der Künstler dieser Stadt haben in der Zeit vom 14. bis 16. Jh., besonders während der Epoche der Renaissance, die europäische Kunst- und Kulturgeschichte nachhaltig geprägt. Angesichts der Fülle von bedeutenden Kunstwerken kann nur eine Auswahl aus Architektur, Plastik und Malerei überblicksweise im folgenden beschrieben werden.

Antike

Die Hügellandschaft um Florenz ist zwar altes Siedlungs- und Kulturgebiet, aber die Stadt selbst ist als römische Veteranenkolonie mit dem Namen Florentia erst 59 v. Chr. von Caesar gegründet worden. Die Kunst und Kultur der Etruskerzeit und der römischen Republik war in Faesulae, dem heutigen Fiesole, oberhalb des Arnotals konzentriert.
Florenz gelangte erst im Verlauf der römischen Kaiserzeit im 1. und 2. Jh. n. Chr. zur kulturellen Blüte. In dieser Phase entstanden in der Nähe des Forums (Piazza della Repubblica) marmorverkleidete Tempel, Säulenkolonnaden, Thermenanlagen und außerhalb der Stadtmauern ein Theater auf dem Areal des heutigen Palazzo Vecchio sowie ein großes Amphitheater westlich der Kirche Santa Croce. Im Zuge von Stadtsanierungsmaßnahmen ist schon seit dem 19. Jh. viele römische Funde gemacht worden, Mosaike, Fragmente von Statuen, Bruchstücke von Tempeln und Häusern, Münzen, die heute zusammen mit den etruskischen Kunstwerken aus Mittelitalien im Archäologischen Museum von Florenz zu sehen sind. Die große Anzahl antiker Statuen in den Uffizien, im Pitti-Palast und in den Boboli-Gärten stammt nicht aus Florenz, sondern gelangte über die Sammeltätigkeit der Medici-Fürsten von Rom und Süditalien in die Arnostadt.

Frühmittelalter

Frühchristliche Sakralbauten aus dem späten 4. und frühen 5. Jh. sind als Vorgängerbauten von Santa Felicità, San Lorenzo und Sant'Ambrogio nachweisbar. Bei Grabungen in Santa Felcità stieß man in ihren Katakomben auf Grabplatten mit griechischen Inschriften, die ins Jahr 418 datiert sind. Vieles wurde allerdings durch die Eroberungsfeldzüge der Langobarden im 6. Jh. zerstört.
In der Folgezeit hat die Arnostadt bis zum 11. Jh. keine bedeutsamen kulturellen und künstlerischen Leistungen hervorgebracht.

Romanik

Architektur

Um die Mitte des 11. Jh.s entwickelte sich Florenz zu einem Zentrum der kirchlichen Reformbewegung, als der aus Burgund gebürtige Geistliche Gerhard 1045 Bischof von Florenz wurde und die Reformideen von Cluny mitbrachte, was sich auch im Kirchenbau äußerte. Als Papst Nikolaus II. legte er 1059 den Grundstein zum Bau des Baptisteriums San Giovanni. Vermutlich im selben Jahr begann man auf Veranlassung des Legaten Hildebrand, des späteren Papstes Gregor VII., mit dem Ausbau des Klosters San Miniato, einer Benediktinerabtei cluniazensischer Reform. Da beide Bauwerke unverändert bis in unsere Zeit überkommen sind, bieten sie her-

◀ *Michelangelos "David" in der Galleria dell'Accademia*

Kunstgeschichte

vorragende Beispiele der romanischen, florentinisch-toskanisch geprägten Architektur des späten 11. und 12. Jh.s. Auffallend dabei ist die enge Verbindung zur römischen Antike in der Außengestalt und im Innenraum der Kirchenbauten.

Die Kirche San Miniato beeindruckt durch ihre strahlende, weiß-grün inkrustierte Fassade. Inkrustation nennt man die Verkleidung eines Ziegelbauwerks mit verschiedenfarbigen dünnen Marmorplatten, eine Technik, die aus der antiken römischen Baukunst bekannt ist und seit dem 11. Jh. in Florenz und der Toskana wieder verwendet wird. Geometrische Muster, Dreiecke, Quadrate, Rechtecke, eingefügt in die großen romanischen Rundbögen, die ebenfalls der römischen Baukunst abgeschaut sind, gestalten die dreifach gestufte Kirchenfassade. Das dreischiffige Innere ohne Querhaus, aber mit erhöhtem Chor über einer Hallenkrypta (frühes 11. Jh.) mit Märtyrergrab und mit offenem Dachstuhl, vermittelt den Eindruck einer frühchristlichen Säulenbasilika, die durch die eingestellten Schwibbögen und dem damit verbundenen Stützenwechsel im Langhaus eine ungewöhnliche Rhythmisierung erfährt. Beachtenswerte spätromanische Arbeiten sind die prachtvoll dekorierten Chorschranken mit der Marmorkanzel (2. Hälfte 12. Jh.) und der teppichartige Fußboden in Einlegearbeit (1207).

Das Baptisterium San Giovanni aus dem 11. Jh., das man in der Renaissance wegen seiner ebenmäßigen Proportionen und der Inkrustation für ein antikes Bauwerk und deshalb für besonders nachahmenswert hielt (vgl. u.a. Dom und Fassade Santa Maria Novella; 15. Jh.), geht in seiner achteckigen Form auf frühchristliche Taufhäuser zurück (z.B. das Baptisterium von San Giovanni in Laterano, Rom), übertrifft diese jedoch durch seine monumentalen Ausmaße. Seine drei Geschosse sind durch Marmorinkrustationen in Rechteck und Bogenformen verschiedenartig gegliedert. In seiner Ausgeglichenheit und Regelmäßigkeit der Formen ist das Baptisterium unter Verwendung antiker römischer Vorbilder (Pantheon) bereits in vielem dem Renaissancekunst vergleichbar, weshalb man hier, drei Jahrhunderte vor Beginn der eigentlichen Renaissance, sogar von Protorenaissance, also einer Vorwegnahme einzelner Stilmerkmale, spricht.

Auch im Innern sind die Wände mit verschiedenfarbigen geometrischen Marmorflächen gegliedert. Insgesamt herrscht jedoch ein düsterer, mittelalterlicher Raumeindruck vor. Durch schmale Fenster fällt nur wenig Licht in den Innenraum, den kräftige Granitsäulen und Pilaster gliedern, überhöht von einem achtteiligen, ansatzweise doppelschaligen Gewölbe. Geschmückt ist es mit bedeutenden Mosaiken aus dem 13. Jh., die u.a. die Schöpfungsgeschichte, die Josephslegende, das Leben Christi und die Geschichte Johannes des Täufers darstellen. Die Mosaizierung geht auf venezianische Künstler zurück, die etwa seit 1230 in Florenz arbeiteten und die die in Byzanz gepflegte Mosaikkunst, die in Ravenna und Venedig meisterhaft nachgeahmt wurde, in die Arnostadt vermittelten.

Etwa zur selben Zeit wie das Baptisterium entstand die Kirche Santi Apostoli, erstmals 1075 urkundlich erwähnt. Ihr Inneres vermittelt noch den Eindruck einer frühchristlichen dreischiffigen Basilika mit offenem Dachstuhl und schmalen Obergadenfenstern. Konstruktive und schmückende Teile wie Säulen mit Entasis, Kompositkapitele (zwei sind original antik) und abgestufte Arkadenbögen orientieren sich an antiker Formensprache und geben der Florentiner Romanik ein römisch-klassisches Gepräge.

Im Bereich der Malerei haben sich kaum nennenswerte Werke in Florenz erhalten. Die byzantinische Ikonendarstellung herrschte allgemein in der religiösen Tafelmalerei vor. Ein frühes Werk florentinischer Malerei ist das Kruzifix (1225–1235) vom Maestro del Bigallo (Museo del Bigallo), einem unbekannten Maler von dem auch das Antependium des hl. Zenobius (Dommuseum) stammt.

Die Skulptur wurde weitgehend von der Elfenbeinschnitzerei bestimmt. Ein Beispiel ist der elfenbeinerne Buchdeckel eines Florentiner Evangeliars (11. Jh.) mit der Darstellung des Pfingstwunders (heute Vatikanbibliothek).

Palazzo del Bargello

Palazzo Spini-Ferroni

Gotik

Erst Ende des 13. Jh.s hielt der gotische Stil der Baukunst in Florenz seinen Einzug. Nach vielen innenpolitischen Parteikämpfen wurde zunächst zwischen 1254 und 1261 der wehrhafte Palazzo del Podestà gebaut, später Bargello genannt nach dem italienischen Wort für Amtsbüttel, als Sitz des auswärtigen obersten Exekutivbeamten, der als neutrale Instanz, gebunden an strenge Gesetze, für Recht und Ordnung in der Stadt sorgen sollte. Der imposante festungsartige Bau aus Hau- und Bruchstein mit hohem Turm hatte ursprünglich außen Holzgalerien. Im Inneren gibt es einen eindrucksvollen Hof mit weitgespannten Arkaden sowie mehrere steingewölbte Versammlungssäle und eine freskengeschmückte Kapelle. Nachdem sich das Zunftregiment seit 1292 endgültig in Form eines neunköpfigen Regierungskollegiums, Signoria genannt, etabliert hatte, bedurfte es eines neuen Regierungssitzes. Von 1299 an errichtete man den Palazzo dei Priori – seit dem 16. Jh. als Palazzo Vecchio bezeichnet –, der im Kernbau 1314 vollendet war. Das Äußere dieses Rathauses entspricht noch stark den Vorstellungen eines mittelalterlichen Wehrbaus. Die massive Fassade des Baus ist lediglich mit Bossenquadern geschmückt, wobei in ihren oberen Geschossen gotische Zwillingsfenster eingelassen sind. Bekrönt wird der Kommunalpalast von einem Laufgang mit Zinnen. Dort befinden sich eine Reihe von Wappen, die die wechselvolle mittelalterliche Herrschaftsgeschichte des Stadtstaates Florenz widerspiegeln. Links vom Palazzo Vecchio befindet sich etwas zurückgesetzt ein kleiner Palazzo, das ehemalige Handelsgericht, um 1359 erbaut, dessen gotische Fassade ebenfalls mit einer Wappenfolge der sieben großen und 14 kleinen Zünfte geschmückt ist.

In der Wohnarchitektur waren im 13. Jh. noch die Geschlechtertürme vorherrschend, die nach der Konsolidierung der Kommune geschleift wurden, denn der Turm des Palazzo Vecchio sollte sich als Ausdruck von kommunaler Macht und Bürgerstolz deutlich von allen anderen Gebäuden

Architektur

31

Kunstgeschichte

abheben. Von der gotischen Palazzo-Architektur haben sich noch der loggiabekrönte Palazzo Davanzati und der zinnenbekrönte Palazzo Spini-Ferroni aus dem 14. Jh. erhalten.

Im Sakralbau entstand um 1300 mit Santa Maria Novella (Grundsteinlegung 1246, Langhausbau ab 1279, Fassade 1458–1470) die erste gotische Dominikaner-Bettelordenskirche in Form einer dreischiffigen, weiträumigen Pfeilerbasilika mit Kreuzgratgewölben und geradem Chorabschluß. Das gotische Monumentalbauwerk, der Dom Santa Maria del Fiore, wurde 1296 begonnen und mit langen Verzögerungen durch häufigen Planwechsel erst 1436 geweiht, die Fassade erst im 19. Jh. neogotisch vollendet. Bei allen gotischen Kirchen in Florenz ist von einem filigranen Glieder- oder Skelettbau, der traditionell dem Baustil der Gotik eigen ist, kaum etwas zu bemerken. Es fehlen weitgehend die üblichen Strebepfeiler, Maßwerkformen und bauplastisch durchgestalteten Fassaden. Auch die Innenräume weisen florentinische Eigenheiten auf. Das Dominnere bietet sich dem Eintretenden als dreischiffige Pfeilerbasilika auf lateinischem Kreuz-Grundriß dar. Das breitgelagerte, nur durch vier Joche unterteilte Langhaus wirkt nüchtern und hallenartig. Die ohne Triforium unmittelbar auf den mächtigen Arkaden ruhenden Kreuzrippengewölbe verstärken diese kompakte Breitenwirkung noch. Kaum etwas erinnert an die schmalen aufstrebenden Formen, die der Gotik in Frankreich und Deutschland eigen sind. In Florenz sind die Baumeister auf einen Ausgleich zwischen Horizontal- und Vertikalgliederung bedacht gewesen.

Im Bereich der Malerei zählt Cimabue (um 1240/1245 bis nach 1302) zu den ersten Meistern, die sich langsam aus dem starren, über Jahrhunderte hindurch gültigen Formenkanon der byzantinischen Ikonenmalerei lösten und zu einer plastischeren und farblich differenzierten Gestaltung gelangten. Cimabues "Thronende Madonna" (um 1275, Uffizien) und der gemalte Kruzifixus (um 1287, Santa Croce) legen davon Zeugnis ab.

Vollends aber brach erst Giotto di Bondone (um 1267–1337) mit der unkörperlichen und unräumlichen Darstellungsweise der byzantinisch-mittelalterlichen Malerei. Mit seinen in den ersten drei Jahrzehnten des 14. Jh.s geschaffenen Fresken (Santa Croce) und Altartafeln ("Thronende Madonna", Uffizien) gilt er als Begründer der neuzeitlichen europäischen Malerei, da er ein auf Beobachtung von Realität und Natur gegründetes Bild der Welt und des Menschen schafft.

Im Verlauf des 14. Jh.s arbeitete eine Reihe von Malern teils nach dem Vorbild Giottos, teils im Stil der internationalen Gotik. Zu den wichtigen Florentiner Werken zählen die Fresken des Jüngsten Gerichts, des Paradieses und der Hölle (um 1357) von Nardo di Cione (Santa Maria Novella), ein stilistisch konservatives Werk von mittelalterlicher Geistigkeit durchdrungen. Etwas heiterer in der Grundstimmung ist der bedeutende Freskenzyklus von Andrea Bonaiuto da Firenze (gest. 1377) in der Spanischen Kapelle (Santa Maria Novella) mit einem großartigen Bildprogramm (1365–1367) der Dominikaner-Theologie, das den Weg des Menschen zum Heil aufzeigt.

In der Franziskanerkirche Santa Croce, wo Giotto exemplarische Werke hinterließ, malte in direkter Nachfolge sein Schüler Taddeo Gaddi in der Cappella Baroncelli einen Freskenzyklus mit Szenen aus dem Leben Jesu und Mariä (um 1335). In der Hauptchorkapelle von Santa Croce entstand zwischen 1380 und 1390 der bedeutende Freskenzyklus von Agnolo Gaddi zur Legende des Heiligen Kreuzes. Beide Maler übernahmen weitgehend den monumentalen Figurenstil Giottos und seine ansatzweise tiefenräumliche Bildanlage, ohne zu neuen Kompositionslösungen zu gelangen.

Auf dem Gebiet der gotischen Skulptur zählen die plastischen Werke von Arnolfo di Cambio, die erste Bronzetür des Baptisteriums von Pisano und das Marmortabernakel von Orcagna in Orsanmichele zu den herausragenden Leistungen. Arnolfo di Cambio (um 1245–1302) war seit 1296 als Dombaumeister in Florenz tätig. Die wenigen ihm zugeschriebenen Skulpturen (u.a. "Hl. Reparata", "Madonna mit segnendem Christuskind", "Papst Bonifaz VIII.", Dommuseum) zeigen einen blockhaft-geschlossenen Umriß der monumentalen Figur mit teilweise antikisierenden Tendenzen in Pose, Mimik und Gestik.

Um 1330 trat mit Andrea Pisano (um 1295 bis vor 1358) wieder ein epochemachender Bildhauer und Goldschmied auf. Sein bedeutendes und einzig sicheres Werk ist die älteste Bronzetür des Baptisteriums (1330 – 1336) mit 28 Vierpaß-Relieffeldern. Die Reliefszenen aus dem Leben Johannes des Täufers sind räumlich klar aufgebaut und figürlich ausgewogen komponiert mit ruhig agierenden Gestalten in spannungsvoller Gebärde, teilweise körperlich vollrund modelliert oder in faltenreiche Gewänder gehüllt. Das Erbe Giottos und der römischen Sarkophagreliefs finden in diesem Figurenstil ihren Niederschlag.

Andrea Orcagna (1343/1344 erstmals in Florenz erwähnt; gest. 1368) war nicht nur als Bildhauer, sondern auch als Maler und Architekt tätig. Nur wenige Werke sind erhalten. Das Marmortabernakel mit Szenen aus dem Marienleben (1352 – 1359) in Orsanmichele zählt zu Orcagnas gelungensten Arbeiten.

Frührenaissance

Die vordringlichste Aufgabe der Baukunst zu Beginn des 15. Jh.s in Florenz war die Fertigstellung des Doms, vor allem die Überkuppelung des Vierungsraumes. Filippo Brunelleschi (1377 – 1446) gelang dies mit Hilfe einer freitragenden, doppelschaligen, parabelförmigen Konstruktion zwischen 1420 und 1436, die für den Kuppelbau des Barock wegweisend war. Überhaupt ist Brunelleschi der eigentliche Schöpfer der Renaissance-Architektur auf der Basis eines gründlichen Studiums der antiken Baukunst und mit Hilfe der für die Bauzeichnung wichtigen linearperspektivischen Projektion, die von ihm zwischen 1410 und 1420 wiederentdeckt

Domkuppel   *San Lorenzo: Langhaus*

Frührenaissance,
Architektur
(Fortsetzung)

wurde. So entstanden exakt berechnete wohlproportionierte Profan- und Sakralbauten in Anlehnung an klassisch-antike und frühchristliche Baugedanken. Das Findelhaus (Ospedale degli Innocenti), begonnen 1419, ist der erste neuzeitliche profane Bau mit epochemachender Säulenvorhalle wie bei einem antiken Tempel, anstelle der mittelalterlichen Stützpfeiler. Das Gewölbe dieser Loggia besteht zudem aus einer Folge von Hängekuppeln, die die mittelalterlichen Kreuzgrat- und Kreuzrippengewölbe ersetzen. Im Sakralbau setzte Brunelleschi mit der Alten Sakristei von San Lorenzo (um 1420), ein aus Kubus und Kugel entwickelter Kuppelbau, neue Akzente der Zentralraumarchitektur. Wichtige Neuerungen erbrachte Brunelleschi auch im Langhausbau. San Lorenzo (begonnen um 1420; Abb. S. 33) und Santo Spirito (begonnen 1436) sind beispielhafte, aus spätantiken und frühchristlichen Baukonzepten entwickelte Basiliken auf lateinischem Kreuzgrundriß mit klar gegliederten, äußerst harmonischen Innenräumen.

Neben Brunelleschi wirkte vor allem Michelozzo (1396 – 1472) als Architekt und Bildhauer in Florenz und war dessen Nachfolger im Dombaumeisteramt (1446 – 1452). Mit dem Palazzo Medici-Riccardi (1444 – 1460) schuf Michelozzo den Prototyp des florentinischen Stadtpalastes mit festungsartiger Schaufront in Rustikaquaderung, in Anlehnung an den Palazzo Vecchio, mit zweigeteilten Bogenfenstern in Weiterentwicklung der gotischen Biforien, mit umlaufenden Kranzgesimsen und mit einem Arkaden-Innenhof. Ebenfalls im Auftrag der Medici errichtete er zwischen 1437 und 1452 die Konventsgebäude des Dominikanerklosters San Marco. Die ohne Dormitorium um einen Innenhof gruppierten kleinen tonnengewölbten Einzelzellen unter gemeinsamen offenem Dachstuhl sind Ausdruck des Individualismus, der auch im Klosterwesen im 15. Jh. Einzug hält. Mit der Kirche Santissima Annunziata (heute barockisiert) wurde zwischen 1444 und 1453 unter Federführung Michelozzos ursprünglich der erste einschiffige Saalbau geschaffen, mit einer Folge von Wandkapellen, ein Schema, das später bei vielen Barockkirchen verwendet wurde.

Fra Angelico: "Verkündigung" (San Marco)

Der Humanist und Architekt Leon Battista Alberti (1404 – 1472) lieferte den Entwurf für den Palazzo Rucellai (1446 – 1451), ein dreigeschossiger Bau mit einer prototypischen Pilasterfassade mit wechselndem Kapitellschmuck, Bogenfenstern und Plattenrustika. Nach den Plänen Albertis wurde außerdem die Fassade (1458 – 1470) von Santa Maria Novella ausgeführt, bei der der farbige Inkrustationsstil des Baptistieriums und San Miniatos aus der Romanik übernommen wurde. Neuartig sind nicht nur das Attikageschoß mit Dreiecksgiebel, ein antikes Tempelzitat, sondern auch die hervortretenden Eckpilaster zur seitlichen Fassadenbegrenzung und die zwischen den beiden Geschossen vermittelnden, sanft geschwungenen Voluten, die sogar das große gotische Rundfenster als ornamentales Motiv wieder aufnehmen.

Als weitere Renaissance-Architekten sind Antonio Manetti, ein Schüler Brunelleschis, der am Bau von San Lorenzo und Santissima Annunziata mitarbeitete und als Hauptwerk die Kapelle des Kardinals von Portugal (1461 – 1466) in San Miniato al Monte hinterließ, sowie Bernardo Rossellino (1409 – 1464) zu nennen, der an der Ausführung des Palazzo Rucellai und der Kreuzgänge von Santa Croce beteiligt war. Der doppelgeschossige Chiostro degli Aranci in der Badia Fiorentina (1435/1436) wird ihm zugeschrieben.

Auf dem Gebiet der Malerei ist zu Beginn des Quattrocento (15. Jh.) noch der traditionelle Formenkanon des internationalen gotischen Stils vorherrschend. Lorenzo Monaco (um 1370 – 1423), ein gebürtiger Sienese, malte um 1420 die "Anbetung der Könige" (Uffizien) mit feiner Linienführung und dezenter Farbigkeit. Auch der aus den Marken stammende Gentile da Fabriano (um 1370 – 1427) war bei aller Meisterschaft im realistischen Detail ein die höfische Gesellschaft in prunkvoll festlicher Manier porträtierender Spätgotiker, wie die "Anbetung der Könige" (Uffizien) von 1422 belegt.

Als der eigentliche Schöpfer der italienischen Renaissance-Malerei gilt Masaccio (1401 – 1428), der mit Hilfe der von Brunelleschi neu entdeckten Linearperspektive zu einer nie zuvor erreichten Plastizität und Wirklichkeitstreue der Figuren, Räume und Landschaften gelangte. Die Altartafel "Hl. Anna Selbdritt" (1424/1425, Uffizien) mit dem kraftvollen nackten Christusknaben und der Freskenzyklus aus der Lebensgeschichte des Apostels Petrus in der Brancacci-Kapelle von Santa Maria del Carmine sowie das Trinitätsfresko (1426/1427), ein Meisterwerk perspektivischer Raumdarstellung, legen davon Zeugnis ab. Paolo Uccello (um 1397 – 1475) griff um 1435 die Vorgaben Masaccios auf und gelangte mit seinem Reiterbildnis des florentinischen Söldnerführers Giovanni Acuto (John Hawkwood) von 1436 (Dom Santa Maria del Fiore) zu einer großen, imposanten dreidimensionalen Darstellung eines Reitermonumentes. In dem Fresko der Sintflut (um 1448; Chiostro Verde, Santa Maria Novella) und in der Schlacht von San Romano (um 1456, Uffizien) zeigt er sich als leidenschaftlicher Perspektiviker, der zu ungewöhnlichen teils antinaturalistisch-abstrakten Kompositionslösungen kam.

Andrea del Castagno (1421 – 1457) beschäftigte sich dagegen mit der malerischen Wiedergabe der plastischen Figur und zeigte sich dabei stark von der Skulptur der Frührenaissance beeinflußt. Zwischen 1445 und 1450 entstanden im Freskenzyklus von Sant'Apollonia (Cenacolo di Sant'Apollonia) Passionsszenen und ein Abendmahl mit lebensgroßen voluminösen Figuren, die durch allerlei Blicke und lebhafte Gebärden miteinander kommunizieren. In dem Zyklus Uomini famosi (um 1450) der Villa Pandolfini in Legnaia (heute Uffizien und Sant'Apollonia) sind Einzelpersönlichkeiten der Florentiner Geschichte, der Mythologie und des Alten Testaments mit verblüffender Illusionskraft lebensgroß und statuengleich gemalt worden. Sparsam in der Raumgestaltung und wenig artikuliert in der Körpersprache malte der Dominikanermönch Fra Angelico (um 1387 – 1455) seine Altartafeln und Fresken (San Marco und Uffizien) mit zarten, hingebungsvollen Gestalten, in farbenprächtigen, faltenreichen Gewändern auf ornamentiertem Goldgrund, gelangte aber mit Hilfe der kreis- und halbkreis-

Frührenaissance, Architektur (Fortsetzung)

Malerei

Kunstgeschichte

förmigen Figurenanordnung zu einer überzeugenden, die Bildfläche und den Bildraum vereinigenden Komposition.

Der Malermönch Fra Filippo Lippi (1406–1469) orientierte sich dagegen stärker an den plastisch modellierten Gestalten von Masaccio. Lippis Hauptwerk bilden die Fresken im Dom zu Prato. Daneben gibt es eine Reihe von Marientafeln (Uffizien, Pitti-Palast) in gefälligem, schönlinigem Stil und in verhaltener Gebärdensprache.

Als Historienmaler trat Benozzo Gozzoli (1420–1497) in Erscheinung, als er zwischen 1458 und 1460 die Privatkapelle im Palazzo Medici ausschmückte.

Sandro Botticelli (1445–1510) war ein weiterer Maler, der im Dienst der Medici stand. In der "Anbetung" von 1475 (Uffizien) treten drei Generationen der Medici als Könige und ihre Begleiter auf, umgeben von weiteren Literaten, Humanisten und vom Maler selbst. Berühmter jedoch Botticellis allegorische Bilder "Primavera" und "Geburt der Venus" (beide Uffizien), die die Beschäftigung des Malers mit humanistischen Ideen in der Zeit um 1480 offenbaren als kühne Synthese von neoplatonischem und christlichem Gedankengut. Trotz der Darstellungen einiger Aktfiguren ist Botticellis Malerei in wesentlichen Zügen eher 'neogotisch' in der Betonung der traditionellen, S-förmig geschwungenen Körperlinie, der rauschenden Gewänder und verklärenden Blicke anstelle eines wirklichkeitsnahen, auf Anatomiestudien beruhenden Renaissance-Menschenbildes.

In Domenico Ghirlandaio (1449–1494) fand die Florentiner Oberschicht einen ihrer erzählfreudigsten Maler. Seine Fresken in der Hauptchorkapelle von Santa Maria Novella mit Szenen aus dem Leben Marias und Johannes d. Täufers (1486–1490) sind eine Huldigung an das damalige großbürgerliche Florenz mit einer Fülle von Porträts berühmter Zeitgenossen, von lokalen Schauplätzen, von Einblicken in vornehme Bürgerstuben, von panoramahaften Landschaftsausblicken, von Festmälern und Tanzdarbietungen, die allesamt die sinnenfrohe Lebenswelt der zweiten Hälfte des Quattrocento, der Epoche Lorenzos des Prächtigen, widerspiegeln.

Wollte man ein Fixdatum für die von Florenz ausgehende Erneuerung der abendländischen Skulptur setzen, käme nur der öffentliche Wettbewerb der besten Bronzebildner um die zweite Baptisteriumstür von 1401 in Frage. Die Konkurrenzreliefs mit der Opferung Isaaks (1402) der führenden Meister Ghiberti und Brunelleschi sind erhalten (Bargello) und vergegenwärtigen am Beispiel des expressiven Realismus von Brunelleschi und des dekorativen Illusionismus Ghibertis die Leitlinien der Frührenaissance-Skulptur. Mit seiner zwischen 1403 und 1424 ausgeführten Bronzetür gelang Lorenzo Ghiberti (1378–1455) ein epochales Werk. Unmittelbar nach Vollendung der Pforte gab man Ghiberti auch den Auftrag für die dritte, die Osttür des Baptisteriums, später 'Paradiestür' genannt. Wieder sollte Ghiberti über 20 Jahre an dieser Tür arbeiten (1425–1452). Die Fertigstellung verzögerte sich hauptsächlich aus technischen Gründen, da viele Experimente beim Bronzegießen und Vergolden vorgenommen wurden und dieses seit der Antike vernachlässigte Handwerk erst wieder neu erlernt werden mußte. Ghibertis zehn vergoldete Bronzetafeln mit Szenen aus dem Alten Testament erzielen in Verbindung von Hoch- und Flachrelief eine nie zuvor erreichte malerisch-illusionistische Wirkung.

Ein anderes herausragendes Projekt für die Bildhauer in Florenz war die skulpturale Ausschmückung des Doms Santa Maria del Fiore. Nanni di Banco (um 1370/1375–1421) arbeitete um 1403 an der Porta della Mandorla mit, dem am reichsten geschmückten Portal der Kathedrale, für das er gegen 1414 das Giebelrelief der Himmelfahrt Marias mit der Gürtelspende des hl. Thomas schuf. Im Jahre 1408 skulptierte er aus Marmor den Evangelisten Lukas für die Domfassade, ein schulemachender Typus der Sitzfigur mit sicherer Beherrschung des Körperaufbaus und beredtem Gesichtsausdruck. Es folgte eine Reihe von Statuen für die Außennischen von Orsanmichele. Bei allen Skulpturen ist erstmalig die Rezeption der antiken Kontrapostfigur zu beobachten und eine an der römischen Porträtbüste orientierte Modellierung der Köpfe.

In anregender Auseinandersetzung mit dem plastischen Werk Nannis gelangte Donatello (1382/1386 – 1466) zu herausragenden Leistungen, die ihn als den eigentlichen Schöpfer der neuzeitlichen Skulptur berechtigt erscheinen lassen. Der "Marmordavid" (1408/1409, Bargello), Standfigur und Relief "Hl. Georg" (um 1415 – 1417, Bargello) bezeugen seine dramatische, von Gegensätzen bestimmte Figurenkonzeption, die auf der Verwendung des Kontrapostes aus Stand- und Spielbein und der daraus folgenden Verschiebung der Körperachsen beruht in Verbindung mit sich in der Physiognomie widerspiegelnder innerer Erregung der Gestalten. Ähnliches zeigt sich auch bei seinen monumentalen Nischenfiguren für den Dom: Prophet mit Schriftrolle, Habakuk, Jeremias (1425 – 1435; alle im Dommuseum), bei denen er klassischen Körperaufbau mit gotischer Gewandfigur verbindet und den Statuen Leidenschaft und prophetische Kraft verleiht. Im Gegensatz dazu steht die weich modellierte knabenhafte Bronzefigur des David (um 1435, Bargello), die erste freistehende und nackte Figur seit der Antike. Mit seiner Sängerkanzel (1433 – 1439, Dommuseum) illustriert Donatello den Lobgesang Gottes im 150. Psalm als furioses Spiel- und Tanzensemble ausgelassener Putto-Knaben. Auf dem Gebiet der Holzplastik zeigt Donatello sein großes Talent mit dem Kruzifixus (1412 – 1420) von Santa Croce, das in seinem expressiven Naturalismus die Menschenähnlichkeit des Gottessohnes betont. Von erschütternder Tragik ist sein Spätwerk, die "Hl. Magdalena" (Dommuseum), eine Holzfigur nach 1453 geschaffen, deren ausgezehrte, greisenhafte Gestalt im Vergleich zur makellosen Schönheit des "Bronzedavids" von 1435 die künstlerische Wandlungsfähigkeit Donatellos deutlich macht.

Sein Künstlerkollege Lorenzo Ghiberti war in der Hauptsache Goldschmied und Bronzebildner und schuf neben den Baptisteriumstüren für Orsanmichele die monumentalen Bronzefiguren "Johannes der Täufer" (1414), "Matthäus" (1419 – 1422) und "Stephanus" (1429).

Luca della Robbia (1400 – 1482) gestaltete mit seiner Sängerkanzel (1431 – 1438, Dommuseum) – als Gegenstück zu der von Donatello – zwar

Donatello-Saal im Palazzo del Bargello

ein qualitätvolles, an antiker Plastik orientiertes Marmorrelief mit musizierenden und tanzenden Putti sowie mit der nördlichen Sakristeitür im Dom auch ein wichtiges Bronzewerk, sein Hauptaugenmerk galt aber der Keramik. Er war der Gründer einer bedeutenden Familienwerkstatt des 15. und 16. Jh.s, zu der auch Andrea (1435 – 1525) und dessen Söhne Giovanni und Giuliano della Robbia gehörten, die sich der Herstellung gebrannter, mit Email oder Bleiglasur überzogener zunächst blau-weißer, später farbiger Reliefs widmeten, die in vielen kirchlichen (Dom) und öffentlichen (Findelhaus) Bauten von Florenz zu finden sind.

Von Donatello beeinflußt, aber weniger leidenschaftlich und expressiv, arbeitete Desiderio da Settignano (um 1430 – 1464). Das Grabmal für den Humanisten Carlo Marsuppini (um 1453) in Santa Croce, das Sakramentstabernakel (1461) in San Lorenzo und die Porträtbüsten (u.a. "Junge Dame", Bargello) zeigen vor allem in der Vorliebe für das ornamentale Detail und in der sensiblen, fast zeichnerischen Oberflächenbehandlung des Marmors Charakteristika der Kunst Desiderios.

Sein Zeitgenosse ist der Architekt und Bildhauer Bernardo Rossellino (1409 – 1464), dessen Wandnischengrabmal für den Staatskanzler Leonardo Bruni (um 1450) in Santa Croce stilbildend war für eine Reihe weiterer Grablagen des florentinischen Patriziats. Sein Bruder Antonio Rossellino (1427 – 1479) gestaltete das Grabmal des Kardinals von Portugal (1461 – 1466) in San Miniato al Monte sowie hervorragende lebensnahe Porträtbüsten, u.a. die des M. Palmieri (1468, Bargello).

Benedetto da Maiano (1442 – 1497) leistete u.a. mit seiner 1474 geschaffenen, bestechend realistischen Porträtbüste des Pietro Mellini (Bargello) und der ebenfalls um diese Zeit gestalteten Marmorkanzel von Santa Croce mit Reliefs der Franziskuslegende und Tugendfiguren sowie mit den unvollendeten Spätwerken "Madonna mit Kind" und "Hl. Sebastian" (Misericordia-Kapelle) bedeutende Beiträge zur Florentiner Skulptur, die bereits in die Formensprache der Hochrenaissance vorausweisen.

Der überragende Bildhauer und Bronzegießer in der zweiten Hälfte des 15. Jh.s war jedoch Andrea del Verrocchio (1436 – 1488), der auch als Maler Talent bewies (u.a. "Taufe Christi", Uffizien). Sein Grabmal für Piero und Giovanni de' Medici (1472 vollendet) besteht aus rein ornamentaler Ausschmückung in verschiedenfarbigem Marmor und Bronze. Der "Bronzedavid" (1472 – 1475, Bargello) ist die fein modellierte, naturalistische Figur eines Hirtenknaben, der selbstbewußt im Raum steht. Noch stärker auf Vielansichtigkeit angelegt ist die kraftvoll-realistische Figur des "Putto mit Delphin" (Palazzo Vecchio), der auf kunstvoll 'gedrehte' Brunnenplastiken des Barock verweist. Die Marmorbüste einer "Dame mit Sträußchen" (Bargello) zeigt eine ausgezeichnete Oberflächenbehandlung des Marmors, so daß nicht nur Kopf und Hände, sondern auch die verschiedenen Stoffschichten gut zur Geltung kommen. Zu seinen Meisterleistungen auf dem Gebiet der Großbronzen zählt die "Christus-Thomas-Gruppe" (1466 – 1483) von Orsanmichele, mit der er den Raum durchdringende Nischenfiguren schuf, die der barocken Skulptur wichtige Anregungen gaben.

Hochrenaissance

Innerhalb weniger Jahrzehnte hatte sich um 1500 der klassische Stil in Italien durchgesetzt, so daß man diese Phase bis zum Tode Raffaels (1520) als Hochrenaissance bezeichnet.

Als wegweisend für die Hochrenaissance-Baukunst in Florenz gelten die Bauwerke von Giuliano da Sangallo (1445 – 1516), der die Baukonzepte Brunelleschis weiterführte und so der florentinischen Architektur zur Reife verhalf. In Poggio da Caiano wurde unter seiner Leitung die Villa Medicea (1480 – 1485) errichtet. In Florenz war er verantwortlich für die Sakristei von Santo Spirito, ein achteckiger Zentralbau mit doppelschaliger Kuppel (1488 – 1492) und einer tonnengewölbten Vorhalle mit antikisierendem

Schmuck, vor allem reich verzierten Kapitellen. Von 1480 bis 1500 leitete Sangallo auch den Umbau von Santa Maria Maddalena dei Pazzi, wobei er im Langhaus Seitenkapellen hinzufügte, die den Eindruck eines einschiffigen Saalkirchenraums noch verstärkten. Sein Zeitgenosse, der Architekt Cronaca (1457–1508), verwendete dasselbe Prinzip beim Bau von San Salvatore al Monte (1487–1504), setzte aber mit der doppelgeschossigen, palastfassadenartigen Wandgliederung im Inneren neue Akzente.

Mit dem Palazzo Gondi (1490–1494) entwickelte Giuliano da Sangallo bereits Vorstellungen eines auf die römische Hochrenaissancebaukunst vorausweisenden Stadtpalastes. Nur ein Jahr zuvor war mit dem Bau des Palazzo Strozzi begonnen worden, für den nacheinander Sangallo der Ältere, Benedetto da Maiano und Cronaca zwischen 1489 und 1500 die Bauleitung übernahmen. Im Gegensatz zum Palazzo Gondi, wo die Rustikaquaderung bei den drei Geschossen kontinuierlich abnimmt, zeigt der stilistisch konservativere Strozzi-Palast eine durchgängige Rustizierung der Fassade mit einer gleichmäßigen Reihung der Bogenfenster und sorgfältig gearbeiteten, die drei Geschosse trennenden Kranzgesimsen. Beide Palazzi haben sehr schöne Innenhöfe. Als drittes Palast-Beispiel der Hochrenaissance sei der Palazzo Pandolfini (1517–1520) erwähnt, dessen Tabernakel-Fenster (mit Halbsäulen) und wechselnde Segment- und Dreiecksgiebel sowie das rustikale Portal inmitten der Grausteinfassade eindeutig auf die römische Hochrenaissance verweisen. Man vermutet, daß der Bauentwurf von Raffael stammt und von Mitgliedern der Architektenfamilie Sangallo ausgeführt wurde.

An der Schwelle zur Hochrenaissance steht das malerische Werk von Filippino Lippi (1457–1504). Nach Ergänzungen der Fresken in der Brancacci-Kapelle (Santa Maria del Carmine) zwischen 1481 und 1483 ließ er mit dem Altarbild der "Vision des hl. Bernhard" (1486, Badia) die Bildvorstellungen der Frührenaissance noch ein letztes Mal aufleben und integrierte Stifterbildnis, Landschaft, Architektur und Stilleben mittels warmer tonaler Farben und ausgewogener Komposition zu einer Einheit. Die "Anbetung der Könige" (1496, Uffizien) präsentiert dagegen in unruhiger Bildanlage eine Fülle von Haltungs- und Bewegungsmotiven der Figuren, die sich auch in den Fresken der Cappella Strozzi von Santa Maria Novella mit Szenen aus dem Leben des Apostels Philippus und des Evangelisten Johannes finden, die Lippi 1502 vollendete. Dort herrscht ein bewegter Linienstil vor, die Architektur wirkt monumental und dekorativ überladen, die Figuren zeigen heftige Gebärden, alles Aspekte, die bereits den Stil des Manierismus ankündigen.

Leonardo da Vinci (1452–1519), Maler, Bildhauer, Architekt, Techniker und Naturforscher, lernte die Malkunst in Florenz bei Andrea del Verrocchio und fiel mit zwei Jugendwerken, der "Taufe Christi" und der "Verkündigung" (1472–1475, beide Uffizien), die in Zusammenarbeit mit Verrocchio entstanden, als äußerst begabt auf. Die "Anbetung der Weisen" (Uffizien) gilt als eigenhändiges Werk, blieb aber unvollendet, als Leonardo 1482 in den Dienst des Herzogs von Mailand trat. War die Weihnachtsgeschichte zuvor märchenhaft-volkstümlich dargestellt worden, so gewinnt sie in Leonardos unruhig-expressiver Version einer aus den Fugen geratenen Welt eine neue Dimension der Welterlösung. Leonardos Beitrag zur Malerei der Hochrenaissance liegt vornehmlich im Bereich der Helldunkeltechnik mit weichen Übergängen zwischen Licht- und Schattenzonen, die seinen Bildern große atmosphärische Qualität verleihen.

Der malende Florentiner Dominikanermönch Fra Bartolomeo, eigentlich Baccio della Porta (1472–1517), zeichnete sich durch seinen feierlichstrengen Stil aus mit ausgeprägtem Sinn für Farben, wohl das Ergebnis einer Venedigreise von 1508. Der "Hl. Markus" (1514–1516) zeigt einen kraftvollen Körperbau; der "Auferstandene Christus" (1516, beide Palazzo Pitti) ist von statuenhafter Körperlichkeit, die den Einfluß Michelangelos spürbar werden läßt.

Raffael, eigentlich Raffaello Santi (1483–1520), stammte aus Urbino, ging bei Perugino in die Lehre und hat seine großen Werke in Rom hinterlassen.

Raffael: "Bildnis des Agnolo Doni" ...   *... und "Donna Velata"*

Hochrenaissance,
Malerei
(Fortsetzung)

In Florenz hielt er sich nur vier Jahre zwischen 1504 und 1508 auf. In dieser Zeit entstanden das Doppelporträt von Agnolo und Maddalena Doni, geb. Strozzi (1505/1506, Palazzo Pitti), ein Werk von scharfer Beobachtungsgabe, die "Madonna mit dem Stieglitz" (um 1506, Uffizien) und die "Madonna del Granduca" (1505/1506, Palazzo Pitti), beides 'liebenswürdige' Darstellungen von leicht melancholischer Stimmung, die jahrhundertelang das Raffaelbild recht einseitig geprägt haben. Die hohe Porträtkunst Raffaels bezeugen die in Rom gemalten Bildnisse von Papst Leo X. (1517/1518, Uffizien), der "Donna Velata" (um 1514, Palazzo Pitti), einer schönen Römerin, und des Kardinals Inghirami (um 1516, Palazzo Pitti). Raffael führte die Malerei der Hochrenaissance zum Höhepunkt und zugleich zum Abschluß mit einer durchgängig optimistischen Lebensgrundhaltung trotz der Krisenzeit (Reformation), bei der Harmonie und Schönheit, Stolz und Würde das Menschenbild bestimmten.

Andrea del Sarto, eigentlich Andrea d'Agnolo (1486 – 1530), war von Raffael, Leonardo und Michelangelo beeinflußt, arbeitete aber fast ausschließlich in Florenz. In der Kirche Santissima Annunziata sind eine Reihe seiner Fresken zu sehen, darunter die "Geburt Marias" (1514), ein streng geometrisch komponiertes Bild, aber mit schreitenden Figuren bewegungsreich ausgestaltet. Recht gut läßt sich der Stilwandel del Sartos nachvollziehen in dem Zyklus aus Grisaille-Malereien mit Szenen aus dem Leben Johannes des Täufers im Chiostro dello Scalzo, woran er mit Unterbrechungen von 1510 bis 1526 arbeitete. Im Palazzo Pitti beeindrucken die kraftvoll-heldenhafte Bildgestalt Johannes des Täufers, vermutlich diente ein antiker Torso als Vorlage, sowie die Himmelfahrt Marias (um 1527), ein Werk von atmosphärischer Dichte durch wirkungsvolle Helldunkeltechnik und von tiefer religiöser Empfindung.

Skulptur

Es ist Michelangelo Buonarroti (1475 – 1564), der mit seinem Frühwerk in Florenz dem Hochrenaissance-Stil in der Skulptur zum Durchbruch verhalf, bevor er 1496 – 1501 zum ersten Mal nach Rom ging. Geschult an antiken Vorbildern und ausgebildet bei Ghirlandaio und Bertoldo zeigen bereits Michelangelos erste Werke (alle in der Casa Buonarroti), die "Madonna an der Treppe" (1491), die "Kentaurenschlacht" (1492) und das Holzkruzifix (1494), mit kühnen Verkürzungen und kontrastreichen Modellierungen seine starke Rezeption und zugleich bahnbrechende Erneuerung der antiken Kunst.

Der "Trunkene Bacchus" (begonnen 1497, Bargello) ist auf den ersten Blick lediglich eine Antikenrezeption, doch verblüfft, daß die Schulter über dem rechten Spielbein nicht nach hinten, sondern nach vorn gewendet ist, wodurch die Figur ins Schwanken gerät, was die antike Plastik ebensowenig kannte wie den expressiven Naturalismus der leicht dickbäuchigvulgären Gestalt mit lallenden Mundzügen. Michelangelo interessierte weniger das ausgewogene, unter allen Umständen harmonische Figurenkonzept der Antike als vielmehr ein aus spannungsreichen Gegensätzen gestaltetes Spiel der Körperglieder. Dies drückt sich auch in der Kolossalstatue des "David" aus (1501–1504, Accademia), einer klassischen Kontrapostfigur mit starken Gegensätzen zwischen Ruhe und Bewegung, Gelöstheit und Spannung. Michelangelos "David", für die Außenfassade des Doms geplant, dann vor dem Palazzo Vecchio aufgestellt, bildet den Abschluß einer um 1400 begonnenen ganzen Serie von Darstellungen des alttestamentlichen Helden in Florenz, der neben seiner religiösen Bedeutung auch Vorbildfunktion für ritterliche Tapferkeit und im übertragenen Sinn für Zivilcourage hatte. Sein Kampf für Recht und Freiheit ließ sich zu Beginn des 16. Jh.s ein letztes Mal programmatisch zur Selbstdarstellung der Republik Florenz als Kämpferin für städtische Autonomie gegen unumschränkte Fürstenherrschaft verwerten. Deshalb erfolgte die Aufstellung von Michelangelos "David" vor dem Palazzo Vecchio, wo er sich mit Donatellos "Judith und Holofernes" und mit dem Stadtlöwen einfügte in eine Reihe republikanischer Denkmäler.

Manierismus

Für die Epoche der Spätrenaissance, der Zeit von 1520 bis 1600, hat sich für den italienischen Kunstraum der Begriff Manierismus eingebürgert als Bezeichnung für den antiklassischen Stil, der anstelle des ideal überhöhten Naturvorbildes zu einer Dynamisierung aller Ausdrucksformen gelangt und dabei auch Verzerrungen der Wirklichkeit bis hin zur Darstellung des Abnormen und Irrealen erlaubt.

Das wichtigste Zeugnis der Architektur des Manierismus in Florenz ist die Biblioteca Laurenziana. Mit dem Bau wurde nach Plänen Michelangelos 1524 begonnen, aber erst nach seinem Tode wurde die Bibliothek 1571 ihrer Bestimmung übergeben. Weniger der Bibliothekssaal als vielmehr das Vestibül gehört zu den eigenwilligsten Raumschöpfungen Michelangelos und seiner Epoche. Die hohe und enge, zudem monumental gegliederte Vorhalle steht als triumphaler Eingang und Aufgang zur Bibliothek in der Architekturgeschichte einmalig dar. Der Betrachter weiß zunächst gar nicht recht, wo er sich aufhält – in einem Haupt- oder Zwischengeschoß, einem Innen- oder Außenraum. Das Raumgefüge wird durch Doppelsäulen in einzelne Abschnitte geteilt. In den Wandfeldern befinden sich Vertiefungen, halb Fenster, halb Nischen. Überall scheinen hier die architektonischen Vorschriften ins Gegenteil verkehrt zu sein: Die Nischen sind zu flach, um Figurenschmuck zu tragen, ihre seitlichen Pilaster werden nach unten zu enger statt breiter, die zarten Voluten des untersten Geschosses sind viel zu schwach, um die Säulen zu tragen. Die Säulen wiederum werden nur zur dekorativen Wandgestaltung verwendet. Der Architrav verläuft über der Wand, so daß die Säulen ihre tragende Funktion verlieren. Eigenartig wirkt auch die Treppenanlage, die auf kürzestem Raum einen großen Höhenunterschied überwinden muß. Breit und gerundet fließen die mittleren Stufen aus dem Portal heraus, und beim Besteigen der geländerlosen Seitentreppen macht sich ein Gefühl von Unsicherheit

Kunstgeschichte

bemerkbar. Dieses Hervorrufen von Unsicherheit durch die Umkehrung architektonischer Kräfte ist typisch für den Manierismus.

Giorgio Vasari (1511–1574), Maler, Baumeister und Kunstschriftsteller, orientierte sich an der Formensprache Michelangelos und schuf mit dem Bau der Uffizien (1560–1580), ein Verwaltungsgebäude des toskanischen Großherzogtums, einen sich extrem verkürzenden, hofartigen Architekturprospekt, dessen Bewegungsrichtung sich nicht in einem Mitteltrakt sammelt, sondern durch die offene Loggia in die Ferne führt. Mit dem sogenannten Studiolo (Studierzimmer) für Großherzog Francesco I. (1570 ff.) lieferte Vasari sein Kabinettstück des Manierismus, einer philosophisch inspirierten Schöpfung einander durchdringender Formen von Architektur, Malerei und Plastik, die die Grenzen zwischen Wirklichkeits- und Kunstraum vollends aufhebt.

Der Baumeister und Bildhauer Bartolomeo Ammanati (1511–1592) errichtete mit dem Hof des Palazzo Pitti (1660–1670) sein manieristisches Meisterstück in Anlehnung an Vignolas Palazzo Farnese in Rom. Zwar behielt er den dreigeschossigen Aufbau mit klassischer Säulenordnung (dorisch, ionisch, korinthisch) bei, zerlegte jedoch die vertikale Säulenstruktur wieder durch horizontale über drei Geschosse variierende Schichten von Rustikaquadern und band auf diese Weise die hervortretenden Säulen wieder in die Wandfläche ein. Die Hoffassade erscheint somit als reizvolles Spiel zwischen vorspringenden plastischen und zurückziehenden flächigen Formen.

Der wohl vielseitigste Architekt des Manierismus in Florenz war Bernardo Buontalenti (1536–1608), als Innenausstatter, Festungsbaumeister, Gartenplaner, Theateringenieur und Kostümbildner gleichermaßen geschätzt. Die Tribuna (um 1581), ein kunstvoll ausgestatteter, herrschaftlicher Achtecksaal in den Uffizien, die Grotten in den Boboli-Gärten (um 1585, Planung von Vasari), die Innenausstattung des Palazzo Vecchio (1588) sind Baumaßnahmen zum Zwecke fürstlichen Müßigganges. Der Palazzo Nonfinito (1593), die Festung Forte di Belvedere (1590–1595) und die Fassade

Buontalenti-Grotte im Boboli-Garten

von Santa Trínita (1593) im Schema römischer Barockkirchen sind weitere bedeutende Bauwerke Buontalentis.

Zu den ersten Vertretern der Malerei des Manierismus in Florenz zählt Giovanni Battista Rosso (1494–1540), genannt Rosso Fiorentino. Das Fresko der "Himmelfahrt Marias" (1517, Santissima Annunziata) und das Tafelbild "Madonna mit vier Heiligen" (1518, Uffizien) sind seine frühesten Werke, die sein vermutlich bei Andrea del Sarto erworbenes Können beweisen. Die Altartafeln "Madonna mit vier Heiligen" (1522, Palazzo Pitti) und die "Verlobung Marias" (1523, San Lorenzo) zeichnen sich durch einen asymmetrischen Bildaufbau, changierende Farben und raffinierte Gestaltung der Gewandfiguren aus. Ungewöhnlich ist auch die aus starken Farb- und Richtungskontrasten aufgebaute Komposition von "Moses verteidigt die Töchter Jethros" (1523, Uffizien) mit puppenhaft wirkenden Menschenkörpern. Seit 1530 arbeitete Rosso Fiorentino am Hofe Franz I. in Fontainebleau und beeinflußte maßgeblich die französische Malerei des 16. Jh.s.

Jacopo da Pontormo, eigentlich Jacopo Carrucci (1494–1557) nahm in seinem frühen Fresko "Heimsuchung" (1514–1516, Santissima Annunziata) noch Bezug auf den Monumentalstil seines Lehrers Andrea del Sarto und auf Raffaels Stanzenausmalung (Schule von Athen) in Rom. In Pontormos Verkündigungsfresko und Kreuzabnahme (1526–1528, beide Santa Felicità) wirken die Gestalten durch raffinierte Gewandbehandlung in kühlen, transparenten Farben fast schwerelos. Pontormos posthume Bildnisse der Medici, Cosimos d.Ä. und Lorenzos d. Prächtigen, sind von großer Feinheit und Einfühlsamkeit.
Sein Schüler Agnolo Bronzino (1503–1572) war ebenfalls ein geschätzter Porträtist am Hofe der Medici-Fürsten und schrieb nebenher noch Sonette und burleske Gedichte. Die zehn Porträts in der Tribuna der Uffizien, u.a. das der Eleonora von Toledo mit Sohn (um 1546) und das der Lucrezia Panciatichi (um 1540), sind Beispiele einer formstrengen kühlen Repräsentationskunst.

Charakteristische Beispiele für die Bildhauerkunst des Manierismus sind die Skulpturen für das Grabmal Papst Julius II., die sogenannten Gefangenen (um 1519, Accademia) und die Medici-Gräber (1520–1534) in der Neuen Sakristei (San Lorenzo) von Michelangelo Buonarroti (1475–1564) mit einer nie zuvor erreichten Komplexität der Bewegung und Steigerung des Ausdrucks zur Sichtbarmachung seelischer Spannungen und Leidenschaften. Da alle Arbeiten unvollendet sind, geben sie lediglich Einblick in den Arbeitsprozeß Michelangelos. Und dennoch wirken die Skulpturen im Nonfinito-Zustand geradezu überzeitlich modern als grundsätzliche Veranschaulichung eines existentiellen Kampfes zwischen Freiheit und Gebundenheit, zwischen Geist und Materie. Obwohl Michelangelo ein Anhänger der neoplatonischen Philosophie war, setzte er sich immer wieder in dem zentralen Thema der Pietà (insgesamt viermal) mit der christlichen Heilslehre auseinander. Die Dom-Pietà (Dommuseum) und die Pietà Rondanini (Accademia) sind unvollendete Spätwerke von erschütternder Tragik.

Michelangelos Florentiner Zeitgenosse Baccio Bandinelli (1493–1560) erreichte im Vergleich mit ihm nur Mittelmäßigkeit. Seine kolossale Marmorgruppe "Herkules erschlägt Cacus" (1533/1534, Piazza della Signoria) war ein Auftragswerk von Alessandro de'Medici, der sich selbst in der Rolle des Herkules sah und das feuerspeiende, menschenfressende Monstrum Cacus besiegte, um auf diese Weise als Herzog Macht und Stärke gegenüber den Florentinern zu demonstrieren.
Benvenuto Cellini (1500–1571) war einer der führenden Goldschmiede und Bronzebildner des Manierismus. Seine Bronzebüste Cosimo I. (1545, Bargello) mit überreichem Detailschmuck der Rüstung ist ebenso ein Meisterwerk wie die lebensgroße Perseus-Statue (1545–1554, Piazza della Signoria). Kennzeichnend für seinen Stil ist die momentane, szenische Bewegung der Figur, die stets wohl ponderiert ist und eine feine Körpermodellierung erfährt.

Dagegen wirkt die Kolossalstatue Neptuns, als Brunnenfigur (1571–1575, Piazza della Signoria) von Bartolomeo Ammanati (1511–1575) anläßlich der Hochzeit von Francesco de'Medici mit Johanna von Österreich (1565) konzipiert, recht unausgewogen. Als 'biancone' (großer Weißer) von den Florentinern verspottet, ist die Neptunfigur als Gott der Meere ein Sinnbild für den neuen Großherzogtitel und den Seeherrschaftsanspruch der Medicifürsten als politisches Ergebnis dieser Heirat.

Einen letzten Höhepunkt erreichte die Skulptur in Florenz Ende des 16. Jh.s mit den Werken von Giovanni da Bologna (1529–1608), einem Flamen aus Boulogne sur Mer. Sein wesentlicher Beitrag zur Entwicklung der Plastik, nicht zuletzt im Hinblick auf die Barockskulptur, war die 'figura serpentinata', eine auf Vielansichtigkeit ausgerichtete Figur, die aufgrund ihrer spiralförmigen Bewegung den Betrachter zum Umschreiten zwingt. Die Marmorgruppen "Florenz siegt über Pisa" (1570, Bargello) und "Raub der Sabinerinnen" (1583, Loggia dei Lanzi) sind hervorragende Beispiele dafür. Auf dem Gebiet der Bronzeplastik zeichnete sich Giambologna durch allerlei naturalistische Tierskulpturen aus (Bargello) und schuf mit dem "Geflügelten Merkur" (um 1580, Bargello) ein virtuoses Standbild, das die Gesetze der Statik aufzuheben scheint und im Raum zu schweben beginnt.

Das Reiterdenkmal für Großherzog Cosimo I. de Medici (um 1594) auf der Piazza della Signoria gilt als das erste der Epoche des Absolutismus. Ein öffentliches Herrscherdenkmal in Imperatorhaltung hoch zu Roß über den Köpfen des Volkes sitzend, ist die letzte Steigerung der Verherrlichung von Fürstenmacht und zeigt schlaglichtartig die politischen Verhältnisse in Florenz auf. Aus den republikanisch gesinnten Bürgern, die sich mit freiheitskämpferischen Helden wie dem David verglichen, sind gegen Ende des 16. Jh.s Untertanen geworden, die dem Fürsten huldigen.

Barock

Florenz war ein Nebenschauplatz der barocken Kunst. Wirtschaftlicher Niedergang und ein rigides politisches System hatten seit Beginn des 17. Jh.s auch zum Rückgang des Kunstschaffens in Florenz geführt. Die Verantwortlichen widmeten sich fortan der Pflege und Bewahrung der Kunst- und Kulturgüter aus den vorangegangenen Jahrhunderten.

Das größte Bauprojekt in der Arnostadt im 17. und 18. Jh. war die Errichtung der Fürstenkapelle (begonnen 1608), ein riesiges überkuppeltes Oktogon in Verlängerung der Chorpartie von San Lorenzo als prunkvolles Mausoleum für die Medici-Herzöge. Nach mehrfachen Planänderungen und Bauverzögerungen wurde es 1737 fertiggestellt, die Innenausstattung wurde erst im 20. Jh. (Altar mit Einlegearbeiten von 1939) vollendet.

Weitere Baumaßnahmen waren die Erweiterungen des Palazzo Pitti als Fürstenresidenz mit der Verlängerung der Fassade (1620–1640) durch Giulio und Alfonso Parigi und der Ausbau der Seitenflügel zwischen 1764 und 1783, so daß sich ein Ehrenhof nach dem Vorbild französischer Barockresidenzen ergab. Der Palazzo Corsini (1648–1656), von Gherardo Silvano errichtet, bietet ein gutes Beispiel eines barocken Stadtpalastes mit einer monumentalen Treppenanlage im Inneren.

Auf dem Gebiet der Sakralbaukunst entstand um 1685 mit der Neugestaltung der Choranlage von Santa Maria dei Pazzi ein bedeutendes Werk in Zusammenarbeit von Pier Francesco Silvani (Architektur) und Ciro Ferri (Malerei). Der Neubau von San Gaetano lag im wesentlichen in Händen von Gherardo und Pier Francesco Silvani. Im 18. Jh. wurde noch der Neubau von Santa Felicità von Ferdinando Ruggieri ausgeführt (1736–1739), der bereits klassizistische Elemente miteinbezog.

Um 1600 war die Malerei in Florenz noch von den Nachklängen des Manierismus bestimmt. Alessandro Allori (1535–1607), ein Schüler Bronzinos, machte sich zunächst als Porträtmaler einen Namen, freskierte unter dem

Palazzo Corsini am Arnoufer

Einfluß Michelangelos 1560 ein Jüngstes Gericht in Santissima Annunziata, neigte um 1570 zu ekstatischen gegenreformatorischen Bildideen und malte schließlich auch Themen aus der Mythologie und antiken Geschichte mit einer Reihe von Aktdarstellungen. Die "Opferung Isaaks" (1589/1601, Uffizien) ist eine episodenhafte Bilderzählung mit starkem Hang zur Landschaftsdarstellung. Die "Maria mit dem Kind" (um 1590, Palazzo Pitti) zeigt im Rückgriff auf die Malerei des Quattrocento einen ausgeprägten Realismus.

Sein Sohn und Schüler Christofano Allori (1577–1621) bevorzugte einen reicheren Kolorismus und eine natürlichere, ungezwungene Bewegung der Figuren unter Verwendung effektvoller Helldunkelmalerei. Die "Anbetung der Könige" (Palazzo Pitti) und "Judith mit dem Haupt des Holofernes" (Uffizien) sind gute Beispiele seines Schaffens.

Ludivico Cigoli (1559–1613) war ein geschätzter Maler und Architekt, der verschiedentlich für die Ausgestaltung der Hoffestlichkeiten der Großherzöge herangezogen wurde. Sein malerisches Werk unterliegt vielfältigen Einflüssen, von Correggio bis Carracci. Wichtige Werke befinden sich im Palazzo Pitti, darunter die frühen Arbeiten "Maria mit dem Kind" und "Maria Magdalena" sowie die "Dreifaltigkeit" (1592), eine sentimental religiöse Darstellung, und der den Einfluß Caravaggios zeigende "Ecce Homo" (um 1606).

Für die Ausmalung einiger Innenräume des Pitti-Palastes konnte Pietro da Cortona (1596–1669) von den Medici-Fürsten gewonnen werden. Seine illusionistische Wand- und Deckenmalerei mit sinnlichem Pathos läßt sich gut in den Sälen der Venus, des Mars, des Jupiter und Apoll sowie in der Sala della Stufa (Ofensaal) beobachten, die zwischen 1637 und 1641 von ihm ausgemalt wurden.

Der bedeutendste Bildhauer des Barocks in Florenz um 1700 war Giovanni Battista Foggini, der sich ebenso als Architekt betätigte. Eine Reihe von Skulpturen in Santissima Annunziata stammen von ihm. Auch für die

Barock,
Malerei
(Fortsetzung)

Skulptur

45

Barock,
Skulptur
(Fortsetzung)

Barockisierung von Sant'Ambrogio ist Foggini verantwortlich, er brachte aber im Vergleich zur römischen Barockkunst keine epochemachenden Werke hervor.

Bedeutsames Kunsthandwerk im Florenz der Barockzeit war das Florentiner Mosaik, 'pietra dura' genannt, aus Einlegearbeiten in Stein (häufig Edelsteine), das besonders in der Fürstengruft von San Lorenzo zu bewundern ist. Im Jahre 1588 gründete Großherzog Francesco I. de'Medici die Werkstätten, die bald in ganz Europa berühmt waren und heute noch existieren (Opificio delle Pietre Dure).

Moderne (19./20. Jahrhundert)

Architektur

Klassizismus und Historismus haben einige Spuren vornehmlich beim Wohnhaus- und Stadtpalastbau hinterlassen. Es kam jedoch vielfach zu wenig glücklichen Architekturschöpfungen wie dem Palazzo delle Assicurazioni Generali di Venezia (1871) an der Piazza della Signoria. Für die Anlage des großbürgerlichen Flanierplatzes Piazza della Repubblica wurde um 1890 das mittelalterliche Viertel mit dem Mercato Vecchio und dem Ghetto abgerissen und durch einen Triumphbogen, den sogenannten Arconte (1895) ersetzt, umgeben von einer Reihe von Verwaltungspalästen, die mit ihrer antikisierenden Formensprache an das römische Forum erinnern, das sich einst an dieser Stelle befand.

Im Sakralbau wurde die Marmorfassade von Santa Croce (1853–1860) von Niccolò Matas vermutlich nach den Ideen Cronacas (15. Jh.) vollendet. Die Fassade des Doms Santa Maria del Fiore wurde 1875–1887 nach Entwürfen des Florentiners Emilio de Fabris im Stil der Neogotik errichtet.

Von den Bauten des 20. Jh.s sind die Stazione di Santa Maria Novella, der Hauptbahnhof, vom Architektenteam Baroni, Berardi, Gamberini, Guarnieri, Lusanna und Micheluzzi 1933 errichtet, und das Sparkassengebäude von G. Micheluzzi aus dem Jahre 1958 erwähnenswert.

Ausstellungsraum der Galerie der Modernen Kunst im Palazzo Pitti

Um die Mitte des 19. Jh.s machte eine toskanische Künstlergruppe von sich reden unter dem Namen 'Macchiaiuoli' (macchia = Fleck), die sich bewußt vom Akademiestil ab- und der Freilichtmalerei nach dem französischen Beispiel der Schule von Barbizon und des Impressionismus zuwandte mit lockerer Pinselführung, natürlichen Farben und realistischen Themen. Die Werke u.a. von G. Boldini, G. Fattori, S. Lega sind in der Galleria d'Arte Moderna im Pitti-Palast ausgestellt. Zu Beginn des 20. Jh.s hatte der Futurismus auch in Florenz seine Anhänger. Während der Mussolini-Diktatur war die abstrakte Kunst unbeliebt und zum Teil verboten, so daß erst nach dem Zweiten Weltkrieg wieder der Anschluß an die modernen Malströmungen gefunden wurde. Die Kunstakademie leistet in dieser Hinsicht nach wie vor gute Aufbauarbeit.

Moderne
(Fortsetzung)
Malerei

Bekanntester klassizistischer Bildhauer des 19. Jh.s in Florenz war Pio Fedi (1816–1892), dessen "Raub der Polyxene" (1866) unter den Statuen der Loggia dei Lanzi einen Ehrenplatz erhalten hat.
Um die Jahrhundertwende gab es auch in Florenz eine Reihe von Epigonen, die sich für den Skulpturenstil von Rodin begeisterten. Heroismus und Pathos bestimmten dann die Skulptur während des Faschismus. Nach dem Zweiten Weltkrieg wurden die Grenzen zwischen Malerei und Plastik zunehmend aufgehoben. Installationen, Environments und Inszenierungen kommen in der zeitgenössischen Kunst häufig vor und erschließen auf diese Weise auch der Skulptur eine neue Dimension.

Skulptur

Florenz in Zitaten

Leandro Alberti (1568)

Die Stadt ist sehr schön, so daß sie mit Recht den Namen das schöne Florenz, die Blume Italiens, erhalten hat. Man sieht dort prachtvolle Bauten, teils Gott geweiht, teils zum Gebrauch der Bürger bestimmt.
Zuerst erblickt man den wunderbaren Tempel von Santa Maria del Fiore, ganz mit Marmor ausgekleidet, mit der großartigen, von dem ausgezeichneten Florentiner Architekten Brunelleschi geschaffenen Kuppel.

Jacob Burckhardt (1818 – 1897) Schweizer Kultur- und Kunsthistoriker

Die höchste politische Bewußtheit, den größten Reichtum an Entwicklungsformen findet man vereinigt in der Geschichte von Florenz, welches in diesem Sinne wohl den Namen des ersten modernen Staates der Welt verdient. Hier treibt ein ganzes Volk das, was in den Fürstenstaaten die Sache einer Familie ist. Der wunderbare florentinische Geist, scharf raisonnierend und künstlerisch zugleich, gestaltet den politischen und sozialen Zustand unaufhörlich um und beschreibt und richtet ihn ebenso unaufhörlich. So wurde Florenz die Heimat der politischen Doktrinen und Theorien, der Experimente und Sprünge, aber auch mit Venedig die Heimat der Statistik und allein und vor allen Staaten der Welt die Heimat der geschichtlichen Darstellung im neuern Sinne.

Albert Camus (1913 – 1960) Französischer Schriftsteller

Florenz! Einer der wenigen Orte in Europa, wo ich begriff, daß im innersten Kern meiner Auflehnung ein Einverständnis schlief. Unter seinem aus Tränen und Sonne gemischten Himmel lernte ich, ja zur Erde zu sagen und in der düsteren Flamme ihrer Lebensfeier zu verbrennen. Ich ertrug ... aber was? welches Wort? welches Übermaß? Ich ertrug die Erde! In diesem großen Tempel, aus dem die Götter geflohen sind, haben alle meine Idole tönerne Füße.

Carl Gustav Carus (1789 – 1869) Deutscher Arzt, Maler und Philosoph

Der Anblick über Stadt und Land und Gebirge hinaus, das Lorbeer- und immergrüne Eichengehölz, die großen Zypressen, die eigentümlichen Baulichkeiten; es war herrlich! Unterwegs kam ich an den Dom; er war offen; ich trat ein! – Welch ein ungeheures Gewölbe, welche Pfeiler, welcher Raum! Hier wirkt in Wahrheit hauptsächlich das Verhältnis räumlicher Größe. Diese mächtigen Räume, von kleinen, mit buntem Glas ausgesetzten Fenstern magisch erleuchtet, übrigens alles leer.

Charles Dickens (1812 – 1870) Englischer Schriftsteller

Einen sehr ernsten, fast düsteren Eindruck machen die Straßen von Florenz, und die mächtigen alten Pfeiler der Bauten werfen so viel Schatten auf den Boden und in den Fluß, daß beständig eine zweite, ganz andersartige Stadt von mannigfachsten Formen und Gebilden zu unseren Füßen liegt.

Max Frisch (1911 – 1991) Schweizer Schriftsteller

In der Kammer von Savonarola: Der Mann fasziniert, das Profil, daneben das kleine Bild von seinem Scheiterhaufen, das schwarze Gesicht der Rechtdenkenden, doch etwas muß man diesen Richtern schon lassen: sie sehen auch gleich der Hinrichtung zu, alles liegt örtlich und zeitlich beisammen, ein hölzerner Steg führt vom Gericht hinüber zum roten Feuer. Dabei empfinde ich etwas wie neulich auf dem Fischmarkt: alle Zusammenhänge sind offensichtlich, in einem menschlichen Maßstab übersichtlich, nicht anonym. Was es auch sei, Fischerei und Handel, Gericht und Hinrichtung, es verblaßt nicht in Begriffe; alles bleibt konkret.

Johann Wolfgang Goethe (1749 – 1832) Deutscher Dichter

Den dreiundzwanzigsten früh, unserer Uhr um zehne, kamen wir aus den Apenninen hervor und sahen Florenz liegen, in einem weiten Tal, das unglaublich bebaut und ins Unendliche mit Villen und Häusern besät ist. Die Stadt hatte ich eiligst durchlaufen, den Dom, das Baptisterium. Hier tut sich wieder eine ganz neue, mir unbekannte Welt auf, an der ich nicht verweilen will. Der Garten Boboli liegt köstlich. Ich eilte so schnell heraus als hinein.

Der Stadt sieht man den Volksreichtum an, der sie erbaut hat; man erkennt, daß sie sich einer Folge von glücklichen Regierungen erfreute. Überhaupt fällt es auf, was in Toscana gleich die öffentlichen Werke, Wege, Brücken für ein schönes grandioses Ansehen haben. Es ist hier alles zugleich tüchtig und reinlich, Gebrauch und Nutzen mit Anmut sind beabsichtigt, überall läßt sich eine belebende Sorgfalt bemerken.

In den Gärten von Boboli; endlose Hecken aus grünem Licht, die Sonnenstrahlen tropfen hie und da durch das Laub, wo sie eindringen können. Es herrscht ein übermütiges Durcheinander, als habe jemand versäumt, all diese der Natur überlassenen Festfragmente zu einem Ganzen zusammenzufügen, aber gerade das liebe ich: Wenn ich plötzlich auf der Höhe einer Unkrautwiese ein Marmorpferd sich aufbäumen sehe, und moosbewachsene Statuen, denen man unversehens in einer stillen Ecke begegnet, wie Zigeunerinnen, die sich anbieten, uns die Zukunft aus der Hand zu lesen. Und es geht in allen Richtungen bergauf, bis man plötzlich oberhalb eines Zauns, der die gewöhnlichen Sterblichen vom Palazzo Pitti trennt – denn dieser wird gerade repariert –, die gebrannt orangefarbene Kuppel des Doms und die ganze Silhouette der Stadt erblickt, deren pastellfarbene Töne sich vom dunstigen Hintergrund der Hügel von Fiesole abheben. Die Schönheit bietet sich wie eine unverhoffte Belohnung an, die man nach allem, was man sich anschauen mußte, verdient hätte, aber einmal mehr fühle ich die Strenge dieser Stadt. Im Augenblick, da solche Gedanken in mir aufsteigen, läßt sich ein fröhlicher Tumult vernehmen. Eine ganze Schar Kinder tollt um uns herum, und die Gärten leben mit den unter den Bäumen Versteck spielenden Schreien auf.

Jedenfalls war es eine neue Welt. Aaron schritt dicht an den hohen dicken Häusern entlang, der Nase nach. Und plötzlich wurde er des langen schlanken Halses des Palazzo Vecchio ansichtig, oben darüber, in der Luft. Und in einer Minute gelangte er zwischen massiven Gebäuden hinaus auf die Piazza della Signoria. Dort stand er still und sah sich mit wirklicher Überraschung um, mit wirklicher Freude. Der flache, leere Platz mit seiner Steindecke war ganz nass. Die grossen Gebäude ragten dunkel auf. Die dunkle glatte Front des Palazzo Vecchio erhob sich wie eine Klippe zu den Zinnen und der schlanke Turm ragte dunkel und falkengleich, wappengeschmückt hoch nach oben. Und am Fuss der Klippe stand der grosse nackte David, weiss und entkleidet in der Nässe, weiss sich abhebend gegen die dunkle, warm-dunkle Klippe des Gebäudes – und nebenbei die schweren, nackten Männer des Bandinelli.

Florenz ist eine männliche Stadt; dagegen sind die Kunststädte, die das moderne Empfinden mehr ansprechen, so weiblich wie Venedig oder Siena. Was heute den Touristen an Florenz stört, ist, daß die Stadt keine Zugeständnisse an das Vergnügungsprinzip macht. Geradlinig und direkt steht sie da, ohne den Schimmer des Geheimnisvollen, Einschmeichelnden, ohne Borten und Schnörkel. Die großen Bildhauer und Architekten, die das Bild der Stadt auf Jahrhunderte hinaus prägten – Brunelleschi, Donatello, Michelangelo –, waren sämtlich Junggesellen. Mönche, Soldatenheilige, Propheten, Eremiten sind die Helden der Stadt gewesen; Johannes der Täufer, der von Heuschrecken und Honig lebte und sich in zottiges Fell kleidete, ist ihr Schutzheiliger. Außer der Madonna mit dem Jesusknaben spielen weibliche Heilige in der florentinischen Ikonographie kaum eine Rolle.

Über den Ursprung des Namens Florenz herrschen verschiedenartige Meinungen. Nach einigen kommt er von Florinus, einem der Häuptlinge in der Kolonie. Andere sagen nicht Florentia, sondern Fluentia, wegen der Nähe des Flusses Arno, und führen eine Stelle des Plinius dafür an, welcher sagt: Fluentini praefluenti Arno appositi (die Fluentiner wohnen am Flusse Arno).

Johann Wolfgang Goethe (Fortsetzung)

Julien Green (geb. 6. 9. 1900) Französischer Schriftsteller

D.H. Lawrence (1885–1930) Englischer Schriftsteller

Mary McCarthy (1912–1989) Amerikanische Schriftstellerin

Niccolò Machiavelli (1469–1527) Ital. Schriftsteller und Politiker

Florenz in Zitaten

Niccolò Machiavelli (Fortsetzung)	Dies dürfte aber falsch sein, denn Plinius zeigt in seinem Texte nur, wo die Florentiner wohnten, nicht wie sie hießen. Zudem muß dies Wort Fluentini ein verdorbenes sein, denn Frontinus und Tacitus, die beinahe des Plinius Zeitgenossen waren, sagen Florentia und Florentini. Schon zu Tiberius' Zeiten war ihre Verfassung gleich jener der übrigen italienischen Städte. Tacitus erwähnt, daß Gesandte von ihnen zum Kaiser kamen (im Jahre 17 n. Chr.) mit der Bitte, daß die Wasser der Chiana nicht nach ihrer Gegend hingeleitet werden möchten, und man kann nicht annehmen, daß diese Stadt zu gleicher Zeit zwei Namen gehabt habe. Deshalb glaube ich, daß sie immer Florentia genannt wurde, welchen Ursprung dieser Name auch immer gehabt haben möge.
Giorgio Manganelli (geb. 14. 11. 1921) Italienischer Schriftsteller	In den letzten Wochen bin ich zweimal nach Florenz gefahren: einmal von Mailand aus und das andere Mal von Rom. Immer mit dem Zug. Und wer mit dem Zug ankommt, den bietet sich stets dasselbe Schauspiel: die rauhe, kahle Apsis von Santa Maria Novella, ein symbolisches Bild von Florenz. Wer von Mailand kommt, dem erscheint Florenz als eine geschlossene, widerborstige Stadt, nichts von der geschmeidigen Großzügigkeit der leistungsfähigen, unpersönlichen Mailänder Straßen; wer von Rom, dieser in Stücke zerfallenden, unzusammenhängenden Stadt, kommt, dem erscheint Florenz schier monströs auf eine Mitte konzentriert und wer aus einer Großstadt kommt, kann sich auf keinen Fall dem Druck entziehen, den dieses dichte, folgerichtige und konfliktgeladene Geflecht von 'Orten' ausübt, das es so in keiner anderen italienischen Stadt gibt und das vielleicht auf der ganzen Welt seinesgleichen sucht. In Florenz hat alles, was ich eben 'Orte' genannt habe – und das können Gebäude, Teile von Gebäuden, Statuen, Gemälde, Straßen und Gärten sein –, eine geradezu anormale mythologische Dichte, ist Phantasie, Bedeutung, Indiz, Anspielung, Enthüllung und Rätsel; und es ist vor allem geballte Kraft.
Henry Moore (1898–1986) Britischer Bildhauer und Graphiker	Der Zeit, die ich in Florenz verbracht habe, verdanke ich die meiste Bildung in meinem Leben, sie hatte vermutlich für mich eine besonders große Bedeutung. Tatsächlich findet sich alles, was uns stark beeindruckt hat, alles, was einer großen Erfahrung gleichkommt, an irgendeinem Punkt unserer Existenz wieder. Jedenfalls bin ich seitdem oft nach Italien zurückgekehrt. Ich liebe Italien und die italienische Kunst. Die Renaissance steckt mir im Blut – so hoffe ich.
Eckart Peterich (1900–1968) Deutscher Schriftsteller	Die Italiener sagen 'Firenze'. Verglichen mit unserem Florenz, dem französischen Florence, hat dieser Namen keinen vollen Ton, klingt eher spärlich. Darum wollte d'Annunzio, man solle wie einst 'Fiorenza' sagen. So nannte Dante seine Heimatstadt. Aber d'Annunzio drang mit seinem Vorschlag nicht durch, die Florentiner in ihrer Nüchternheit und Sparsamkeit fanden den alten Namen zu volltönend, gewissermaßen zu verschwenderisch.
Rainer Maria Rilke (1875–1926) Deutschsprachiger Schriftsteller	Und soll ich sagen, wie mein Tag verrollt? Früh zieh ich durch die strahlenden Viale zu den Palästen, drin ich wachsend prahle, und mische mich auf freier Piazza ins braune Volk, wo es am tollsten tollt. Nachmittag bete ich im Bildersaale, und die Madonnen sind so hell und hold. Und komm ich später aus der Kathedrale, ist schon der Abend überm Arnotale, und ich bin leis und langsam müd und male mir Gott in Gold ...
Arthur Schopenhauer (1788–1860)	Wieder steht jetzt der große Bär niedrig am Horizont, wieder steht in unbewegter Luft dunkelgrünes Laub, scharf abgeschnitten auf dem dunkelblauen Himmel, ernst u. melancholisch, – wieder machen Oliven, Reben,

Pinien u. Cypreßen die Landschaft, in der zahllose kleine Villen zu schwimmen scheinen, – wieder bin ich in der Stadt, deren Pflaster eine Art Musaik ist; auf dem Hauptplatz stehn 3 enorme, bunte, marmorne, polirte Bijous, vom Regen rein gewaschen glänzen sie in der Sonne, der Dom, Kampanil, Battistero: u. wieder gehe ich täglich über den wunderlichen, von Statuen bevölkerten Platz, von dem Sie einen sehr ähnlichen Kupferstich haben ... .

Arthur
Schopenhauer
Deutscher
Philosoph
(Fortsetzung)

Sieht man von einigen holländischen Städten ab, so ist Florenz wohl die reinlichste Stadt der Welt und sicherlich eine der elegantesten. Seine neugotische Architektur besitzt die ganze Reinheit und Vollendung einer schönen Miniatur. Zum Glück für die Schönheit der Stadt verloren ihre Bürger mit der Freiheit auch die Energie, große Bauten auszuführen. Infolgedessen wird das Auge hier nirgends durch unwürdige Häuserfronten verletzt, und nichts stört die schöne Harmonie dieser Straßen, denen das Schönheitsideal des Mittelalters aufgeprägt ist. An zwanzig Stellen in Florenz, z. B. wenn man über den Ponte della Trinità geht und am Palazzo Strozzi vorbeikommt, kann man sich ins Jahr 1500 versetzt fühlen.

Stendahl
(1783 – 1842)
Französischer
Schriftsteller

Der Spaziergang

Ludwig Tieck
(1773 – 1853)
Deutscher
Schriftsteller

Den Berg, der den Florentinern
Immerdar vor Augen schwebt,
Sind wir heut' erstiegen,
Das alte Fiesole zu besuchen.
In dem Kloster dort erlabten uns Gebilde
Von Giotto und dem frommen Johann
In der Bücher Pracht.

Doch endlich sind wir höher geklimmt
Zur Spitze hinauf,
Wo unter Cypressen
Einsam das Kloster der Franziskaner ruht.

Ein kalter Wind durchsaust die Berge,
Nach dem Gewitter ist die Gegend trübe,
Weit umher ergeht sich hier der Blick
Über Felsen weg durch Täler hin,
Und zu den Füßen liegt Fiesole und Florenz.

Schauen Sie sich den großen Dom von Florenz an – ein riesiges Gebäude, das seit fünfhundert Jahren die Börsen seiner Bürger aushöhlt und noch nicht annähernd fertig ist. Wie alle anderen Leute fiel ich nieder und betete es an; aber als die schmutzigen Bettler um mich herumschwärmten, war der Gegensatz allzu auffallend, allzu sprechend, und ich sagte: 'O Söhne des klassischen Italiens, ist der Geist der Unternehmungslust, des Selbstvertrauens, des edlen Strebens tatsächlich ganz und gar in euch erloschen? Fluch eurer trägen Unwürdigkeit, warum beraubt ihr nicht eure Kirche?' Dreihundert glückliche, behaglich lebende Priester sind im Dom beschäftigt.

Mark Twain
(1835 – 1910)
Amerikanischer
Schriftsteller

Flush aber schlenderte davon, durch die Straßen von Florenz, um die Wonnen des Riechens zu genießen. Er suchte sich seinen Weg durch Hauptstraßen und Nebenstraßen, über Plätze und unter Bogengängen mit der Nase. Er schnupperte sich von Geruch zu Geruch weiter, auf Rauhem und Glattem, Dunklem und Goldhellem. Er lief ein und aus, hinauf und hinab, wo Kupfer gehämmert, wo Brot gebacken wurde, wo Weiber saßen und sich kämmten, wo Vogelkäfige sich auf dem Pflaster türmten, wo Wein in dunkelroten Flecken auf Steinplatten überfloß, wo es nach Leder roch und Sattelzeug und Knoblauch, wo Tuch gewalkt wurde, wo Weinlaub schwankte, wo Männer saßen und tranken und spuckten und würfelten – da lief er ein und aus, immer, die Nase am Boden, die Essenz der Dinge einziehend oder, die Nase in der Luft, von ihrem Aroma durchschauert. Er

Virginia Woolf
(1882 – 1941)
Englische
Schriftstellerin

Florenz in Zitaten

Virginia Woolf
(Fortsetzung)

schlief auf diesem sonnigen Plätzchen hier – wie die Sonne dem Pflaster Gerüche entlockte! – und dann suchte er jenes schattige Gewölbe dort auf – wie scharf der Schatten die Steine riechen machte! Er verschlang ganze Büschel reifer Trauben vor allem ihres purpurnen Geruchs wegen. Er kaute und spuckte wieder aus, was etwa an zähen Überresten von Ziegenfleisch oder Makkaroni die italienische Hausfrau vom Balkon hinuntergeworfen hatte, – Ziegenfleisch und Makkaroni waren beißende Gerüche, grellrote Gerüche. Er folgte der sinneumnebelnden Süße von Weihrauch in die violetten Irrgänge dunkler Kathedralen und versuchte schnuppernd, das durch die Fenster auf Gruftplatten fallende Gold aufzuschlecken. Auch sein Tastsinn war nicht weniger fein. Er kannte die Stadt Florenz in ihrer marmornen Glätte und sandigen oder kiesigen Rauheit. Haarige Falten von Draperien, glatte Finger und Füße aus Stein empfingen das Geleck seiner Zunge, das Gestups seiner zuckenden Schnauze. Auf die unendlich empfindlichen Ballen seiner Füße nahm er den klaren Abdruck stolzer lateinischer Inschriften. Kurzum, er kannte Florenz, wie kein Mensch es je kannte; wie weder Ruskin noch George Eliot es je kannten.

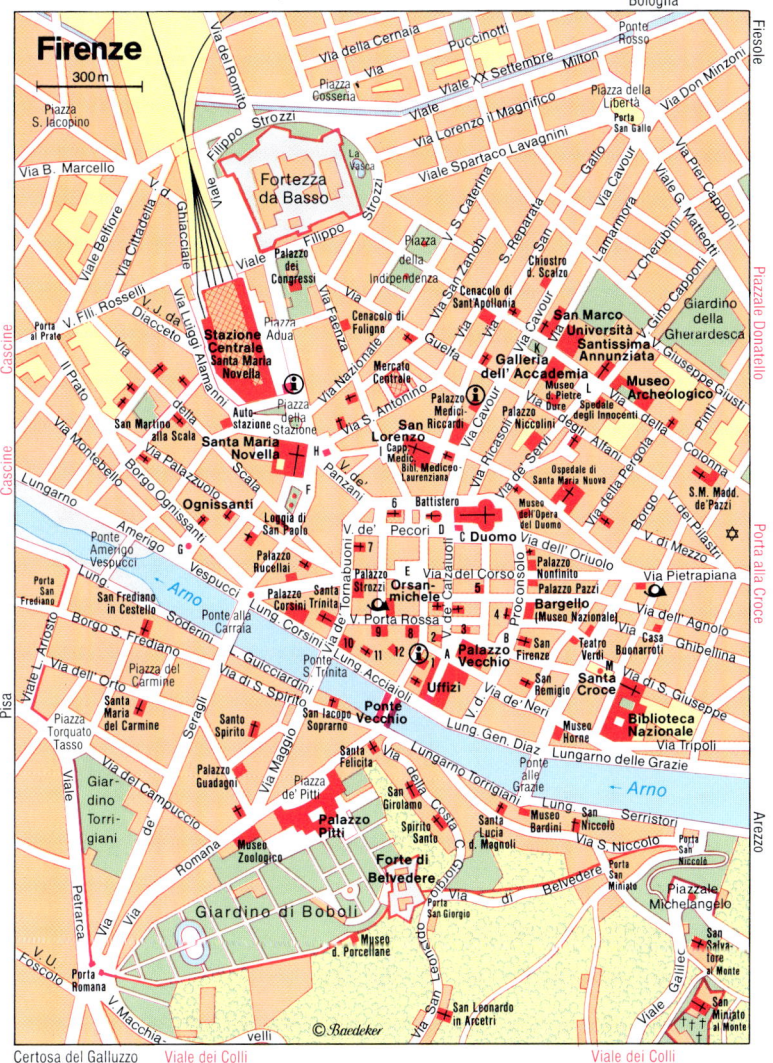

Übersichtsplan der Innenstadt

A Piazza della Signoria
B Piazza San Firenze
C Piazza del Duomo
D Piazza San Giovanni
E Piazza della Repubblica·
F Piazza Santa Maria Novella
G Piazza Ognissanti

H Piazza dell' Unità Italiana
I Piazza Madonna degli
  Aldobrandini
K Piazza San Marco
L Piazza della Santissima
  Annunziata
M Piazza Santa Croce

1 Loggia dei Lanzi
2 Palazzo Fenzi
3 Palazzo Uguccione
4 Badia Fiorentina
5 Casa di Dante
6 Santa Maria
  Maggiore

7 San Gaetano
8 Mercato Nuovo
9 Palazzo Davanzati
10 Palazzo Spini-Ferroni
11 Santi Apostoli
12 Palazzo di Parte
   Guelfa

Sehenswürdigkeiten von A bis Z

Vorschläge für die Gestaltung eines Kurzaufenthaltes in Florenz findet man unter dem Stichwort 'Besichtigungsprogramm' bei den Praktischen Informationen im hinteren Teil dieses Reiseführers.   Hinweis

Appartamenti ex Reali

→ Palazzo Pitti

Arciconfraternità della Misericordia   J 5
(Erzbruderschaft der Barmherzigkeit)

Die "Erzbruderschaft der Barmherzigkeit" ist die älteste und vornehmste Vereinigung der Florentiner Bürger für soziale und karitative Zwecke, für die Pflege der Kranken und der Verwundeten. Ihr Gründungsjahr wird mit 1326 angegeben, als die Pest in Florenz wütete. Michelangelo gehörte einst der Arciconfraternità an, deren Mitglieder früher rote, heute schwarze Kapuzen tragen. Sie hat ihren Sitz neben dem → Duomo Santa Maria del Fiore. Zu ihren Diensten gehörte früher auch die Begleitung der zum Tode Verurteilten zur Hinrichtungsstätte. Heute verfügt die Bruderschaft über einen modernen Krankenwagendienst sowie eine Unfallstation. Sie umfaßt mehr als 2000 Mitglieder, die unentgeltlich ihrer sozialen Tätigkeit nachkommen, und erhält sich aus Spenden.

Lage
Piazza del
Duomo 19

Buslinien
1, 6, 7, 11, 13, 14,
15, 17, 18, 23

Arcispedale di Santa Maria Nuova (Hospital)   K 5

Anfang des 14. Jh.s wurde das alte Spital von Florenz erheblich vergrößert und erhielt dabei den Namen Santa Maria Nuova (Neu Sankt Marien). Der heutige weiträumige Bau zwischen der Via degli Alfani, der Via della Pergola, der Via Bufalini und der Via Sant'Egidio wurde vornehmlich im 17. Jh. errichtet. Bemerkenswert die klare Gliederung der Loggien an der Piazza Santa Maria Nuova.

Lage
Piazza Santa
Maria Nuova

Buslinien
13, 14, 19, 23

✝Badia Fiorentina (Kirche)   K 6

Unverkennbar in der Silhouette der Stadt ist der Spitzturm der Badia gegenüber dem → Palazzo del Bargello. Die Kirche mit zugehörigem Benediktinerkloster, einst Reichsabtei, wurde 978 von Willa, Mutter des Conte Ugo, Marchese di Toscana, gegründet. (Noch heute findet alljährlich am 21. Dezember, dem Todestag des Conte Ugo, eine Begräbnisfeier zu seinen Ehren statt.) Seitdem erfuhr sie Erweiterungen und Umbauten, so im 13. Jh. durch Arnolfo di Cambio und im 17. Jh. durch Matteo Segaloni. An der gotischen Außenfassade beeindrucken das Portal von Benedetto da Rovezzano (1495) und in der Lünette (Bogenfeld) eine glasierte Terrakotta-Arbeit von Benedetto Buglioni, "Madonna mit Kind" (Anfang 16. Jh.). Bei einem Gang durch die Kirche sind vor allem das Gemälde "Die Erscheinung der Madonna vor dem hl. Bernhard" (links am Eingang), ein Meister-

Lage
Via del Proconsolo
(Zugang auch von
der Via Dante
Alighieri)

Buslinien
13, 14, 15, 18,
19, 23

Öffnungszeiten
Tgl. 9.00 – 12.00,
16.00 – 18.00

◀ *Blick von der Domkuppel auf den Campanile*

Badia Fiorentina
(Fortsetzung)

werk des Filippino Lippi (1485), und das Grabmal des 1001 gestorbenen Grafen Ugo di Toscana (links im angedeuteten Querschiff) beachtenswert. Letzteres wurde zwischen 1469 und 1481 von Mino da Fiesole geschaffen. Vom Chor der Kirche aus hat man Zugang zu dem schönen, stimmungsvollen Kreuzgang, der im Volksmund wegen seiner Orangenbäume "Chiostro degli Aranci" heißt. Zu sehen ist hier ein Freskenzyklus mit Szenen aus dem Leben des hl. Benedikt. Entstanden ist er unmittelbar nach Fertigstellung des Kreuzganges (vermutlich 1436–1439).

✳✳Battistero San Giovanni (Baptisterium)   J 5

Lage
Piazza S. Giovanni

Buslinien
1, 6, 7, 11, 13, 14, 15, 17, 18, 23

Öffnungszeiten
Mo.–Sa.
13.00–18.00;
So., Fei.
9.00–13.00

Die "Taufkirche des heiligen Johannes" ("il bel San Giovanni", der schöne heilige Johannes, wie Dante sagt) wurde nach 70jähriger Bauzeit um 1128 vollendet. Sie verdankt ihren Ruhm den drei mächtigen Bronzeportalen, die im Süden, Norden und Osten in den achteckigen Kirchenraum führen, sowie den prächtigen Mosaiken im Innern.
Verschiedene Bauherren gaben dem Baptisterium (ab 1128 in dieser Funktion) seine wohlproportionierte, durch mehrere Farben (weißer und grüner Marmor), Formen und Figuren gegliederte Gestalt. Schon durch diese Architektur war es ein Meisterwerk und Vorbild europäischer Baukunst. Im 15. Jh. wurden dann als unübertroffener Höhepunkt der abendländischen Bildhauerkunst die drei Portale in Bronze hinzugefügt.

Südportal

Das älteste Tor im Süden wurde von Andrea Pisano entworfen (1318–1330) und von Leonardo d'Avanzano gegossen (1330–1338). Es ist in 28 Quadrate mit Vierpaßfeldern eingeteilt. 20 Relieftafeln zeigen (in an die Arbeit eines Goldschmiedes erinnernder Ausführung) Szenen aus dem Leben Johannes des Täufers, des Patrons der Kirche; in den acht anderen Feldern finden sich allegorische Darstellungen der christlichen und weltlichen Tugenden. Die Figuren, jede für sich in der Modellierung des Gesichts, des Faltenwurfs der Gewänder und der ausdrucksvollen Haltung beispielhaft, treten deutlich unterscheidbar hervor.
Die Dekoration der Rahmungen stammt von Vittorio Ghiberti, dem Sohn des Lorenzo; ihre Blätter, Tiere und Früchte weisen schon auf den Formenreichtum der Renaissance hin.

Nordportal

Für das Nordportal wurde 1401 ein Wettbewerb ausgeschrieben, den Lorenzo Ghiberti gegen sechs Konkurrenten gewann (darunter Brunelleschi und Jacopo della Quercia). Von 1403 bis 1424 führte dieser Ghiberti

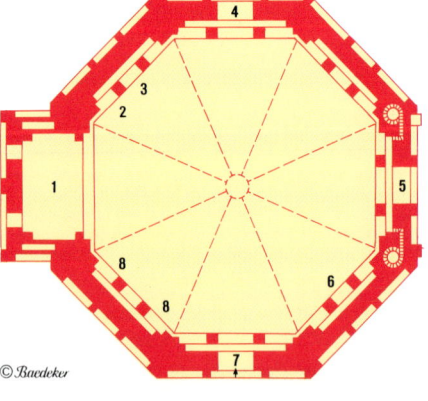

Battistero San Giovanni

1 Tribuna (Hauptaltar) mit Mosaiken des Jacopo
2 Steinsarg des Bischofs Ranieri
3 Grabmal des Antipapstes Johannes XXIII.
4 Nordportal
5 Ostportal (Porta del Paradiso)
6 Marmorner Taufstein
7 Südportal (Eingang)
8 Römische Sarkophage

© Baedeker

Baptisterium

mit Gehilfen (Masolino, Donatello, Paolo Uccello, Bernardo Ciuffagni, Bernardo Cennini) die Bronzepforten aus. Er hielt sich dabei in der Aufteilung eng an das Vorbild des Südportals von Andrea Pisano: 28 Quadrate mit 28 Vierpaßfeldern, davon zwanzig Szenen aus dem Neuen Testament und acht Figuren (vier Evangelisten, vier lateinische Kirchenväter). Seine Arbeit geht jedoch in der Eleganz der Figuren, in der Lebhaftigkeit des Ausdrucks weit über Pisano hinaus.

Nordportal (Fortsetzung)

Der neue Stil des Künstlers wird besonders anschaulich in den lebendigen Szenen der "Auferstehung" (rechter Türflügel, 1. Reihe von oben, links), der "Taufe" und der "Versuchung Jesu" (linker Türflügel, 4. Reihe von oben, links und rechts), der "Geburt Jesu" (linker Türflügel, 5. Reihe von oben, rechts) und des "Streit mit den Schriftgelehrten" (rechter Türflügel, 5. Reihe von oben, rechts). Dennoch blieb Ghiberti noch den traditionellen Formen verpflichtet.

Auch die Rahmung des Tores aus Bronze stammt von Ghiberti. An allen Schnittpunkten ragen kleine Köpfe hervor.

Gänzlich neue Wege ging Ghiberti jedoch bei der Schaffung des Ostportals, seines Hauptwerks. Michelangelo befand es für würdig, die Pforten des Paradieses zu schmücken (deshalb auch sein Name Porta del Paradiso = Paradiespforte), und Ghiberti selbst rühmte es neben seiner Signatur auf dem rechten Flügel als "mira arte fabricatum" (= mit bewundernswerter Kunst geschaffen). Die Paradiespforte am Baptisterium wurde 1990 durch eine Kopie ersetzt, das Original ist heute im → Museo dell'Opera del Duomo zu bewundern.

Ostportal (Paradiespforte)

Nirgendwo sonst hat sich die darstellende Kunst in Bronze so vollkommen ausgedrückt wie in dem von 1425 bis 1452 geschaffenen Tor. In den zehn Platten, die von verschiedenen dekorativen Elementen umrahmt werden (von Propheten, Sibyllen und anderen biblischen und heidnischen Gestalten), sind jeweils mehrere Szenen meisterlich zusammengefaßt. Die Schönheit und Meisterschaft der architektonisch genauen Perspektiven,

Battistero San Giovanni

Baptisterium: Südportal ...

... und Paradiespforte (Kopie)

Ostportal
(Paradiespforte;
Fortsetzung)

die feinen Zeichnungen der Linien, die verschiedenen Tiefen der Darstellungsebenen, die Individualität der handelnden Personen, die sinnvolle Komposition der Gruppen: All dies führt zu dem vollkommenen Gesamteindruck.

Die Tafeln zeigen von links oben nach rechts unten:
– Adam und Eva: Erschaffung, Sündenfall, Vertreibung aus dem Paradies;
– Kain und Abel: die Opfer von Kain und Abel, der Mord an Abel, die Bestrafung Kains;
– Noah: sein Opfer, Auszug aus der Arche, Trunkenheit;
– Abraham und Isaak: Erscheinung der Engel vor Abraham, Opfer des Isaak;
– Jakob und Esau: Geburt des Esau und des Jakob, Verkauf des Erstgeburtsrechts, Esaus Jagd, Rebekka, Betrug des Isaak;
– Joseph: Verkauf des Joseph, Benjamin, Joseph und seine Brüder;
– Moses: Moses empfängt auf dem Berg Sinai die Gesetzestafeln;
– Josua: die Juden vor Jericho, Zeltlager, Trompetenwunder;
– Saul und David: Schlacht gegen die Philister, Tötung des Goliath;
– Salomon und die Königin von Saba.

Zu Recht nimmt dieses Tor den Ehrenplatz gegenüber dem → Duomo Santa Maria del Fiore ein.

Innenraum

Das Innere des Baptisteriums, das gegenüber der klaren Gliederung des Äußeren durch feierlich-mystisches Dunkel überrascht, wird von der achteckigen, doppelschaligen Kuppel (Durchmesser 25,60 m) beherrscht, die ganz von einem Mosaik bedeckt ist, ein Werk florentinischer Künstler (Jacopo da Torrita, Cimabue, Andrea di Riccio, Gaddo Gaddi) im 13. Jh., möglicherweise noch um 1300, also zur Zeit Dantes. Es ist eines der großartigen Mosaiken des Abendlandes, das durch seine thematischen Darstellungen ebenso hervorragt wie durch reiche Ornamentik.

Über der Chorkapelle hält Christus als Weltenrichter das "Jüngste Gericht" (seine Gestalt mißt allein 8 m). Um ihn gruppieren sich in den verschiedenen Zonen die Auferstandenen und Verdammten, Engel, Apostel, Propheten und Heilige mit Maria und Johannes dem Täufer, denen das Reich des menschenverschlingenden Teufels gegenübersteht. (Es sei daran erinnert, daß der größte italienische Dichter, Dante, der in seiner "Göttlichen Komödie" Himmel, Fegefeuer und Hölle beschreibt, aus Florenz stammt.) Weitere Bildstreifen zeigen in bewegten, ausdruckskräftigen Darstellungen die "Erschaffung der Welt", Szenen aus dem Leben Josephs, dem Leben Jesu Christi, Mariens und Johannes des Täufers.

Weiterhin interessant sind das Grabmal des Gegenpapstes Johannes XXIII. (vom Konstanzer Konzil abgesetzt), ein Meisterwerk des Donatello, sowie der Marmorfußboden mit eingelegten farbigen Steinen (Tierkreiszeichen und Ornamente), das marmorne Taufbecken, der Sarkophag des Bischofs Rainer und der Hauptaltar mit einem Leuchterengel.

Früher war noch ein weiteres Meisterwerk Donatellos im Baptisterium zu bewundern: die Holzstatue der Magdalena. Heute befindet sich diese im → Museo dell'Opera del Duomo.

Battistero San Giovanni, Innenraum (Fortsetzung)

Biblioteca Medicea Laurenziana

→ San Lorenzo

Biblioteca Nazionale Centrale (Nationalbibliothek) K 6

Das große Gebäude der Nationalbibliothek (erbaut 1911–1935) an dem Corso dei Tintori, der Via Magliabechi und der Piazza dei Cavalleggeri, neben dem Komplex von → Santa Croce, enthält 24721 Manuskripte, 723138 Briefe und Dokumente, 3780 Inkunabeln, mehr als vier Millionen Bücher, 5855 Bände und 4451 Blätter von Musikwerken, 630 Atlanten und 14754 geographische und topographische Karten.

Besonders wertvoll sind eine Abschrift der "Göttlichen Komödie" Dantes aus der ersten Hälfte des 14. Jh.s (wohl älteste bekannte), Handschriften von Galilei, Meßbücher und Bibelausgaben vor der Erfindung der Buchdruckerkunst. Die Bibliothek geht bis ins 13. Jh. zurück und verwahrt Handschriften aller berühmten Florentiner.

Lage
Piazza dei Cavalleggeri

Buslinien
19, 31, 32

Öffnungszeiten
Mo.–Fr.
9.00–19.00;
Sa. 9.00–13.00

Boboli-Garten

→ Giardino di Boboli

Brancacci-Kapelle

→ Santa Maria del Carmine

Campanile

→ Duomo Santa Maria del Fiore

Cappelle Medicee

→ San Lorenzo

Casa di Bianca Cappello (Haus der Bianca Cappello; früher der Corbinelli) **H 6**

Lage
Via Maggio 26

Das Haus der venezianischen Patriziertochter Bianca Cappello, der Geliebten und späteren Gemahlin des Großherzogs Francesco I., ist ein schönes Beispiel für ein herrschaftliches Haus der damaligen Zeit. Im Jahre 1567 wurde es von Bernardo Buontalenti gänzlich neu gestaltet. Ungewöhnlich ist die Darstellung grotesker Fledermäuse unterhalb der Fenster.

*Casa Buonarroti (Michelangelo-Haus) **K/L 6**

Lage
Via Ghibellina 70

Buslinien
13, 14, 19, 23

Öffnungszeiten
Mo., Mi. – So.
9.30 – 13.30

Michelangelo erwarb das Haus für seinen Neffen Leonardo di Buonarroti (selbst hat er darin nie gewohnt). Dessen Sohn Michelangelo schmückte es aus und richtete eine Erinnerungsstätte für den großen Künstler ein. Nachdem es sich lange Zeit in schlechtem Zustand befunden hatte, wurde es 1964 gänzlich restauriert.

Zwei Original-Skulpturen Michelangelos verdienen besondere Aufmerksamkeit: die "Kentaurenschlacht", ein Marmorrelief, das Michelangelo mit 17 Jahren schuf und in dem schon manches Meisterliche späterer Jahre, so Bewegung und Körperlichkeit der Figuren, vorweggenommen ist; und die "Madonna mit Kind" (auch "Madonna della Scala" genannt), das früheste Werk des jungen Künstlers (er beendete es im Alter von 16 Jahren). Das Genie drückt sich schon klar aus; in der räumlichen Gestaltung, der Bewegung und Gegenbewegung auf der Treppe links (daher der Name "Madonna an der Treppe"), dem reichen Ausdruck des Profils, dem Wehen des Gewandes.

Beachtung verdient auch das Holzkruzifix für → Santo Spirito (1494), die früheste Arbeit Michelangelos für eine Kirche. Christus wird hier nicht als Schmerzensmann, sondern als sanfter, schöner Jüngling dargestellt.

Andere ausgestellte Gegenstände sind Modelle oder Kopien der Werke Michelangelos oder erinnern an das Leben des Künstlers. Hinzu kommen Skulpturen und Gemälde anderer Meister.

Casa di Dante (Dante-Haus) **J/K 6**

Lage
Via Santa
Margherita 1

Buslinien
13, 14, 15, 18, 19,
23

Öffnungszeiten
Mo., Di., Do. – Sa.
9.30 – 12.30,
15.30 – 18.30; So.,
Fei. 9.30 – 12.30

In der Via Dante Alighieri erhebt sich der Komplex der Häuser der Alighieri. In einem von ihnen ist nach der Florentiner Überlieferung 1265 der größte Dichtersohn der Stadt, Dante Alighieri (→ Berühmte Persönlichkeiten), geboren, den Florenz freilich wenig gnädig behandelt hat. Dante widersetzte sich den Bestrebungen des Papstes Bonifaz VIII., Florenz und die gesamte Toskana dem Kirchenstaat einzuverleiben. Als Karl von Valois vom Papst als Friedensstifter nach Florenz berufen wurde, wurde Dante als Führer der Ghibellinen aus Florenz verbannt.

In einigen Räumen des im 19. Jh. recht willkürlich umgebauten Gebäudes erinnern Fotografien, Ausgaben der "Göttlichen Komödie", Reproduktionen der Botticelli-Zeichnungen für Dantes Werk und Porträts an den größten italienischen Dichter.

Cascine **A 3– F 5**

Lage
am nördlichen
Arno-Ufer

Mehr als drei Kilometer entlang dem Arno erstrecken sich im Westen der Stadt die Parkanlagen der Cascine. Hier befanden sich früher die landwirtschaftlichen Güter der Medici und später der Familie der Lorena. In der zweiten Hälfte des 18. Jh.s wurden die Anlagen durch die Großherzöge von Lothringen der Öffentlichkeit zugänglich gemacht.

Das ausgedehnte Wald- und Wiesenareal ist für viele Florentiner an Wochenenden beliebtes Picknickziel, zudem ist die große Pferderennbahn einer der Hauptanziehungspunkte des Parks.

Buslinien
1, 2, 9, 13, 16, 17, 26, 27

Casino di San Marco (auch Casino Mediceo)   **K 4**

Der Palast auf dem ehemaligen Gelände der Mediceischen Gärten wurde von Bernardo Buontalenti 1568–1574 für den Großherzog Francesco I de'Medici errichtet, der hier seine Künstlerstudios und alchemistischen Laboratorien unterhielt.
Heute beherbergt das Casino di San Marco das Appellationsgericht (Corte d'Appello).

Lage
Via Cavour 57

Buslinien
1, 6, 7, 10, 11, 15, 17, 20, 25

Cenacolo di Foligno (Foligno-Refektorium)   **J 5**

Im Refektorium des ehemaligen Konvents des hl. Onuphrius, eines Klosters der Franziskanerinnen aus Foligno, befindet sich das "Abendmahl" des Perugino. Während der Überschwemmungen 1966 erlitt es erhebliche Beschädigungen. Perugino erwies sich mit diesem Werk den Darstellungen des Andrea del Castagno und des Ghirlandaio in Florenz vollkommen ebenbürtig. Besichtigt werden kann das "Abendmahl" des Perugino nur nach Voranmeldung (Tel. 218341).

Lage
Via Faenza 42

Buslinien
4, 7, 14, 19, 23, 28, 31, 32, 36, 37

Cenacolo del Ghirlandaio

→ Ognissanti

Cenacolo di San Salvi (Refektorium Sankt Salvi)   **O 6**

Unter den vielen Darstellungen des "Letzten Abendmahls" verdient auch das Cenacolo di San Salvi, das Meisterwerk des Andrea del Sarto im Refektorium Sankt Salvi, Aufmerksamkeit. Es ist eines der schönsten Fresken in Florenz vom Anfang des 16. Jh.s.
In der Galerie neben dem Refektorium – beachtenswert auch die Klosterküche mit dem großen Kamin – und im Speisesaal befinden sich weitere Gemälde Florentiner Meister und Kopien verlorener Werke von Andrea del Sarto.

Lage
Via di S. Salvi 16

Buslinien
3, 6, 20

Öffnungszeiten
Di. – So.
9.00 – 13.00

*Cenacolo di Sant'Apollonia (Refektorium von Sankt Apollonia)   **J/K 4/5**

Das ehemalige Kloster Santa Apollonia, das 1808 profanisiert wurde, dann als Militär-Magazin diente und jetzt Universitäts-Institute beherbergt, lohnt einen Besuch wegen seiner sehenswerten Kirche und des schönen Kreuzgangs mit eleganten Säulen aus dem 15. Jahrhundert. Das Cenacolo der hl. Apollonia, das Refektorium des Klosters, ist als Museum eingerichtet. In dem Refektorium des Benediktinerinnen-Klosters von Sankt Apollonia, das lange Zeit wegen der Klausur-Bestimmungen der Nonnen unzugänglich war, befindet sich das "Letzte Abendmahl" des Andrea del Castagno (um 1457). Dieses Fresko nimmt einen wichtigen Platz in der Renaissance-Malerei ein: Die genaue perspektivische Darstellung und die realistische 'körperliche' Zeichnung der Personen (v.a. bei Jesus und dem allein sitzenden Judas) geben dem Bild eine intensive Dramatik.

Lage
Via XXVII Aprile 1

Buslinien
1, 6, 7, 10, 11, 15, 17, 18, 19, 20, 25

Öffnungszeiten
Di. – Sa.
9.00 – 14.00; So., Fei. 9.00 – 13.00

Certosa del Galluzzo

Cenacolo di
Sant'Apollonia
(Fortsetzung)

Ebenso beachtenswert sind (darüber) "Kreuzigung", "Grablegung" und "Auferstehung" sowie zwei Lünetten "Pietà" und "Gekreuzigter mit der Jungfrau, dem hl. Johannes und Heiliger", ebenfalls von Castagno.

✳Certosa del Galluzzo (Kartäuserkloster)

Lage
5 km südlich des
Stadtkerns

Buslinie
37

Öffnungszeiten
Di. – So.
9.00 – 12.00,
15.00 – 18.00
(im Winter:
15.00 – 17.00)

Das ehemalige Kartäuserkloster von Galluzzo ist wegen seiner architektonisch bedeutenden Bauten und seiner Kunstwerke gleich berühmt. Man erreicht es über die von Florenz nach Siena führende Straße, am Ortsausgang von Galluzzo zweigt rechts ein beschilderter Zufahrtsweg zum Kloster ab. Die letzten Kartäusermönche verließen 1956 das Kloster, dann ging es an die Zisterzienser über. Die Benediktinermönche, in deren Besitz sich das Kloster heute befindet, führen Besucher (in der Regel im Rahmen von italienischsprachigen Führungen) gegen ein freiwillig gegebenes Entgelt gern durch den Komplex.

Niccolò Acciaiuoli, ein bedeutender Florentiner Staatsmann, Freund Petrarcas und Boccaccios, ließ für die Kartäuser, einen von dem hl. Bruno von Köln im ausgehenden 11. Jh. gegründeten Orden, die Klosteranlage bauen (1341), die Zellenhäuschen für die Mönche und gemeinsame Stätten des Gebetes und des Gottesdienstes umfaßte. In späteren Jahrhunderten wurde der Komplex mehrfach erweitert und umgebaut. Geprägt ist die klösterliche Hügelstadt bis heute durch die Lebensweise der Kartäuser, die auf einen Ausgleich zwischen mönchischer Gemeinschaft und Eremitentum bedacht waren.

Das Kloster besaß früher reiche Kunstschätze, jedoch raubte Napoleon dem Orden etwa 500 Werke, von denen nur wenige zurückgegeben wurden.

Ende des 18. und Anfang des 19. Jh.s weilten die Päpste Pius VI. und Pius VII. längere Zeit in der Foresteria der Certosa, dem Rasthaus für Gäste.

Certosa del Galluzzo: Außen- und ...   *... Innenansicht der Kirche San Lorenzo*

Großer Kreuzgang im Certosa del Galluzzo

Über einen weiten Platz geht man zur sehenswerten Kirche San Lorenzo: In der Cappella di San Tobia (links vom Hauptaltar) sind das Grabmal des Niccolò Acciaiuoli zu bewundern sowie drei Grabsteine (unter anderem der des Lorenzo di Niccolò) der Acciaiuoli.
In der Cappella di Sant'Andrea befindet sich das berühmte Grabmal des Kardinals Agnolo II. Acciaiuoli, das früher Donatello, heute eher Francesco da Sangallo zugeschrieben wird. Auch die anderen Kapellen bergen wertvolle Ausstattungsstücke.

Kirche
San Lorenzo

Der Rundgang führt weiter durch die Klostergebäude, die einen Sprechsaal, einen "Mittleren Kreuzgang", den Kapitelsaal, den eindrucksvollen "Großen Kreuzgang" (1498–1516), das Refektorium und den "Kleinen Kreuzgang" umfassen. Im Gegensatz zu sonstigen Ordenshäusern waren die eigentlichen Klostergebäude nicht Wohnstätte, sondern nur Orte der gemeinsamen Zusammenkunft. Die Mönche wohnten statt dessen in zu dem Komplex gehörenden Zellenhäusern. Eines dieser Häuschen, bestehend aus drei Räumen, einer Loggia und einem kleinen Garten, kann besichtigt werden.
Die Pinakothek zeigt in zwei Sälen Beispiele des einst immensen Kunstschatzes, darunter vier Lünettenfresken mit Darstellungen der Passion Christi (nach Zeichnungen von Dürer) und eine "Madonna mit Kind" von Lucas Cranach.
Nach Beendigung der Führung hat der Besucher noch Gelegenheit, die einstige Klosterapotheke aufzusuchen, wo Andenken, Erfrischungen und Klosterliköre verkauft werden.

Klostergebäude

Chianti

→ Monti del Chianti

Chiesa ...

→ jeweiliger Kirchenname

Chiostro dello Scalzo (Kreuzgang des Barfüßigen)   K 4

Lage
Via Cavour 69

Buslinien
1, 6, 7, 10, 11, 15,
17, 20, 25

Öffnungszeiten
Mo., Do.
9.00 – 13.00

Den Chiostro dello Scalzo, einen eleganten Kreuzgang mit schlanken Säulen, malte Andrea del Sarto von 1514 bis 1526 für die "Bruderschaft des heiligen Johannes des Täufers" aus, deren Kreuzträger in den Prozessionen barfüßig (scalzo) gingen.
Die berühmten Fresken, die Szenen aus dem Leben des Täufers darstellen, wurden mehrfach restauriert.
Die wichtigsten Fresken – alle übrigens einfarbig – sind: die Geburt Johannes des Täufers (1526); die Predigt des hl. Johannes (1515) und der Tanz der Salome (1522).

Colonna della Croce al Trebbio (Kreuzsäule)   J 5

Lage
Via del Moro

Buslinien
31, 32, 36, 37

Im Schnittpunkt von drei Straßen, der Via del Moro und Via delle Belle Donne sowie der Via del Trebbio, steht auf einem engen Platz eine 1338 errichtete Granitsäule mit schönem gotischen Kapitell, das mit den Evangelistensymbolen geschmückt ist, und einem Kreuz aus der pisanischen Schule.

Conservatorio Musicale Luigi Cherubini   K 5
(Museo degli Strumenti Musicali Antichi, Sammlung alter Musikinstrumente)

Lage
Via degli Alfani 80

Buslinien
1, 6, 7, 10, 11, 15,
17, 20, 25

Das Anfang des 19. Jh.s gegründete Conservatorio enthält eine umfangreiche Musikbibliothek und eine Sammlung alter Musikinstrumente. Dazu gehören frühe Klaviere des Erfinders des Pianofortes, Bartolomeo Christofori, Geigen der berühmten italienischen Geigenbauer Stradivari und Amati sowie Musikinstrumente aus dem alten Ägypten und dem Orient.
Die Sammlung wurde von Ferdinando, dem Sohn Cosimos III., Anfang des 18. Jh.s begründet. Cristofori war ihr Konservator und besorgte auch die wichtigsten Ankäufe.
Da das Museum des Konservatoriums derzeit nicht zugänglich ist, werden Teile der Sammlung zeitweilig im → Palazzo Vecchio ausgestellt.

Corridoio Vasariano

→ Palazzo degli Uffizi

Crocifissione del Perugino

→ Santa Maria Maddalena dei Pazzi

Dante-Museum

→ Casa di Dante

✳✳Duomo Santa Maria del Fiore (Dom Santa Maria del Fiore) J/K 5

Der Dom von Florenz ist mehr als das Wahrzeichen der Stadt. Er bildet zusammen mit dem Campanile und dem Baptisterium (→ Battistero) eines der großartigsten Kunstwerke der Welt. Ohne den Blick auf die Kuppel des Domes können die Florentiner nicht leben; Michelangelo, so scheint es, wollte das Meisterwerk des Brunelleschi aus seiner Heimatstadt Florenz nach Rom verpflanzen, als er die Kuppel der Peterskirche schuf.

Die Bürger von Florenz waren Ende des 13. Jh.s im Bewußtsein der wachsenden Bedeutung ihrer Stadt bestrebt, an der Stelle der Kirche Santa Reparata einen großen Neubau zu errichten, der die anderen Kirchen der Stadt an Schönheit und Ausmaßen übertreffen sollte.

Berühmte Baumeister, zuerst Arnolfo di Cambio (ab 1294), dann Giotto, Andrea Pisano, Francesco Talenti und Giovanni Ghini, führten die Bauten trotz zahlreicher Unterbrechungen so weit, daß Filippo Brunelleschi sie 1420–1434 mit dem aufsehenerregenden architektonischen Bravourstück, der Kuppel, krönen konnte. Im Jahre 1436 wurde der Dom der heiligen Jungfrau und Gottesmutter Maria geweiht und erhielt nach der Florentiner Wappenblume (Lilie) den Beinamen "del Fiore".

Die heutige Fassade, überreich geschmückt, entstand erst 1875–1887 nach Entwürfen Emilio de Fabris'. (Die alte, unvollendet gebliebene Fassade war 1587 abgerissen worden.)

Die Maße der Kathedrale sind eindrucksvoll: Länge 160,45 m, Breite 43 m im Langhaus, 91 m im Querschiff, Fassadenhöhe 50 m, Höhe der Kuppel 114,36 m, Durchmesser der Kuppel 45,52 m. Auf den 8300 m² der Kirche finden ca. 25000 Menschen Platz. Nach der Peterskirche in Rom und dem Dom zu Mailand ist Santa Maria del Fiore die drittgrößte Kirche Italiens.

Das Äußere der Kirche wird bestimmt durch die reiche Gliederung mit verschiedenfarbigem Marmor: weißem aus Carrara, grünem aus Prato und

Lage
Piazza del Duomo

Buslinien
1, 6, 7, 11, 13, 14, 15, 17, 18, 23

Öffnungszeiten
Tgl. 10.00–17.00
(Aufstieg
zur Kuppel
So. geschl.)

Außenansicht

Der Dom Santa Maria del Fiore prägt die Silhouette der Stadt

Duomo Santa Maria del Fiore

rotem aus den Maremmen. Marmor findet sich überall: an der dem gotischen Stil des Mittelalters nachempfundenen Fassade, an den Flanken der Seitenschiffe bis hinauf zur Langhaushalle, den durch die Konstruktion bedingten Stützen, den kleineren Halbkuppeln und der machtvollen Hauptkuppel. Der Wechsel der Farben zeigt Strenge und Schönheit, die beiden Grundprinzipien der Florentiner Kunst.

Reich ist der Figurenschmuck außen: auf der Fassade am obersten Zwikkel "Gottvater", in den darunter liegenden Feldern Brustbilder berühmter Florentiner Künstler; unter einer mächtigen Rosette "Maria mit dem Kind" und Apostelstatuen; darunter in den vier Pfeilernischen Bischöfe von Florenz und Papst Eugen IV., der die Kirche 1436 weihte. Die Bronzeportale zeigen Reliefdarstellungen Mariens und allegorische Figuren der christlichen Tugenden.

Bei einem Rundgang um den Dom sollte man v. a. den vier Portalen Beachtung schenken. Auf der rechten Flanke beim Campanile: die Porta del Campanile, mit einem "Segnenden Christus" im Giebel und einer "Madonna mit Kind" in der Lünette, alles Werke aus der Schule Andrea Pisanos. Es folgt die Porta dei Canonici. Über der "Kanonikertür" eine "Maria mit Kind" von Lorenzo di Giovanni d'Ambrogio. Nicht weit davon die Denkmäler der beiden Architekten Arnolfo di Cambio und Brunelleschi und ein Stein mit der Inschrift "Sasso di Dante" an dem Platz, von wo der Dichter die Bauarbeiten am Dom beobachtet haben soll.

Auf der linken Seite: "Porta della Balla" (Ende 14. Jh.), das Tor trägt eine vielfarbige "Madonna mit Kind und zwei Engeln", an den Seiten stützen Löwen die gedrehten Säulen; die "Porta della Mandorla", das schönste Portal der Kirche, wurde von Giovanni d'Ambrogio und Nanni geschaffen und von verschiedenen Künstlern (Donatello, Niccolò di Pietro Lamberti und Ghirlandaio) vollendet. Über der Tür in der "Mandel" die Madonna, die von den Engeln getragen wird (1421, von Nanni di Banco); in der Lünette ein Mosaik der "Verkündigung" von Domenico und Davide Ghirlandaio (1491).

Seitenansicht des Domes ...   *... und Portal*

Brunelleschi wagte mit dem Bau der Kuppel ein statisches Meisterwerk (in weiser Bescheidenheit empfahl er den Kuppelbau dem Schutz Mariens), das mächtig und kunstvoll zugleich wirkt. Die bis in die Laterne gezogenen weißen Rippen geben der roten Kuppeldeckung klare Konturen.

Aus den Straßen hinter der Apsis bietet sich ein eindrucksvolles Bild auf das Marmorgebirge des Domes mit der Kuppel des Brunelleschi. Der Tambour der Kuppel ist an dieser Stelle mit einer Galerie versehen, die zur Zeit Michelangelos gebaut, jedoch von ihm heftig kritisiert wurde: Er meinte, es entstehe dadurch ein "Grillenkäfig".

Im Pflaster vor der Apsis ist eine Marmorplatte eingelassen; hier fiel am 17. Januar 1600, vom Blitz getroffen, die vergoldete Kugel der Kuppel zur Erde und zersprang; man ersetzte sie durch eine größere, unter dem Kreuz.

Die Laterne war im übrigen häufig Ziel von Blitzen, sie wurde jedoch unermüdlich repariert. Heute schützt sie ein moderner Blitzableiter. (Man kann die Kuppel besteigen; Aufgang im linken Seitenschiff, siehe unten.)

Kuppel

Strenge und Schönheit finden sich auch im Innenraum des Domes, der durch seine gotischen Formen, durch die hoch aufstrebenden Bögen und Pfeiler beeindruckt, ohne daß auffälliger Schmuck die Weite der Räume beeinträchtigt. (Allerdings wurden bei Restaurierungen spätere Zutaten wieder entfernt.) Der Eindruck der Kargheit wird durch den erdigen Farbton der Steine verstärkt.

Der Grundriß des Domes (siehe S. 69) zeigt ein lateinisches Kreuz mit Langhaus und zwei Seitenschiffen; der Kuppelraum wird ergänzt durch drei weit ausragende Seitenbauten, die Querschiff und Apsis bilden.

Trotz der insgesamt sparsamen Schmuckes bietet die Ausstattung einige Kostbarkeiten:

Innenraum

Die drei Glasfenster über den Eingangsportalen mit Darstellungen des hl. Stephanus (links), der Aufnahme Mariens in den Himmel (Mitte) und des hl. Laurentius (rechts) wurden nach Vorlagen von Lorenzo Ghiberti von dem Glasmaler Niccolò di Piero ausgeführt.

Über dem Haupteingang sieht man ein schönes Mosaik der Marienkrönung (um 1300, von Gaddo Gaddi) sowie die berühmte Uhr, in deren Ecken Paolo Uccello 1443 Prophetenköpfe malte und deren Zeiger entgegengesetzt zur Uhrzeigersinn gehen.

Rechts vom Hauptportal befindet sich das gotische Grabmal des Bischofs Antonio d'Orso (gest. 1321), das Tino da Camaino schuf (unvollständig; verschiedene Teile im Museo Nazionale del Bargello, → Palazzo del Bargello).

Eingangsfront

In der ersten Marmornische ist eine Statue des Josua (Anfang 15. Jh.) zu bemerken, eine Arbeit von Bernardo Ciuffagni, Donatello und Nanni di Bartoli. Gegenüber dem zweiten Pfeiler erregt ein auf Leinwand übertragenes Fresko des Niccolò da Tolentino (1456) Aufmerksamkeit. Rechts davon sieht man ein mächtiges Reiterbildnis des Paolo Uccello (1436), das ein plastisches Denkmal vortäuscht und den Befehlshaber des Florentiner Söldnerheeres, John Hawkwood (italienisch Giovanni Acuto), darstellt. In der folgenden Marmornische steht die Statue des Königs David, von Bernardo Ciuffagni für die Fassade geschaffen (1434).

Unter dem Glasfenster fällt ein Gemälde von Domenico di Michelino ins Auge, das Dante verherrlicht (1465), eine späte Rehabilitierung des Dichters durch die Stadt, die ihn einst verbannte.

Neben dem Kuppelraum befindet sich der Zugang zur Kuppel. Wer vor den 463 Stufen nicht zurückscheut, dem bietet sich von der Laterne aus ein herrlicher Rundblick.

Linkes Seitenschiff

Das linke Querschiff (auch Tribüne genannt) ist in fünf Kapellen gegliedert. Die Glasfenster gehen auf Entwürfe von Ghiberti zurück. In der vierten Kapelle ist eine zweiseitige Altarrückwand aus der Schule des Pacino di Bonaguida sehenswert, mit Darstellungen der "Madonna und Heilige" sowie "Verkündigung Mariens und Heilige".

Linkes Querschiff

Duomo Santa Maria del Fiore

Innenraum, linkes Querschiff (Fortsetzung)

Im Boden des Querschiffes dient eine Metallplatte seit 1468 astronomischen Messungen: Am 21. Juni mittags fällt durch ein konisches Loch in der Kuppellaterne ein Sonnenstrahl darauf und gibt die genaue Sommersonnenwende an.

Kuppel

Im Inneren der doppelschaligen Kuppel befindet sich das grandiose Fresko des Jüngsten Gerichts von Giorgio Vasari (1572 begonnen und von Federico Zuccari 1579 vollendet). In den Rundfenstern des Tambours sind Glasmalereien nach Entwürfen von Ghiberti, Paolo Uccello und Andrea del Castagno eingelassen.

Apostelstatuen

Am Fuße der Tambourpfeiler stehen acht Apostelstatuen, von denen Jacopo Sansovino den hl. Jakobus d.Ä. und Vincenzo de Rossi den hl. Thomas schufen (1. Pfeiler links), Andrea Ferrucci den hl. Andreas und Baccio Bandinelli den hl. Petrus (2. Pfeiler, links) gestalteten. Auf der gegenüberliegenden Seite schufen Benedetto da Rovezzano den hl. Johannes und Giovanni Bandini den hl. Jakobus d. J. (dritter Pfeiler, rechts) und wiederum Giovanni Bandini den hl. Philippus und Vincenzo de Rossi den hl. Matthäus (4. Pfeiler, rechts).

Chor

Im Zentrum des Kuppelraumes befindet sich der Chor mit Hochaltar. Die achteckige Marmorbrüstung geht auf einen Entwurf des Baccio d'Agnolo zurück; die 88 Reliefdarstellungen, mit denen sie geschmückt ist, stammen von Baccio und Giovanni Bandinelli. Bemerkenswert sind auch Hochaltar (von Baccio Bandinelli) und Kruzifix (von Benedetto da Maiano; 1495–1497).

Neue Sakristei

Besondere Beachtung verdienen auch die Sakristeien. Über der Tür der Neuen Sakristei, in der Lünette, fällt eine glasierte Terrakotta-Arbeit von Luca della Robbia ins Auge "Auferstehung Christi" (1444). Auch das Bronzetor ist ein Meisterwerk Luca della Robbias (zusammen mit Michelozzo): In zehn Feldern sind Maria mit dem Kind, Johannes der Täufer, Evangelisten und Kirchenväter dargestellt. Ein Wandbrunnen und Holzschränke schmücken den Raum.
In diese Sakristei flüchtete sich Lorenzo der Prächtige, als 1478 bei einem Gottesdienst im Dom Verschwörer, die von der Familie Pazzi angestiftet worden waren, auf ihn und seinen Bruder eindrangen; Lorenzo rettete sich, während sein Bruder Giuliano ermordet wurde.

Apsis

In der Apsis befindet sich in der Cappella di San Zenobio (Kapelle des hl. Zenobius) eine schöne Bronzeurne, ein Werk Lorenzo Ghibertis, in der die Reliquien des Heiligen aufbewahrt werden.

Alte Sakristei

In der Alten Sakristei (dei Canonici, der Kanoniker) sieht man außen über der Tür ein Terrakottarelief "Christi Himmelfahrt" von Luca della Robbia, im Innern stehen ein Wandbrunnen von Buggiano, der "Erzengel Michael" von Lorenzo di Credi und zwei Leuchterengel aus Terrakotta, ebenfalls von Luca della Robbia.

Rechtes Querschiff

Auch das rechte Querschiff (mitunter Tribüne genannt) ist in fünf Kapellen gegliedert. In der ersten Kapelle (nach der Alten Sakristei) ist ein Fresko des Giotto sehenswert: "Madonna del Popolo".
Über die Statuen an den Tambourpfeilern siehe Kuppel.

Rechtes Seitenschiff

Hier sind eine Büste des Marsilio Ficino (1521), des großen Renaissancephilosophen, sehenswert (unter dem Glasfenster) sowie ein Medaillon mit dem Bild Giottos, das Benedetto da Maiano schuf (1490; gegenüber dem letzten Pfeiler).
Daneben in einer Holznische die Statue des Propheten Jesaia von Nanni di Banco (1408) und ein Medaillon mit dem Bild Brunelleschis. Es stammt von Andrea Cavalcanti, genannt Buggiano. Er war Lieblingsschüler und Erbe Brunelleschis.

Duomo
Santa Maria del Fiore

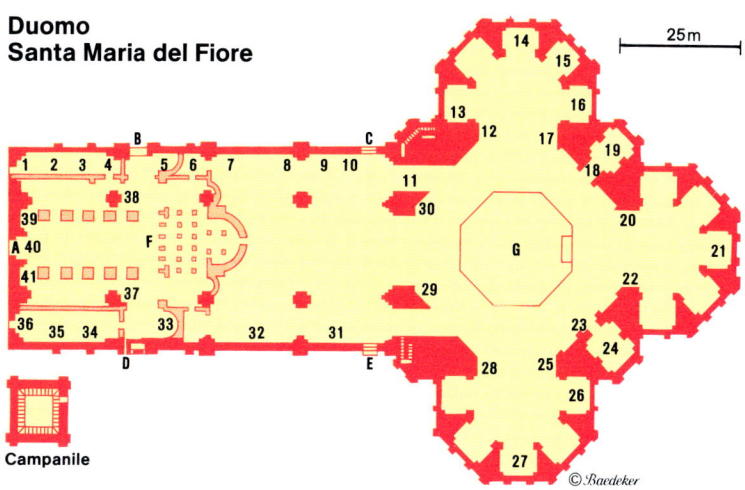

25m

© Baedeker

Campanile

A Portale Maggiore mit Relief „Maria in Gloria" von A. Passaglia
B Porta della Balla
C Porta della Mandorla von Giovanni d'Ambrogio und Nanni. Über dem Portal die von Engeln getragene Madonna von Nanni di Banco
D Porta del Campanile mit Verkündigungsgruppe
E Porta dei Canonici, darüber „Madonna col Bambino" von d'Ambrogio
F Cripta di Santa Reparata, Reste der alten Kathedrale
G Kuppel des Brunelleschi mit Fresko des Jüngsten Gerichts von Vasari und wertvollen Glasmalereien

1 Fenster „S. Stefano e due Angeli" nach Ghiberti
2 Büste des Emilio De Fabis, des Schöpfers der Kirchenfront, von V. Consani (1887)
3 Statue des Josua (Kopf von Donatello angefertigt)
4 Büste des Arnolfo di Cambio, von U. Cambi (1843)
5 Büste des Organisten Squarcialupi, von Benedetto da Maiano (1490)
6 Gemaltes Reiterstandbild des Niccolò da Tolentino, von A. del Castagno (1456)
7 Gemaltes Reiterstandbild des Giovanni Acuto (John Hawkwood), von P. Uccello (1436)
8 Fenster um 1395. Darunter in der Marmornische eine Statue König Davids (B.Ciuffagni, 1434)

9 „Santi Cosma e Damiano" von Bicci di Lorenzo (15. Jh.)
10 Fenster aus dem 14. Jh., darunter „Dante und die Göttliche Komödie" von D. di Michelino (1456)
11 Zugang zur Kuppel
12 „S. Tommaso" von De'Rossi, Statue aus dem 16. Jh.
13 „S. Giuseppe", Gemälde von Lorenzo di Credi
14 Marmoraltar (Buggiano)
15 „Madonna mit Heiligen", Altarbekleidung aus der Schule von P. Bonaguida
16 „Pietà" von Michelangelo (heute im Dommuseum)
17 „S. Andrea" von A. Ferrucci, Statue (16. Jh.)
18 In der Türlünette „Risurrezione", Terrakotta von Luca della Robbia (1444). Bronzetor ebenfalls von della Robbia unter Mitarbeit von Michelozzo und Maso di Bartolomeo
19 Sagrestia nuova o delle Messe
20 „S. Pietro" von B. Bandinelli, Statue (16. Jh.)
21 Oberhalb des Altars zwei kerzentragende Engel (Luca della Robbia, 1450). Unter dem Altar Reliquienschrein des hl. Zenobius (Ghiberti, 1432–42)
22 „S. Giovanni" von B. da Rovezzano, Statue (16. Jh.)
23 In der Lünette „Auferstehung", aus emaillierter Terrakotta von Luca della Robbia (1450)

24 Sagrestia vecchia o dei canonici
25 „S. Giacomo Minore" von G. Bandini, Statue aus dem 16. Jh.
26 Fragment eines Freskos aus der Schule des Giotto: „Madonna del Popolo"
27 Altar des Michelozzo
28 „S. Filippo" von G. Bandini, Statue aus dem 16. Jh.
29 „S. Matteo" von De Rossi, Statue aus dem 16. Jh.
30 „S. Giacomo Maggiore" von J. Sansovino,Statue aus dem 16. Jh.
31 Büste des Philosophen Marsilio Ficino, von A. Ferrucci (1521)
32 In der Marmornische ein Standbild des Isaia, von B. Ciuffagni (1427)
33 „S. Bartolomeo in Trono" von R. di Jacopo Franchi
34 Rundbild von B. da Maiano, Giotto bei der Arbeit darstellend
35 Büste des Brunelleschi, von A. Cavalcanti
36 Fenster „S. Lorenzo e Angeli", nach Ghiberti
37 Treppe zur Cripta di Santa Reparata
38 Nische mit Hl. Zanobius, den Hochmut und die Grausamkeit zertretend, von G. del Biondo (Ende 14. Jh.)
39 Grab des Antonio d'Orso
40 „L'Assunta", Fenster nach Entwurf von Ghiberti
41 „Incoronazione di Maria", Mosaik von G. Gaddi

69

Duomo Santa
Maria del Fiore
(Fortsetzung)
Cripta di Santa
Reparata

Von der Vorhalle des Domes führt eine Treppe hinab zum Grab von Brunelleschi, das erst 1972 entdeckt worden ist, und zu den Überresten der Vorgängerkirche Santa Reparata aus dem 4./5. Jh. (im 8. und 11. Jh. erweitert). Zunächst war der Dom um die ältere Kirche herumgebaut worden, endgültig abgetragen wurde diese erst 1375. Teilweise erhalten blieb jedoch die Krypta von Santa Reparata, die seit 1965 freigelegt und heute als Museum zugänglich ist (So. geschl.).

Campanile (Glockenturm)

Öffnungszeiten
Tgl. 9.00 – 19.30
(im Winter
bis 17.30)

Das Stadtbild von Florenz wird entscheidend geprägt durch den Campanile des Giotto (di Bondone), den 82 m hohen und 14,50 m breiten Glockenturm des Domes. Nach dem Entwurf von Giotto wurde der Bau 1334 begonnen. Nach seinem Tod (1337) führte Andrea Pisano den Bau nach den ursprünglichen Entwürfen weiter. Sein Nachfolger Francesco Talenti entfernte sich von den Plänen Giottos. Der Turm wurde 1387 vollendet.
Bestimmt wird das Bauwerk durch die Harmonie seiner Abmessungen, die Festigkeit der achteckigen Pfeiler, die feine Gliederung der dazwischenliegenden Mauern und den kunstvollen Wechsel in den Farben des Marmors. Seinen Schmuck bilden im unteren Teil Kassettenfelder mit Allegorien. Die sechseckigen Kassetten stammen zum größten Teil von Andrea Pisano, der sie nach Entwürfen von Giotto anfertigte, und Luca della Robbia. Sie zeigen das Leben des Menschen, seine Arbeits- und seine künstlerische Welt.
Die darüberliegenden rautenförmigen Kassettenfelder stellen Allegorien von Planeten, Tugenden, freien Künsten und Sakramente dar.
In den Nischen über diesen Rautenkassetten befanden sich früher Statuen von Heiligen, Propheten und Sibyllen, die zwischen 1300 und 1400 von florentinischen Künstlern (u. a. Donatello) geschaffen worden waren. Heute sind diese im → Museo dell'Opera del Duomo zu sehen; in die Nischen wurden teilweise Kopien gestellt.
Es lohnt sich, die 414 Stufen des Campanile hinaufzusteigen, denn von oben bietet sich ein herrliches Panorama über die Stadt.

*Fiesole

Lage
8 km nordöstlich
von Florenz

Buslinie
7

Das kleine in 295 m Höhe über dem Arno gelegene Städtchen ist eine etruskische Gründung des 7. – 6. vorchristlichen Jahrhunderts. Gegen Ende des 1. Jh.s v. Chr. entstand die römische Stadt Faesulae (mit Kapitol, Forum, Tempel, Theater und Thermen), die jedoch in der Zeit der Völkerwanderung niederging und später von dem nahen Florenz gänzlich überflügelt wurde. Seit dem Jahr 492 ist Fiesole Bischofssitz.
Einen Ausflug nach Fiesole sollte man nicht nur wegen des herrlichen Rundblicks über Florenz unternehmen, der sich von den beiden Hügelkuppeln San Francesco und Sant'Apollinare bietet, sondern auch wegen seiner Sehenwürdigkeiten.

Piazza Mino da Fiesole

Duomo

Im Ortsmittelpunkt erhebt sich an der Nordseite der weiten Piazza Mino da Fiesole (benannt nach dem Bildhauer Mino da Fiesole, um 1430 – 1484), dem antiken Forum, der im Jahre 1028 begonnene, im 13. und 14. Jh. erweiterte sowie im 19. Jh. veränderte Dom (Duomo San Romolo), seit dem 11. Jh. Bischofskirche (zuvor an der Stelle der heutigen Badia Fiesolana). Der gut 42 m hohe, zinnenbewehrte Glockenturm stammt aus dem Jahre 1213. Im Kircheninneren finden sich beachtenswerte Fresken und Bildwerke; das Grabmal des Bischofs Leonardo Salutati in der Cappella Salutati wurde von Mino da Fiesole um 1465 geschaffen.

Giardini Pubblici

San Francesco

Sant' Alessandro

Aussichtsterrasse

San Girolamo

Via d. Mura Etrusche

Tempio

Zona Archeologica

Teatro Romano

Palazzo Vescovile

Seminario

Museo Bandini

Terme

Museo

Duomo

Piazza Mino da Fiesole

Incontro di Teano

Piazza Garibaldi

V. Gramsci

Palazzo Pretorio

Santa Maria Primerana

Via Fra Giovanni

Vecchia Fiesolana

Villa Medici

Via S. Ansano

Via Verdi

Via S. Apollinare

Via A. Mari

Angelico

Piazza d. Mercato

Antiquarium Costantini

Campo Sportivo

100 m

Badia Fiesolana, San Domenico

Nördlich an den Dom schließt das Museo Bandini, eine Sammlung sakraler Kunstwerke (viele Heiligenbilder), die der Kanoniker Angiolo Maria Bandini, Bibliothekar der Biblioteca Medicea Laurenziana (→ San Lorenzo) und Wissenschaftler, bis 1795 zusammengetragen hat und die nach seinem Tod in den Besitz des Domkapitels von Fiesole übergingen.
(Geöffnet im Sommer: Mo., Mi.–So. 9.30–13.00 und 15.00–19.00; im Winter: Mo., Mi.–So. 10.00–13.00 und 15.00–18.00.)

Museo Bandini

Die nordwestliche Schmalseite der Piazza Mino da Fiesole nehmen das 1697 entstandene stattliche Gebäude des Seminario sowie der ursprünglich aus dem 11. Jh. stammende Bischofspalast (Palazzo Vescovile) ein.

Seminario, Palazzo Vescovile

An der Südwestseite des Platzes stehen der wappengeschmückte Palazzo Pretorio aus dem 14. Jh. – Portikus und Loggia sind ins 15. Jh. zu datieren – und daneben das mittelalterliche Oratorium Santa Maria Primerana mit einem Portikus aus dem 16. Jahrhundert.

Palazzo Pretorio, Santa Maria Primerana

Das Denkmal auf der Piazza heißt "Incontro di Teano" (1906): Die bronzenen Reiterstandbilder verkörpern König Viktor Emanuel II. und Garibaldi.

Incontro di Teano

Zona Archeologica

Nordöstlich hinter dem Dom liegt das Ausgrabungsgelände Zona Archeologica, beherrscht von einem erst zu Beginn des 19. Jh.s wiederentdeckten römischen Theater, das schon zu Beginn der Kaiserzeit (1. Jh. v.Chr.) angelegt und unter den Kaisern Claudius sowie Septimius Severus ausgebaut wurde. Das Halbrund hat einen Durchmesser von 34 m und bietet auf 24 Reihen rund 3000 Zuschauern Platz; die Bühnenfläche mißt 26,40 mal 6,40 m. In den Sommermonaten ist das Theater zeitweilig Schauplatz von klassischen und Popkonzerten.

Öffnungszeiten
Sommer:
Tgl. 9.00–19.00;
Winter:
Mo., Mi.–So.
10.00–16.00

Fiesole

Blick auf das Ausgrabungsgelände in Fiesole

Zona Archeologica
(Fortsetzung)

Unweit vom Theater liegen die Ruinen einer römischen Thermenanlage, die ebenfalls zu Beginn der Kaiserzeit erbaut und unter Kaiser Hadrian erweitert worden ist. Obwohl die von mächtigen Pfeilern getragenen Bögen stets sichtbar waren, erkannte man erst gegen Ende des 19. Jh.s, daß es sich hierbei um eine Badeanlage handelt, und legte den Komplex frei.

In der Nordwestecke des Grabungsfeldes befinden sich die Reste eines römischen (1. Jh. v. Chr.) und eines etruskischen Tempels (3. Jh. v. Chr.). Nach Norden wird das Grabungsgelände von einem erhaltenen Teilstück der mächtigen etruskischen Stadtmauer begrenzt.

Museo
Archeologico

In dem kleinen archäologischen Museum südlich oberhalb des römischen Theaters werden Funde aus etruskischer und römischer Zeit gezeigt; darunter eine Grabstele (470–460 v. Chr.; mit Totenmahl, Tanz und Kampf von Tieren), der Kopf des Kaisers Claudius (41–54) und eine Dionysius-Statue (römische Kopie eines griechischen Originals).

Antiquarium
Costantini

Unweit östlich des Zugangs zur Zona Archeologica befindet sich das Antiquarium Costantini; die Eintittskarte für das Ausgrabungsgelände berechtigt auch zum Besuch dieser Sammlung von griechischen, etruskischen und italischen Keramiken.

Museo Primo Conti

Öffnungszeiten
Di. – Sa.
10.00 – 13.00

Nordwestlich des Ausgrabungsgeländes befindet sich in der Via Duprè 18 die Stiftung und ein kleines Museum für den toskanischen Maler Primo Conti (1900–1988). Conti hatte sich zunächst dem Futurismus und Kubismus verschrieben, entwickelte nach dem Zweiten Weltkrieg aber einen Personalstil von wilder Farbigkeit. Ausgestellt sind neben Werken Contis auch etliche Dokumente zum italienischen Futurismus.

Sant'Alessandro

Zwischen Bischofspalast und Seminargebäude führt ein Weg steil aufwärts zu zwei kleinen Kirchen und einer von Bäumen überschatteten Aussichtsterrasse, von der sich eine vortreffliche Sicht über Florenz ergibt. Innerhalb der kleinen Parkanlage erinnert ein Denkmal an die im Ersten Weltkrieg gefallenen Soldaten, ein anderes an drei Carabinieri, die 1944 von den Nationalsozialisten getöten wurden.

Oberhalb der Aussichtsterrasse steht die vermutlich schon im 3. Jh. gegründete Kirche Sant'Alessandro (urspr. San Pietro in Gerusalemme), die dem Fiesolaner Bischof Alexander geweiht ist. Sie erhebt sich über einem alten etruskischen Tempel, der später durch einen römischen Bacchustempel ersetzt worden ist. Zu Beginn des 6. Jh.s soll Theoderich d. Gr. den Bau in eine christliche Kirche umgewandelt haben, die im Laufe der Zeit mehrfach umgestaltet wurde.

San Francesco

Schräg gegenüber der Kirche Sant'Alessandro ragt die Klosterkirche San Francesco auf, ein Bau des 14. Jh.s, der 1407 den Franziskanern überlassen wurde. Die Kirche wurde im Jahre 1905 weitgehend erneuert. Beachtenswert sind neben dem Kircheninneren mit wertvollen Kunstschätzen ein Missionsmuseum und die idyllischen Klosterkreuzgänge.

Vom Vorplatz des Klosters San Francesco führt ein Weg in den Stadtpark (Giardini Pubblici), durch den man wieder hinab zum Zentrum von Fiesole gelangt.

Villa Medici

Auf der Strada Vecchia Fiesolana, die von Fiesole südwestlich abwärts führt, erreicht man die Villa Medici (auch 'Belcano' oder 'Il Palagio di Fiesole' genannt), die der Architekt Michelozzo 1458 – 1461 für Cosimo den Älteren erbaute. Die Pazzi-Verschwörer planten zunächst hier die Ermordung der Bürder Lorenzo und Giuliano de' Medici, bis sie den → Duomo Santa Maria del Fiore für günstiger befanden (1478).
(Besichtigt werden kann die Villa nur nach Voranmeldung, im Rahmen von organisierten Führungen, Auskünfte erteilt die Touristeninformation.)

San Domenico di Fiesole

Nur gut 1 km südwestlich von Fiesole und unmittelbar an der Stadtgrenze von Florenz (Panoramablick) liegt die Häusergruppe San Domenico di Fiesole (148 m ü.d.M.). Beachtung verdient hier die Kirche San Domenico (1406 – 1435; im 17. Jh. umgebaut) mit reich geschmücktem Inneren; in der ersten Kapelle links ein schönes Altarbild von Fra Angelico (um 1430).

Badia Fiesolana

Nordwestlich unterhalb (auf 123 m ü.d.M.) von San Domenico liegt die Badia Fiesolana, wo sich bis 1026 die Kathedralkirche von Fiesole befand (danach der Dom). Nachdem zunächst Kamaldulensermönche die Kirche samt einem Kloster (Badia = Abtei) neu aufgebaut hatten, kam die Anlage an den Orden der Benediktiner. Während der Renaissance gestaltete man Kloster und Kirche wiederum neu; an der Kirchenfassade sind romanische Teile aus dem 12. Jh. erhalten. In der Badia Fiesolana ist seit 1976 das internationale Hochschulinstitut 'Università Europea' untergebracht.

Palast im Forte di Belvedere

Fonte del Nettuno

→ Piazza della Signoria

Forte (Fortezza) di Belvedere (auch Forte di San Giorgio) **J 7**

Lage
Costa di S. Giorgio

Buslinien
3, 11, 15, 31, 32, 36, 37

Öffnungszeiten
Tgl. 9.00–20.00
(im Winter
bis 18.00)

Die Forte di Belvedere oberhalb von Florenz auf dem linken Arno-Ufer erreicht man am besten zu Fuß durch den → Giardino di Boboli. Großherzog Ferdinando I. ließ die mächtige Festung von dem Architekten Buontalenti (1590–1595) wahrscheinlich nach Entwürfen des Giovanni de'Medici ausführen. Sie sollte ihm und seiner Familie Schutz gewähren sowie einen sicheren Hort für die ihnen gehörenden Reichtümer darstellen. Innerhalb der Festungsmauern befindet sich ein kleiner Palast, auch er von Buontalenti entworfen, der heute für Wechselausstellungen genutzt wird. Dem Besucher der sternförmigen Bastion neben der → Porta San Giorgio, dem Stadttor des hl. Georg, bietet sich ein herrlicher, weiter Blick über die Stadt.

Fortezza da Basso (oder di San Giovanni Battista) **H/J 4**

Lage
Viale Filippo
Strozzi

Buslinien
4, 8, 14, 15, 19, 20, 28

Die ausgedehnte fünfseitige Festung neben dem Hauptbahnhof, die heute als Kaserne und Ausstellungsgebäude dient, wurde 1534 von Antonio Sangallo dem Jüngeren entworfen, der Bau unter Leitung von Pier Francesco da Viterbo und Alessandro Vitelli (1534/1535) ausgeführt. Alessandro de'Medici wollte mit dieser Bastion nach seiner Rückkehr in die Stadt seine Macht demonstrieren und festigen.

✳✳Galleria dell'Accademia (Kunstmuseum der Akademie)   **K 5**

Bei der ehemaligen Kirche San Matteo und in den weiten Räumen des Spitals des hl. Matthäus liegt die "Akademie", die Galleria dell'Accademia, 1784 von Großherzog Pietro Leopoldo I. von Lothringen als Künstlerschule gegründet.

Sie beherbergt heute in Ergänzung zu den anderen berühmten Gemäldesammlungen von Florenz (Galleria degli Uffizi → Palazzo degli Uffizi und → Palazzo Pitti) wichtige Gemälde der florentinischen Schule vom 13. bis 16. Jahrhundert. Ihre besondere Bedeutung erfährt die Galerie jedoch durch die herausragende Sammlung von Werken Michelangelos, die erst Ende des 19. bzw. in den ersten Jahrzehnten des 20. Jh.s in den Besitz der Akademie gelangten.

Werke der florentinischen Kunst des frühen 16. Jh.s; u.a. Perugino, Filippino Lippi und Fra Bartolomeo della Porta. Zudem steht hier ein Originalgipsabguß des "Raubs der Sabinerin" von Giambologna.

Nirgendwo sonst als in der Accademia kommt man dem Schaffensprozeß des Bildhauers Michelangelo so nahe. In der Galleria del David stehen vier unvollendete Figuren der Gefangenen, die Michelangelo für das Grab des Papstes Julius II. in Rom anzufertigen plante. Er arbeitete zwischen 1519 und 1536 an insgesamt sechs Statuen, konnte sie jedoch nicht vollenden. Nach seinem Tod wurden sie im → Giardino di Boboli aufgestellt (deshalb auch "Boboli-Sklaven" genannt). Vier dieser Figuren gingen 1909 in den Besitz der Akademie über: der "Erwachende", der "Bärtige", der "Junge" und der "Atlas" genannte Gefangene (die beiden anderen im Louvre in Paris).

Lage
Via Ricasoli 60

Buslinien
1, 6, 7, 10, 11, 15, 17, 20, 25

Öffnungszeiten
Di. – Sa.
9.00 – 19.00; So., Fei. 9.00 – 13.00

Erdgeschoß
Salone del Colosso

Galleria del David

PIANO TERRA

PRIMO PIANO

Galleria dell'Accademia

Kunstmuseum der Akademie

Galleria dell'Accademia

Erdgeschoß,
Galleria del David
(Fortsetzung)

Ebenfalls unvollendet blieb die Figur des hl. Matthäus, den Michelangelo 1505/1506 meißelte. Er sollte ebenso wie elf weitere nie geschaffene Apostelstatuen im Dom von Florenz aufgestellt werden. Der Block, aus dem die Figur herausgehauen wurde, ist deutlich flacher als die der Gefangenen: die Statue war für die Betrachtung in Frontansicht konzipiert.

Ob die in diesem Saal aufgestellte Pietà von Palestrina tatsächlich von Michelangelo stammt, wurde in letzter Zeit wegen einiger Unausgewogenheiten bezweifelt, möglicherweise wurde sie von einem der Anhänger Michelangelos unter Anleitung des Meisters geschaffen.

Tribuna del David

Den ersten Platz unter allen Skulpturen Michelangelos nimmt der "David" ein. Die Florentiner entfernten ihn 1873 von seinem ursprünglichen Platz auf der → Piazza della Signoria wegen der Unbilden der Witterung (Spuren der Wetterschäden noch sichtbar), ersetzten ihn dort durch eine Kopie und stellten das Original hier auf. Ganz sicher ist die Skulptur allerdings auch im Museum nicht: Im September 1991 zerstörte ein Besucher eine Zehe des "David" (originalgetreu rekonstruiert).

Mit 26 Jahren hatte sich Michelangelo eines riesigen, doch als verhauen und wegen seiner unglücklichen Proportionen (mehr als 4 m hoch, doch wenig 'tief') als unbrauchbar geltenden Marmorblocks angenommen und von 1501 bis 1504 eine Figur von jugendlicher Kraft und Schönheit geschaffen, den "David", der nach den Worten der Bibel als Hirt für das israelische Volk den aussichtslos scheinenden Kampf gegen den Riesen Goliath bestand. Schon Michelangelos Zeitgenossen rühmten die Plastik: die vollendete Harmonie des Körpers, die edle Haltung des Kopfes, den wachen Ausdruck des Gesichts, die Gespanntheit des in den Kampf Ziehenden und die Ruhe des künftigen Siegers. Der David wurde zum Symbol des Freiheitssinnes in Florenz, des unbändigen Unabhängigkeitsdranges seiner Bürger und ihrer politischen Vertretung, der Signoria. Bei den Unruhen in der Stadt 1527 (Vertreibung der Medici) ging der linke Arm des David in Stücke; diese wurden jedoch gefunden und zusammengefügt.

Galleria del David im Kunstmuseum der Akademie

Rechts vom David bewahrt ein von Daniele da Volterra geschaffenes Bronzeporträt die Züge Michelangelos.

Ebenso wie die Wände der Galleria waren die der Tribuna del David früher mit kostbaren Gobelins des 16. Jh.s geschmückt. Wegen ihres bedenklichen Erhaltungszustandes wurden sie jedoch bei der umfassenden, Mitte der achtziger Jahre erfolgten Neuordnung des Museums entfernt und wurden in der Tribuna nun durch florentinische Gemälde des 16. Jh.s ersetzt (u.a. Arbeiten von Alessandro Allori, Stefano Pieri und Santi di Tito).

Erdgeschoß, Tribuna del David (Fortsetzung)

In den drei 'Florentinischen Sälen' hängen Bilder des 15. Jh.s. Im ersten Saal steht die sogenannte Adimari-Truhe, deren Vorderseite einen eleganten Hochzeitszug des 15. Jh.s darstellt. In diesem länglichen Truhentypus bewahrte man im 15. Jh. Kleider auf. Besondere Beachtung verdient im zweiten Saal eine "Madonna" von Sandro Botticelli, die bald nach 1470 entstanden sein muß. Ebenfalls Botticelli wird im dritten Saal die "Madonna del Mare" zugeschrieben (um 1470). Ein Vergleich mit der Madonna in Saal 2 zeigt jedoch deutliche Unterschiede: die "Madonna del Mare" ist bedeutend zarter im Ausdruck, die Umrisse treten stärker zurück.

Sale Fiorentine

In den 'Byzantinischen Sälen' werden die ältesten Gemälde der Akademie-Sammlungen aufbewahrt, sie stammen aus der 2. Hälfte des 13. Jh.s und aus dem 14. Jahrhundert. Im ersten Saal findet man hier eines der bedeutendsten Werke des Museums, den "Baum des Lebens" von Pacino di Bonaguida (um 1310). Dargestellt ist die Kreuzigung Christi an einem Baum mit zwölf Ästen, darunter die Genesis von der Schaffung des Menschen bis zur Vertreibung aus dem Paradies und im oberen Feld des Werkes die himmlischen Heerscharen, Heilige, Christus und die Jungfrau Maria. Im zweiten und dritten der Byzantinischen Säle hängen u.a. Werke von Taddeo Gaddi, einem der bedeutendsten Maler des 14. Jh.s.

Sale Bizantine

Im 'Toskanischen Saal' sind Arbeiten von Mitgliedern der Accademia delle Belle Arti des 19. Jh.s ausgestellt sowie Gipsmodelle der Bildhauer Lorenzo Bartolini (1777–1850) und Luigi Pampaloni (1791–1847). Nach diesen Modellen wurden später die Marmorversionen geschaffen.

Salone delle Toscane

In den Räumen des Obergeschosses, die erst seit 1985 zugänglich sind, wird in Ergänzung der Byzantinischen und Florentinischen Säle florentinische Kunst vom Ende des 14. bis zur Mitte des 15. Jh.s gezeigt.

Obergeschoß

Galleria d'Arte Moderna

→ Palazzo Pitti

Galleria Corsini

→ Palazzo Corsini

Galleria Palatina oder Pitti

→ Palazzo Pitti

Galleria dello Spedale degli Innocenti

→ Spedale degli Innocenti

Galleria degli Uffizi

→ Palazzo degli Uffizi

*Giardino di Boboli (Boboli-Garten)
H/J 7

Lage
Piazza Pitti

Buslinien
3, 11, 13, 15, 31,
32, 36, 37, 38, 42

Öffnungszeiten
Di. – So.
9.00 – 19.30
(Nov. – Febr. bis
16.30; März, Okt.
bis 17.30; April,
Mai, Sept. bis
18.30)

Hinter dem → Palazzo Pitti (dort befindet sich auch einer der Eingänge), zwischen dem → Forte di Belvedere und der → Porta Romana, erstreckt sich auf einer Fläche von 45 000 m² der Boboli-Garten, eine ausgedehnte, am Hang angelegte Parkanlage. Nachdem Cosimo I. 1549 den Pitti-Palast erworben hatte, wurde auch das angrenzende Areal angekauft, das zuvor teilweise der Familie der Boboli oder Bobolini – daher der Name – gehört hatte. Die Arbeiten an dem Park wurden von Niccolò Pericoli (genannt "Tribolo" = der Geplagte) zwischen 1550 und 1560 begonnen, von Bernardo Buontalenti weitergeführt (1585 – 1588) und von Alfonso Parigi d. J. zu Ende gebracht (1628 – 1658).

In dem zu weiten Spaziergängen einladenden Garten, der zu den schönsten klassischen Anlagen dieser Art zählt, trifft man auf verschiedene Sehenswürdigkeiten, zudem bietet sich, vor allem von der Terrasse des hochgelegenen 'Kaffeehauses', ein schöner Blick auf die Stadt am Arno.

1 Palazzina Meridiana	7 Kaffeehaus	12 Kavaliersgarten	18 Marini-Garten
2 Bacchus-Brunnen	8 Amphitheater	13 Lavendel-Garten	19 Ananas-Garten
3 Buontalenti-Grotte	9 Neptun-Brunnen	14 Kastanienwiese	20 Orangerie
4 Jupiter-Garten	10 Statue der	15 Korkeichen	21 Säulenwiese
5 Damengarten	Abbondanza	16 Meridiana-Garten	
6 Kleine Grotte	11 Porzellan-Museum	17 Garten der Sternwarte	E Eingang

Fontana del Bacco

Nordöstlich des Palazzo Pitti steht der nach 1560 geschaffene Bacchus-Brunnen (Fontana del Bacco). Seine Figur stellt den Hofzwerg Cosimos I. dar, der auf einer Schildkröte reitet.

Grotta del
Buontalenti

Die in unmittelbarer Nähe des Brunnens befindliche Grotte wurde von Buontalenti 1583 – 1588 gestaltet (Abb. S. 42). Die Figuren in den Nischen rechts und links des Eingangs zeigen Ceres und Apollo. Im Innern der Grotte stellt man fest, daß es sich bei den vermeintlichen Stalaktiten um Figuren von Hirten und Schafen handelt. Sie wurden einstmals von Wasser umrieselt. In den Ecken der Grotte ließ Cosimo I. die vier "Gefangenen" des Michelangelo aufstellen, sie wurden zu Beginn des 20. Jh.s durch Gipsabgüsse ersetzt (Originale in der → Galleria dell'Accademia).

Boboli-Garten: Bacchus-Brunnen ... | *... und Skulptur am Piazzale del Isolotto*

Das Amphitheater gegenüber der Südostfassade des Palazzo Pitti wurde 1618 von Giulio und Alfonso Parigi erbaut (1700 umgebaut) und diente in früheren Zeiten den Großherzögen als Veranstaltungsort prächtiger Feste. Der Obelisk stammt aus Ägypten, das Granitbecken aus Rom.

Amphitheater

Auf halber Höhe des Boboli-Gartens liegt das 'Kaffeehaus', auch im Italienischen so genannt, da das Gebäude für den habsburgisch-lothringischen Großherzog Peter Leopold (den späteren Kaiser Leopold II.) von Zanobi del Rosso 1776 errichtet wurde. Von der Terrasse des Gebäudes bietet sich ein imposanter Blick über Florenz.
Nahe dem Kaffeehaus befindet sich ein Ein- bzw. Ausgang des Boboli-Gartens, von hier erreicht man in wenigen Minuten das → Forte di Belvedere.

Kaffeehaus

Unweit oberhalb des Kaffeehauses prunkt der Neptun Brunnen. Die Anlage stammt von Stoldo Lorenzi (1565). Neptun steht auf einem Fels, umgeben von Tritonen und Sirenen.

Neptun-Brunnen

Noch einige Meter höher erhebt sich am südöstlichen Parkrand die Kolossalstatue der Abbondanza (des Überflusses); begonnen von Giambologna, wurde sie von Pietro Tacca 1636/1637 fertiggestellt.

Kolossalstatue
der Abbondanza

Nur wenige Schritte südwestlich der Statue befindet sich der Zugang zum Giardino del Cavaliere und zum Museo delle Porcellane. Bei dem 'Kavaliersgarten' handelt es sich um eine Terrasse oberhalb der Befestigungsanlage. Hier wurden einst Seidenraupen gezüchtet und die ersten Kartoffeln in Italien angebaut. Ein Affenbrunnen ziert die Anlage.

Giardino
del Cavaliere

Im Palazzina del Cavaliere (im 18. Jh. errichtet) ist seit 1973 das Porzellanmuseum untergebracht. Es zeigt italienische, französische und deutsche Porzellane sowie eine Sammlung aus Wien, früher im Besitz der lothrin-

Museo delle
Porcellane

Boboli-Garten: Piazzale del Isolotto

Giardino di Boboli (Fortsetzung)	gisch-österreichischen Großherzöge der Toskana (Besichtigung derzeit nur nach Voranmeldung, Tel. 21 25 57).
Viottolone	Die so genannte Allee führt steil hinab zum Piazzale del Isolotto. Sie ist eindrucksvoll von Zypressen, Steineichen und Pinien gesäumt.
Piazzale del Isolotto	In der Mitte des elliptischen Platzes (1618 angelegt) steht ein Brunnen, dessen zentrale Figur, die Statue des Okeanos, von Giambologna geschaffen wurde (Kopie; Original im Museo Nazionale del Bargello, → Palazzo del Bargello). Die Skulpturen zu Füßen des Okeanus stellen die Flüsse Nil, Ganges und Euphrat dar.
Palazzina della Meridiana	In der an den Palazzo Pitti grenzenden Palazzina della Meridiana (Zugang über den Boboli-Garten) haben die Galleria del Costume und die Collezione Contini Bonacossi (→ Praktische Informationen, Museen) ihren Sitz. Mit dem Bau des klassizistischen Palastes, dessen Hauptfassade zum Garten hin ausgerichtet ist, wurde 1776 begonnen, zu Beginn des 19. Jh.s wurden erhebliche bauliche Erweiterungen vorgenommen. Bis zum Ende der italienischen Monarchie hielt sich die italienische Königsfamilie wiederholt in der Palazzina della Meridiana auf. Heute ist der Palast wieder mit Möbeln und Gemälden ausgestattet, die sich bereits im 19. Jh. dort befanden, eine vollkommene Rekonstruktion konnte jedoch nicht erzielt werden.

Impruneta

Lage 13 km südlich	Wer sich zu einer Fahrt durch das südlich von Florenz gelegene hügelige Chianti-Gebiet entschließt, sollte auch in Impruneta Station machen. Das Städtchen mit seinen ca. 15 000 Einwohnern lebt vorwiegend von metall-

verarbeitender und chemischer Industrie. Bekannt ist es daneben für seine Keramik- und Töpferwerkstätten.

Impruneta
(Fortsetzung)

Im Ortszentrum erhebt sich die Basilika Santa Maria dell'Impruneta aus dem 11. Jahrhundert. Sie wurde im 14. und 15. Jh. erneuert und mit Mauern und Türmen umgeben. Im Zweiten Weltkrieg erlitt die Kirche schwere Beschädigungen.

Im Innern sind beachtenswert: zwei reichverzierte Altaraufbauten (Ädikula) des Michelozzo (1453 – 1456), die dem der Kirche → Santissima Annunziata in Florenz ähnlich sehen, die Cappella della Croce, deren Altarbild Luca della Robbia schuf, und die Cappella della Madonna, die ebenfalls mit Werken von Luca della Robbia geschmückt ist.

Santa Maria
dell'Impruneta

Loggia del Bigallo (Museo del Bigallo) J 5

Dieses typische Bauwerk der Spätgotik – neben → Duomo und → Battistero gelegen – wurde von der Gesellschaft der Barmherzigen Brüder (Compagnia della Misericordia) in Auftrag gegeben, um hier verirrte oder ausgesetzte Kinder zur Adoption 'auszustellen'. Die marmorne Loggia und der kleine Palast, die ihr gehört, wurden 1353 – 1358 erbaut (vermutlich von Ambrogio di Renzo). Im Jahre 1445 malten Ventura di Moro und Rossello di Jacopo Franchi den Streifen unterhalb der Doppelbögen mit Fresken aus, Szenen aus dem Leben des Märtyrers Petrus, die allerdings heute nur noch als Kopien zu sehen sind. Die Originale werden u. a. im Ratsaal im Innern des Palastes aufbewahrt, wo weiterhin Werke Florentiner Künstler aus dem 14. und 15. Jh. zu sehen sind (derzeit nicht zugänglich).

Lage
Piazza S. Giovanni

Buslinien
1, 6, 7, 11, 13, 14, 15, 17, 18, 23

**Loggia dei Lanzi J 6

"Lanzichenecchi" wurden die deutschen Landsknechte in Italien genannt. Sie gaben auch der Vorhalle am Hauptplatz von Florenz ihren Namen, weil sie dort als Wachtposten dienten. Die frühere Loggia della Signoria oder dell'Orcagna (nach dem vermutlichen Architekten und bedeutenden Künstler Orcagna) wurde von 1376 bis 1382 unter der Bauleitung von Benci di Cione und Simone di Francesco Talenti errichtet. Ihre Maße sind genau auf die Maße des → Palazzo Vecchio abgestimmt.

Die Arkadenhalle, eines der schönsten Beispiele der Florentiner Gotik, diente der Republik für offizielle Zeremonien: Hier wurden Botschafter und Fürsten empfangen, die Priore und der Gonfaloniere eingesetzt. Mit Auflösung der Republik ging diese politische Aufgabe verloren, die Loggia besaß nur mehr dekorative Funktion. Nach ihrer Restaurierung im letzten Jahrhundert übernahm sie wiederum ihre ursprüngliche offizielle Bestimmung; auch heute wird sie bei festlichen Anlässen mit Teppichen und Girlanden geschmückt.

Außen über den Rundbögen zeigen Tafeln allegorische Figuren der Kardinal- und theologischen Tugenden, von verschiedenen Künstlern nach Entwürfen von Agnolo Gaddi (1384 – 1389) gestaltet. Auf dem Dach befindet sich eine Terrasse mit Zugang zu den Galerien der Uffizien (→ Palazzo degli Uffizi).

Lage
Piazza della Signoria

Buslinien
3, 13, 14, 15, 18, 19, 23, 31, 32

Derzeit nicht zugänglich

Im Innern der Halle sind bedeutende Werke der Bildhauerkunst zu bewundern: rechts und links neben dem Eingang zwei Löwen, einer aus der Zeit der griechischen Klassik, der andere eine Kopie aus dem 16. Jh.s (Vacca).

Geht man im Uhrzeigersinn durch den Raum, so fällt zunächst die Bronzestatue des "Perseus" ins Auge. Es handelt sich dabei um ein Meisterwerk Benvenuto Cellinis (1545 – 1554), das durch die Grausamkeit des Themas, die Feinheit der Ausführung und die Sicherheit der Komposition beeindruckt. In der Mitte der Querseite dann der "Raub der Polyxena", eine

Arkadenhalle

Loggia di Mercato Nuovo

Loggia dei Lanzi,
Arkadenhalle
(Fortsetzung)

Marmorgruppe von Pio Fedi (1866), gefolgt von antiken weiblichen Statuen an der Längswand (stark restauriert). In der Mitte der nächsten Querseite wiederum eine Marmorgrupe "Herkules kämpft mit dem Kentauren Nessos", die Giambologna 1599 schuf. An der Längsseite eine weitere Kostbarkeit: "Der Raub der Sabinerin", eine bewegte Marmorgruppe, ebenfalls von Giambologna (1583); der Titel, heißt es, sei dem Werk erst später gegeben worden, so daß der Künstler offenbar vor allem seine Kunst und sein Können am Thema der jungen männlichen Kraft, der weiblichen Schönheit und des Alters demonstrieren wollte.

*Loggia di Mercato Nuovo (Loggia des Neuen Marktes) J 6

Lage
Via di Porta Rossa

Buslinien
3, 6, 11, 13, 14,
15, 16, 18, 19, 23,
31, 32, 36, 37

In der Loggia di Mercato Nuovo, die von Giovanni Battista del Tasso 1547–1551 errichtet wurde und in der früher vornehmlich Seidenhändler und Goldschmiede verkehrten, werden heute (täglich außer sonntags) Erzeugnisse des Florentiner Kunsthandwerks angeboten. Die nach allen Seiten hin offene Halle wird von 20 Säulen getragen. Eine Marmorplatte in der Mitte der Loggia bezeichnet die Stelle, an der bankrott gegangene Händler sich früher den Schlägen und dem Spott der Öffentlichkeit hingeben mußten.

Fontana del
Porcellino

An der Südseite der Loggia des Neuen Marktes steht die "Fontana del Porcellino", der Brunnen des Schweinchens, wie das Bronzewildschwein von Pietro Tacca (1612; Kopie einer in den Uffizien bewahrten römischen Marmorskulptur) im Volksmund genannt wird; in den Brunnen werfen Touristen Münzen mit dem Wunsch, nach Florenz zurückzukehren.

Loggia del Pesce (Fischhalle) L 6

Lage
Piazza dei Ciompi

Buslinien
13, 14, 19, 23

Ebenso wie die → Loggia di Mercato Nuovo wurde die Loggia del Pesce nicht als Bestandteil eines Bauwerks sondern als eigenständiges Gebäude errichtet. Die Pläne für die Loggia stammen von Vasari (1567). Ursprünglich war die Fischhalle Bestandteil des Alten Marktes auf der heutigen Piazza della Repubblica, erst Ende des 19. Jh.s erhielt sie ihren neuen Standort an der Piazza dei Ciompi, auf der der Flohmarkt abgehalten wird.

Loggia di San Paolo H 5

Lage
Piazza Santa
Maria Novella

Buslinien
31, 32, 36, 37

Gegenüber der Kirche → Santa Maria Novella, im Süden des Platzes, erstreckt sich die Loggia di San Paolo, deren Bau 1466 der Leiter des Ospedale di San Paolo anregte und deren Architektur sich stark an die Loggia degli Innocenti (die Vorhalle des Findelhauses) von Brunelleschi anlehnt (Säulen 1789 ersetzt). Sie ist ebenfalls mit Terrakotta-Medaillons geschmückt, Arbeiten der Florentiner Andrea und Giovanni della Robbia.

Medici-Kapelle

→ San Lorenzo, Cappelle Medicee

Medici-Villen

→ Ville Medicee

Michelangelo-Haus

→ Casa Buonarroti

*Monti del Chianti

Eine Fahrt durch die Monti del Chianti gehört zu den reizvollsten Land-
schaftseindrücken, die Italien zu bieten hat. Das Hügelland erstreckt sich
mit seinen Weingärten, Olivenhainen und Wäldern von Steineichen, Eichen
und Kastanien zwischen Florenz im Norden und Siena im Süden, zwischen
dem Tal des Arno und dem des Ombrone. Will man vor allem die Landschaft genießen und nur wenige Sehenswürdigkeiten besichtigen, so kann
man das Gebiet in einem Eintagesausflug gut erkunden. Die Staatsstraße
222 (Via Chiantigiana) schlängelt sich in unzähligen Windungen durch die
bekannte Weinregion (→ Praktische Informationen, Wein). Vielerorts bieten Weingüter ihre Erzeugnisse an und laden zum Probieren ein.
Verbinden läßt sich eine Fahrt durch das Chianti-Gebiet mit einer Besichtigung des → Certosa del Galluzzo. Man verläßt Florenz auf der nach Siena
führenden Straße (auf der Via Senese), nach ca. 5 km biegt rechts die
Zufahrtsstraße zum Kloster ab. Nächste Station ist das unweit südlich
gelegene Städtchen → Impruneta, im Ort zweigt eine Straße in östlicher
Richtung ab, die bei der Häuseransammlung Strada in Chianti auf die
Staatsstraße 222 stößt. Ihr folgt man nun in südlicher Richtung. Nach gut
10 km ist Greve erreicht, im Herzen des Chianti Classico (probieren kann
man die Weine der Region in der Enoteca del Chianti Classico). Stim-
mungsvoll im Ort ist die große, von Bogengängen gesäumte Piazza.
Auch hinter Greve präsentiert sich die Landschaft ausgesprochen male-
risch. Nach ca. 20 km bietet sich von der mittelalterlichen Festung in

Lage
südlich von
Florenz

Fontana del Porcellino beim Neuen Markt

Monumento di Carlo Goldoni

Monti del Chianti (Fortsetzung)	Castellina nochmals eine berauschende Aussicht auf die Monti del Chianti. Für die Rückfahrt benutzt man am besten die von Castellina in Chianti westwärts zur Autobahnauffahrt Poggibonsi führende Straße, über die Autobahn Siena – Florenz ist die Metropole am Arno dann schnell wieder erreicht.

Monumento di Carlo Goldoni (Carlo-Goldoni-Denkmal)   H 6

Lage Piazza Goldoni	Das Denkmal für den berühmten italienischen Dramatiker Carlo Goldoni (1707–1793; Abb. S. 83), von Ulisse Cambi 1873 errichtet, markiert den nach dem venezianischen Lustspieldichter benannten Platz am Arno, auf den insgesamt sieben Straßen zulaufen.

Museo dell'Antica Casa Fiorentina

→ Palazzo Davanzati

*Museo Archeologico Centrale dell'Etruria   K 5
(Archäologisches Museum)

Lage Via della Colonna 36	Das bedeutendste archäologische Museum des nördlichen Italien, 1870 gegründet, beherbergt vor allem Funde aus den etruskischen Siedlungsgebieten Italiens, daneben ägyptische, griechische und römische Altertümer. Hier fanden Sammlungen Aufnahme, die schon von den Medici begonnen worden waren. Es ist beheimatet im Palazzo della Crocetta, erbaut 1620 für die Großherzogin Maria Magdalena von Österreich. Das Museum gliedert sich in Topographisches Museum Etruriens (Museo Topografico dell'Etruria), Ägyptisches Museum und Museum für etruskische, griechische und römische Altertumskunde (Antiquarium Etrusco-Greco-Romano).
Buslinien 1, 6, 7, 10, 11, 15, 17, 20, 25	
Öffnungszeiten Di. – Sa. 9.00 – 19.00; So., Fei. 9.00 – 13.00	
Museo Topografico dell'Etruria	Das Topographische Museum zeigt eine Sammlung von Funden aus Etrurien, die eine genaue Vorstellung vor dem hohen Zivilisation und dem kultivierten Leben der Etrusker geben (vielfarbiger Sarkophag der Larthia Seianti, zwischen 217 und 147 v.Chr. aus Martinella bei Chiusi). Rekonstruktionen von Gräbern und Grabdenkmälern befinden sich im Garten.
Ägyptisches Museum	Das Ägyptische Museum, das zweitwichtigste seiner Art nach dem von Turin, zeigt Statuen, Büsten, Keramiken, Reliefs, Sarkophage, Mumien, Bilder und Gebrauchsgegenstände aus verschiedenen ägyptischen Dynastien, darunter einen sehr gut erhaltenen Wagen aus Holz (Zeit Ramses' I., 14. Jh. v.Chr.).
Antiquarium Etrusco-Greco-Romano	Die etruskisch-griechisch-römische Abteilung umfaßt etruskische Urnen und Sarkophage, darunter den Marmorsarkophag Ramta Uzenai aus Tarquinia; etruskische, griechische und römische Bronzen, u.a. den berühmten "Idolino", die griechische Statue eines jungen Epheben (5. Jh. v.Chr.), den "Pferdekopf", eine Bronze griechischer Kunst aus römischer Zeit, die "Chimäre", eine etruskische Bronze in der Gestalt eines Löwen mit einem Widderkopf auf dem Rücken aus derselben Zeit, und den "Stehenden Redner" (Aulus Metellus, 3. Jh. v.Chr.) sowie eine Minervastatue, die 1554 in Arezzo gefunden wurde und eine Nachbildung eines griechischen Werkes ist.
Weitere Sammlungen	Bemerkenswert sind auch das Münzkabinett mit Sammlungen in Etrurien geprägter und römischer Münzen sowie italienischer Münzen des Mittel-

Museo Archeologico

SECONDO PIANO

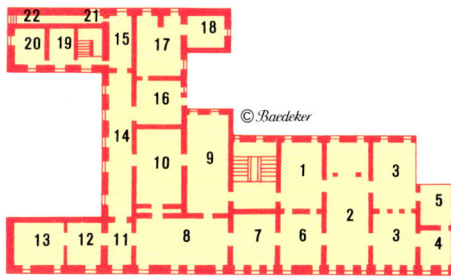

ZWEITER STOCK (SECONDO PIANO)
Antiquarium Etrusco-
Greco-Romano (Fort-
setzung)
1+2 Prähistorische
Abteilung
3–6 Gegenüberstellung italienischer und anderer
Exponate aus dem
Mittelmeerraum
7–15 Vasen diverser Herkunft.
Terrakotten und Skulp-
turen der Etrusker
16 z. Z. nicht zugänglich
17–30 Urnen der Etrusker,
Sarkophage, Grabfunde,
Wandmalereien

ERSTER STOCK (PRIMO PIANO)
1–8 Museo Egiziano
(Ägyptisches Museum):
Statuen, Reliefs, Papy-
rus, Amulette, Sarko-
phage, Mumien, Karren
aus syrischem Holz
9–22 Antiquarium Etrusco-
Greco-Romano (Museum
für etruskische, grie-
chische und römische
Altertumskunde):
Etruskische Skulpturen,
Sarkophage, Bronzearbei-
ten, Münzen, Schmuck

PRIMO PIANO

alters und der Neuzeit, die Kleinodiensammlung von Schmucksteinen mit Gläsern, Gemmen, Gold- und Silbersachen sowie die Vasensammlung mit der berühmten "Françoise-Vase", ein Werk des Klitias aus der Werkstatt des Griechen Ergotimos (6. Jh. v. Chr.).

Aufmerksamkeit verdienen zudem die etruskische Gipssammlung, die etruskische Bildergalerie, die Glyphiksammlung, die von Lorenzo Medici (dem Prächtigen) begonnen wurde, und die Prähistorische Abteilung.

Museo Archeologico Centrale dell'Etruria (Fortsetzung)

Museo degli Argenti

→ Palazzo Pitti

Museo Bardini (Bardini-Museum)   K 7

Das Bardini-Museum enthält Skulpturen, Gemälde, Möbel, Keramiken, Teppiche, Waffen u. a. aus der Antike, der Renaissance und dem Barock. Die Sammlung überließ der Kunsthändler Stefano Bardini 1923 der Stadt Florenz. Sie ist nun in dessen altem Palast aus dem 19. Jh. der Öffentlichkeit zugänglich. Beachtenswert sind eine Caritas, eine Allegorie der Liebe von Tino di Camaino und drei Bilder von Donatello; wichtig auch eine kleine Stuckarbeit (Kreuzabnahme) von Michelangelo.

Im Obergeschoß befindet sich die Gallerie Corsi, eine Kunstsammlung, die Fortunata Carobbi 1937 der Stadt schenkte. Sie zeigt Gemälde verschiedener Stilrichtungen und Epochen.

Lage
Piazza de'Mozzi 1

Buslinien
3, 13, 15, 23, 31, 32

Öffnungszeiten
Mo., Di., Do. – Sa. 9.00 – 14.00; So., Fei. 8.00 – 13.00

Museo delle Carrozze

→ Palazzo Pitti

Museo di Firenze com'era

→ Museo Storico Topografico "Firenze com'era"

Museo della Fondazione Horne (Horne-Museum)   K 6

Lage
Via dei Benci 6

Buslinien
3, 13, 15, 18, 19,
23, 31, 32

Öffnungszeiten
Mo.–Sa.
9.00–13.00

Der reiche englische Kunstkritiker Herbert Percy Horne (1864–1916) schenkte dem Staat eine wertvolle Sammlung von Gemälden, Skulpturen, Zeichnungen, Möbeln, antiken Schmuck- und Gebrauchsgegenständen, die jetzt in dem Palazzetto Horne ausgestellt sind.
Dieses Gebäude, ebenfalls dem Staat übertragen, war Ende des 15. Jh.s für die Familie der Alberti wahrscheinlich von Simone del Pollaiolo (Cronaca) errichtet worden, danach gehörte es den Corsi. Die Sammlung erlitt bei der Überschwemmung von 1966 schwere Schäden (insbesondere die im Erdgeschoß ausgestellten Exponate).
Im ersten Stockwerk werden Gemälde aus dem 14.–16. Jh. gezeigt, darunter Werke von Simone Martini, Benozzo Gozzoli, Pietro Lorenzetti, Filippino Lippi und Bernardo Daddi. Im zweiten Stockwerk sind u. a. Möbel aus florentinischen Werkstätten, Zeichnungen, Rundbilder und Terrakotten (alle Exponate aus dem 15./16. Jh.) ausgestellt.

*Museo Marino Marini (Marini-Museum)   H 6

Lage
Piazza S. Pancrazio/Via
della Spada

Buslinien
6, 11, 15, 16, 31,
32, 36, 37

Öffnungszeiten
Mo., Mi.–So.
10.00–18.00
(im Sommer:
10.00–13.00,
16.00–19.00)

In der ehemaligen Kirche San Pancrazio wurde 1988 ein Museum für den toskanischen Bildhauer, Maler und Graphiker Marino Marini (1901–1980) eingerichtet. Es ist das erste Museum in Florenz, das der modernen Kunst gewidmet ist.
Die Fassade der mehrfach umgebauten Kirche stammt im wesentlichen aus dem 14. Jh.; daneben verraten etliche Bauelemente die Urheberschaft des Architekten Alberti, der im Auftrag der Familie Rucellai zwischen 1457 und 1467 bauliche Veränderungen vornahm und auch die Cappella Rucellai errichtete. Für diesen Grabbau nahm sich Alberti das Heilige Grab in Jerusalem zum Vorbild. Nachdem die Kirche lange Jahre als Tabakfabrik und zuletzt als Militärdepot gedient hatte, begann man zu Beginn der achtziger Jahre unter Leitung der namhaften Architekten Lorenzo Papi und Bruno Sacchi mit dem Umbau der Kirche. Die Architekten schufen einen Bau, der mit seiner Verflechtung von Treppen und Galerien sowie durch das Zusammenwirken von Holzverkleidungen, Gußbeton und Eisenverstrebungen einen äußerst gelungenen Rahmen für die ausgestellten Kunstwerke bietet.
Im Museum zu sehen sind 176 Skulpturen, Gemälde, Zeichnungen und Graphiken von Marini, der viele seiner Werke bereits vor seinem Tode der Stadt Florenz überließ. Sie stammen, angefangen mit dem Gemälde "Die Jungfrauen" von 1916, aus allen Schaffensperioden und Themenkreisen des Künstlers. In diversen Variationen vertreten sind natürlich die Reiterstandbilder Marino Marinis. Während die frühen Arbeiten die Pferde meist in Harmonie mit dem Menschen zeigen, so sind es seit Ende der vierziger Jahre vorwiegend Tiere, die sich aufbäumen und sich ihres Reiters zu entledigen suchen. Bevorzugte weibliche Figur Marinis ist die der 'Pomona', eine voluminöse Darstellung einer Fruchtbarkeitsgöttin, daneben schuf er vor allem Gestalten von Tänzerinnen und Gauklern.

Museo Nazionale del Bargello

→ Palazzo del Bargello

✳✳Museo dell'Opera del Duomo K 5
(Museo di Santa Maria del Fiore; Dommuseum)

Für die Ausstattung des Domes mit Campanile (→ Duomo Santa Maria del Fiore) und des Baptisteriums (→ Battistero) schufen eine Vielzahl von Künstlern bedeutende Werke, Skulpturen, Gold- und Silbergeräte, Stickereien und Webarbeiten. Diese Objekte konnten ihren Platz an den Gebäuden und im Innern aus Witterungsgründen und aus Gründen der Sicherheit nicht behalten. Schon früh wurden sie an einem geschützten Ort aufbewahrt. Seit 1891 befinden sie sich im Dommuseum. In diesem Gebäude hatte zunächst im 15. Jh. die Dombauhütte ihren Sitz, hier befanden sich Künstlerateliers und Werkstätten für die Handwerker.

Über dem Portal des Museo dell'Opera del Duomo (so genannt nach den Dom-Bauarbeiten) ist eine Büste des Großherzogs Cosimo I. (1572, von Giovanni Bandini dell'Opera) angebracht.

Lage
Piazza del
Duomo 9

Buslinien
1, 6, 7, 11, 13, 14,
15, 17, 18, 23

Öffnungszeiten
Mo. – Sa.
9.00 – 18.00 (im
Sommer bis 19.30)

In der Vorhalle befindet sich u. a. eine Büste von Brunelleschi, dem Schöpfer der Domkuppel.

Erdgeschoß
Vorhalle

In diesem Saal (am Eingang befindet sich eine Markierung, die den Wasserstand des Arno am 4. November 1966 anzeigt) sind Statuen zu sehen, die einst die Domfassade schmückten und vor deren Abriß (1587) entfernt wurden, sowie eine Zeichnung aus der zweiten Hälfte des 16. Jh.s, die die alte Fassade des → Duomo Santa Maria del Fiore zeigt (rechts vom Eingang). Zu den bedeutendsten Arbeiten gehören ferner: an der linken Längswand die Statue des hl. Lukas (von Nanni di Banco), die Statue des Evangelisten Johannes (von Donatello) und die Statue des hl. Matthäus (von Bernardo Ciuffagni); an der linken Querwand die Statue des Papstes Bonifatius VIII. (von Arnolfo di Cambio). An der dem Eingang gegenüberliegenden Längsseite die Statue der "S. Reparata", die Statue der "Madonna mit Kind" sowie die Statue der "Madonna della Natività" (alle Arbeiten von Arnolfo di Cambio). An der rechten Querwand die Statue "Im Grab beigesetzte Madonna" (Gipsabguß; von Arnolfo di Cambio) sowie die Statuen des hl. Augustinus und des hl. Gregorius (von Niccolò di Piero Lamberti).

**Saal der alten
Domfassade**

In dem Kleinen Saal findet man Meßbücher und kostbare Reliquiare sowie andere Gold- und Silberarbeiten aus dem Domschatz. Ebenso sehenswert im Original das Holzmodell der Laterne des Doms, das die eigenhändige Signatur Brunelleschis trägt.

Kleiner Saal

In dem an den Kleinen Saal grenzenden 'Achteck der Goldschmiede' werden Reliquien aus der Zeit von 1300 bis 1800 gezeigt.

**Achteck der
Goldschmiede**

Im Zwischenstock steht eine der berühmtesten Skulpturen der abendländischen Kunst: die Pietà des Michelangelo, eine unvollendete Marmorgruppe, die der Künstler im hohen Alter schuf. Die schlaffe, gebrochene Leblosigkeit des Christus, das in seinem Schmerz nur angedeutete Gesicht der Maria, das von Gram gezeichnete Antlitz des Joseph von Arimathia, in dem die Züge Michelangelos erscheinen, das Unvollendete der ganzen Gruppe (die linke Figur der Maria Magdalena wurde später hinzugefügt) – das zusammen bildet einen kaum noch zu steigernden Ausdruck des Todes und der menschlichen Hilflosigkeit gegenüber dem Sterben. Michelangelo zerschlug dieses Standbild, weil ihm die Qualität des Marmors nicht genügte. Sein Schüler Calcagni setzte die Stücke wieder zusammen und nahm (außer an der Christusfigur) Überarbeitungen vor.

Zwischenstock
Pietà des
Michelangelo

Dommuseum: Vorhalle und ...   *... Pietà des Michelangelo*

Erstes Stockwerk
Sala delle Cantorie

Im 'Saal der Sängerknaben' befinden sich die zwei marmornen Sänger-kanzeln, die früher den Spieltisch der Domorgeln trugen. Sie standen bis 1686 im Dom unter der Kuppel und wurden anläßlich der Hochzeit des Großherzogs Cosimo III. mit Violante Beatrice von Bayern abgebaut. Auf der linken Längsseite die Sängerkanzel des Luca della Robbia (1431 bis 1438). Auf der linken Querseite die Statue des Täufers (1423–1427) sowie die des Habakuk, genannt 'der Zuccone' (1434–1436; beide von Dona-tello). Auf der gegenüberliegenden Längsseite die Sängerkanzel des Donatello. Auf der rechten Querseite die Plastik der Opferung Isaaks durch Abraham (1421) von Donatello.

Sala delle Formelle
del Campanile
di Giotto

Im Saal der Kassettenfelder des Campanile von Giotto befinden sich die Tafeln, die zuvor die Kassettenfelder am unteren Teil des Campanile schmückten (→ Duomo Santa Maria del Fiore, Campanile) und von 1965 bis 1967 durch Kopien ersetzt wurden. Die Tafeln mit den allegorischen Figuren stammen von Andrea Pisano (die ersten zwei unteren Tafeln der rechten Längsseite, untere Reihe der rechten Querwand, untere Reihe der linken Längsseite, untere Reihe der linken Querwand), Luca della Robbia (untere Reihe der rechten Längsseite), von Künstlern aus der Schule Pisa-nos (obere Reihe der rechten Querwand, obere Reihe der linken Längs-seite, obere Reihe der linken Querwand) und Alberto Arnoldi (obere Reihe, rechte Längsseite).

Sala dell'Altare

Die größten Kostbarkeiten des Altarsaales bilden zum einen die Seiden- und Goldstickereien, die zum Parament des hl. Johannes gehören und nach einem Entwurf des Antonio Pollaiolo gefertigt wurden (linke Längs-seite), sowie der silberne Altar des → Battistero (linke Querwand), eines der schönsten Werke der Florentiner Schmiedekunst. Mit seiner Anfer-tigung im gotischen Stil wurde schon 1366 begonnen; in seinem letzten Teil wurde er in der Renaissance beendet (1480): Propheten und Sibyllen, Sze-nen aus dem Leben Johannes des Täufers und andere Darstellungen aus der Heiligen Schrift schmücken den Altar. Die weiteren Werke dieses Raumes stammen von Künstlern aus dem 14. und 15. Jh. (u. a. Giovanni della Robbia, Tino da Camaino, Giovanni di Balduccio, Giovanni Bandini und Andrea Pisano).

Derzeit werden in diesem Saal auch einzelne Tafeln der 'Paradiespforte' von Ghiberti gezeigt, die erst 1990 durch eine Kopie am → Battistero ersetzt wurde.

Museo dell'Opera del Duomo, Sala dell'Altare (Fortsetzung)

Museo dell'Opera di Santa Croce

→ Santa Croce

Museo di San Marco

→ San Marco

Museo di Santa Maria Novella

→ Santa Maria Novella

Museo Stibbert (Stibbert-Museum)   J 2

In der Villa Montughi vor der Stadt sammelte der schottische Offizier Frederik Stibbert seit 1860 Kunstschätze, die er 1906 der Stadt Florenz schenkte.

Besondere Aufmerksamkeit verdient die Sammlung alter europäischer und asiatischer Waffen, ganze Rüstungen, Helme, Schwerter, Säbel, Degen und Pulverflaschen sind hier ausgestellt. Den Höhepunkt bildet im Kavalkadensaal (Sala della Cavalcata) ein Reiterzug des 16. Jh.s mit 14 Reitern und 14 Fußsoldaten, bewaffnet und in voller Rüstung.

Doch auch die anderen Exponate – Möbel, Gemälde, Stoffe und weitere künstlerisch wertvolle Stücke – zeigen den Kunstsinn und den Geschmack des Sammlers.

Lage
Via Federico Stibbert 26

Buslinie
4

Öffnungszeiten
Mo. – Mi., Fr., Sa. 9.00 – 14.00; So., Fei. 9.00 – 12.30

Museo di Storia della Scienza

→ Palazzo Castellani

Museo Storico Topografico "Firenze com'era"   K 5
(Historisches Museum "Florenz, wie es war")

In dem alten Konvent der Oblaten (gegenüber Santa Maria Nuova) mit einem schönen Kreuzgang aus dem 15. Jh. wurde 1903 das Museum "Firenze com'era" eröffnet. Gemälde, Zeichnungen, Drucke und Fotografien geben einen Überblick über die Entwicklung der Stadt Florenz seit dem Ende des 15. Jh.s. Darüber hinaus wird das Leben der Florentiner in ihren alltäglichen Bräuchen, ihren verschiedenen Festen und bei ihren großen Prozessionen gezeigt.

Das Museum ist wochentags (außer donnerstags) von 9.00 bis 14.00 Uhr und sonn- und feiertags von 8.00 bis 13.00 Uhr geöffnet.

Lage
Via dell' Oriuolo 4

Buslinien
13, 14, 19, 23

Museo Zoologico "La Specola" (Zoologisches Museum) H 7

Lage
Via Romana 17

Buslinien
3, 11, 15, 31, 32, 36, 37

Im Palazzo Torrigiani, auch "La Specola", die Sternwarte, genannt, weil Großherzog Pietro Leopoldo 1775 hier ein astronomisches und meteorologisches Observatorium einrichtete, befindet sich das Zoologische Museum, von dem die "Sammlung der anatomischen Präparate in Wachs" besonderes Interesse verdient. Ein Großteil der Exponate wurde unwahrscheinlich naturgetreu in der Werkstatt des Clemente Susini (1754–1814) geschaffen.
Die Anatomie kann dienstags und samstags sowie an jedem zweiten Sonntag des Monats zwischen 9.00 und 12.00 Uhr besichtigt werden, die zoologische Abteilung montags, donnerstags, freitags und an jedem zweiten Sonntag des Monats zwischen 9.00 und 12.00 Uhr; im August ist das Museum geschlossen.

*Ognissanti (Allerheiligenkirche) H 5

Lage
Piazza Ognissanti

Buslinien
3, 6, 11, 16, 31, 32, 36, 37

Öffnungszeiten
Tgl. 8.00–12.00, 16.00–19.00

Die Kirche "Ognissanti" ("Zu allen Heiligen"), eine der ersten Barockkirchen von Florenz, geht zurück auf einen Bau des 13. Jh.s, wurde jedoch im 16. und 17. Jh. gänzlich erneuert; 1872 und nach der großen Überschwemmung 1966 waren Restaurierungen notwendig.
Das Äußere der Kirche beherrschen ein Relief aus glasiertem Ton, die "Krönung Mariens und Heilige", das sowohl Giovanni della Robbia als auch Benedetto Buglioni zugeschrieben wird, und der romanische Campanile. Im Innern ist der zweite Altar auf der rechten Seite mit der "Madonna della Misericordia" (Schutzmantel-Madonna) von Domenico Ghirlandaio (1470) und einem Fresko mit Pietà von Domenico und Davide Ghirlandaio (1472) beachtenswert. In der Sakristei befinden sich ein Tafelbild "Gekreuzigter" aus der Schule Giottos und ein Kreuzigungs-Fresko von Taddeo Gaddi.

Kreuzgang

Vom Querschiff und vom Platz aus (links der Kirchenfassade) hat man Zugang zum Kreuzgang des alten Klosters. Er besteht aus ionischen Säulen. Seine Fresken zeigen Darstellungen aus dem Leben des hl. Franziskus (17. Jh.).

Cenacolo del Ghirlandaio

Öffnungszeiten
Mo., Di., Sa.
9.00–12.00

Vom Kreuzgang aus gelangt man in das Refektorium mit dem "Abendmahl" des Domenico Ghirlandaio, das die gesamte hintere Wand einnimmt. Zu sehen sind hier ferner der "hl. Hieronymus im Gehäus" (1480), ebenfalls von Ghirlandaio, sowie von Sandro Botticelli das bedeutende Werk "Sankt Augustinus beim Studium".

Opificio e Museo delle Pietre Dure K 5
(Werkstätte und Museum für Einlegearbeiten in Stein)

Lage
Via degli Alfani 78

Buslinien
1, 6, 7, 10, 11, 15, 17, 20, 25

Öffnungszeiten
Mo.–Sa.
9.00–14.00

Das sogenannte Florentiner Mosaik, Einlegearbeiten von kostbaren Steinen in Stein, hat eine lange und einzigartige Tradition. Vor allem für die Fürstenkapelle von → San Lorenzo wurden tüchtige Meister benötigt, die zunächst (1588) in Läden des → Palazzo degli Uffizi arbeiteten, seit 1796 in dem Convent San Niccolò, wo diese Florentiner Spezialität hauptsächlich zu Restaurationszwecken noch heute betrieben wird.
Angeschlossen ist der Werkstätte ein interessantes Museum mit Beispielen dieser handwerklich vollendeten Kunst. Ausgestellt sind daneben Werkzeuge dieses Handwerks sowie einige besonders wertvolle Steine.

Eindrucksvolle Kirchenbauten: Ognissanti ...   *... und Orsanmichele*

✳✳Orsanmichele (San Michele in Orto; Kirche)   J 6

Die heutige Kirche, ein sehr gut erhaltener Bau des 14. Jh.s, entstand aus einem Oratorium (San Michele in Orto, der Name wurde gekürzt zu Or San Michele) und einer Verkaufs- und Lagerhalle für Getreide, in der ein Gnadenbild mit der Zeit mehr Gläubige als Käufer anzog, so daß man Ende des 14. Jh.s der frommen Bestimmung des Baus den Vorzug gab.
Die feine Gliederung der Außenmauern, die Ornamente, Bögen, Nischen, Figuren, Gesimse, die Marmorfüllungen der Fensteröffnungen und das reine Maßwerk der Pfeilerarkaden erheben die Kirche zu hohem architektonischen Rang. Die Schönheit der Architektur wird ergänzt durch bedeutende bildhauerische Werke.

In den sorgfältig und künstlerisch bearbeiteten Nischen (oder Tabernakeln) der Fassade, die von den einzelnen Zünften der Stadt in Auftrag gegeben wurden, stehen die Schutzheiligen der Zünfte.
Zur Via dei Calzaiuoli hin links "Johannes der Täufer" von Lorenzo Ghiberti (1414), die erste größere Bronzestatue der Renaissance; in der darauffolgenden Nische (von Donatello) "Christus und der ungläubige Thomas", ein Hauptwerk des Andrea del Verrocchio (um 1480); rechts "Hl. Lukas" von Giambologna (1600).
Zur Via dei Lamberti hin (Süden) "Hl. Markus", ein Jugendwerk des Donatello (1411); "Hl. Jakobus" von Lamberti (um 1422); "Madonna delle Rose" (1399, wohl von Piero di Giovanni Tedesco) und "Hl. Johannes der Evangelist" von Baccio da Montelupo (1515).
An der Westfassade der "Hl. Matthäus", die bedeutendste Großstatue Lorenzo Ghibertis (1419 – 1422), "Hl. Stephanus", ebenfalls von Ghiberti (1428) und "Hl. Eligius" von Nanni di Banco (1415).
An der Nordseite der "Hl. Petrus" von Donatello (1408 – 1413), "Hl. Philippus" (1415) sowie "Quattro Coronati" (1408), eine Gruppe von vier Mär-

Lage
Via Arte della
Lana 1

Buslinien
13, 14, 15, 18, 19, 23

Öffnungszeiten
Tgl. 8.00 – 12.00, 15.00 – 18.30

Außenansicht

91

Orsanmichele
(Fortsetzung)

tyrern (beide Werke von Nanni di Banco) und "Hl. Georg" (1418) von Donatello (Kopie, Original im → Palazzo del Bargello).

Innenraum

Das Innere der zweischiffigen Halle beeindruckt durch den Schmuck der
Fresken, Gemälde und Glasfenster. Im linken Seitenschiff (hinten) befindet
sich der Altar der hl. Anna mit der Marmorgruppe "Hl. Anna, Madonna und
Kind", die Francesco da Sangallo schuf (1526). Das rechte Schiff wird von
dem berühmten gotischen Marmor-Tabernakel des Orcagna (1349–1359)
abgeschlossen, dessen reiche Dekoration das Gnadenbild der Madonna
(von Bernardo Daddi, 1347) verherrlicht. Reliefs am Sockel zeigen Szenen
des Marienlebens (vorne) und "Tod und Himmelfahrt Mariens" mit einem
Selbstbildnis Orcagnas (hinten; 1359). Das Tabernakel wird von Engeln
und Propheten, Sibyllen, Aposteln und allegorischen Figuren der Tugenden geschmückt. Beachtenswert die Marmorschranke mit Bronzegitter,
ein Werk des Pietro Migliore (1366).

Hinweis

Durch eine Brücke ist die Kirche mit dem → Palazzo dell'Arte della Lana
verbunden; gegenüber von Orsanmichele steht die kleine Kirche → San
Carlo dei Lombardi.

Orti Oricellari (Oricellari-Gärten)   H 5

Lage
Via degli Orti
Oricellari

Buslinien
1, 4, 9, 13, 14, 16,
17, 22, 23, 26, 27,
28, 29, 30, 35, 64

Dem Palazzo Venturi-Ginori ist ein Teil der berühmten Orti Oricellari angeschlossen, ein Gartengelände, in das 1498 Bernardo Rucellai die Accademia Platonica (Akademie der Philosophen) verlegte. Papst Leo X. (1516)
und Kaiser Karl V. (1530) besuchten die Akademie.
In der Mitte des Gartens steht eine Kolossalstatue des Polyphem (8,40 m
hoch), die von Antonio Novelli, einem Schüler des Giambologna, geschaffen wurde.

Orto Botanico (Giardino dei Semplici; Botanischer Garten)   K 4/5

Lage
Via Micheli 3

Buslinien
1, 6, 7, 10, 11, 15,
17, 20, 25

Der "Giardino dei Semplici" wurde von Cosimo I. 1545 für die Erforschung
exotischer Pflanzen gegründet. Er ist Sitz der Italienischen Botanischen
Gesellschaft, der "Società Botanica Italiana", und gehört mit Schule und
Museum (Museo Botanico) zum "Botanischen Institut".
Der Garten ist montags, mittwochs und freitags von 9.00 bis 12.00 Uhr
geöffnet, das Museum (Eingang Via La Pira 4) montags bis freitags von
9.00 bis 12.00 Uhr.

Palazzetto Horne

→ Museo della Fondazione Horne

Palazzina della Meridiana

→ Giardino di Boboli

Palazzo Altoviti-Valori   K 6

Lage
Borgo Albizi 18

Der Palazzo Altoviti im Borgo degli Albizi, einer Straße mit vielen schönen
Stadthäusern, gehörte erst der Familie der Albizi, dann den Valori und

Guicciardini. Im 16. Jh. wurde er von Baccio Valori mit Hermen-Porträts berühmter Florentiner (Ficino, Vespucci, Alberti, Guicciardini, Dante, Petrarca, Boccaccio und anderer) verziert, so daß er im Volksmund respektlos "Palast der Visagen" genannt wird.

Buslinien
13, 14, 15, 18, 19, 23

Palazzo Antinori · J 5

An der Piazza Antinori, gegenüber der Kirche → San Gaetano, erhebt sich der Stadtpalast der Familie Antinori. Der strenge und vornehme Bau wurde zwischen 1461 und 1466 im Stil Giuliano da Maianos errichtet.
Seit vielen Generationen widmen sich die Antinori dem Anbau und Verkauf guter Weine. In dem Palast befindet sich eine Enoteca, in der man den Wein probieren und toskanische Spezialitäten kosten kann – und nicht zuletzt kann man dabei einen Blick in den hübschen Innenhof mit Brunnen werfen.

Lage
Piazza Antinori 3

Buslinien
6, 11, 15, 16, 31, 32, 36, 37

Palazzo Arcivescovile (Erzbischöflicher Palast) · J 5

Der Erzbischöfliche Palast wurde zwischen 1573 und 1584 von Giovanni Antonio Dosio für Kardinal Alessandro Medici, den späteren Papst Leo XI., errichtet, jedoch wurde der Bau erst um 1735 von Ciurini vollendet. In dieser langen Zeit entstand ein Gemisch von mittelalterlichen und 'modernen' Bauelementen.
Im Jahr 1895 wurde der ganze Palast, um dem gewachsenen Verkehr der Stadt Platz zu verschaffen, um 50 m zurückversetzt.

Lage
Piazza
San Giovanni

Buslinien
1, 6, 7, 11, 13, 14, 15, 17, 18, 23

Palazzo dell'Arte della Lana · J 6

Durch Herstellung und Verarbeitung von Wolle und den Verkauf der Produkte wurde Florenz im Mittelalter wohlhabend. Dies zeigt sich in dem Palast der Zunft der Wollweber und Wollhändler, die 200 Läden besaß und 30 000 Arbeiter beschäftigte. Der mit der Kirche → Orsanmichele durch eine Brücke (1569 von Buontalenti gebaut) verbundene, unregelmäßige Palastkomplex wurde im Jahr 1308 begonnen; nach der Restaurierung von 1905 nahm die Dante-Gesellschaft hier ihren Hauptsitz. Heute befindet sich im Palast ein Geschäft, in dessen Verkaufsräumen z. T. Kreuzgewölbe zu sehen sind.
Beachtenswert sind die Säle im Innern (Saloni di Orsanmichele) mit schönen Gemälden ("Grablegung" von Taddeo Gaddi). An der Ecke der Via dell'Arte della Lana/Via Orsanmichele steht der gotische Tabernakel der Santa Maria della Tromba aus dem 14. Jahrhundert.

Lage
Via dell'Arte
della Lana

Buslinien
13, 14, 15, 18, 19, 23

✹✹ Palazzo del Bargello · Museo Nazionale del Bargello · K 6
(Bargello-Palast · Nationalmuseum)

Der mächtige Block des Bargello, des wuchtigen Palastes, den die Florentiner Bürger nach 1250 als Zeichen ihres Sieges über den Adel errichteten, prägt mit seinem trutzigen Turm und dem Zinnenkranz die Silhouette der Stadt. Er erhebt sich an der Piazza San Firenze, zwischen der Via del Proconsolo, Via della Vigna Vecchia, Via dell'Acqua und Via Ghibellina, und beherbergt heute das Nationalmuseum (Museo Nazionale del Bargello). Er war seit 1261 Sitz des Podestà, der Stadtregierung; ab 1502 befand sich hier die Niederlassung der Ruota (Gerichtsrat) mit Gefängnis, ab 1574 war der Palast Sitz des Bargello (Polizeipräsident). Im Jahre 1859 wurde in

Lage
Via del
Proconsolo 4

Buslinien
13, 14, 15, 18, 19, 23

Palazzo del Bargello

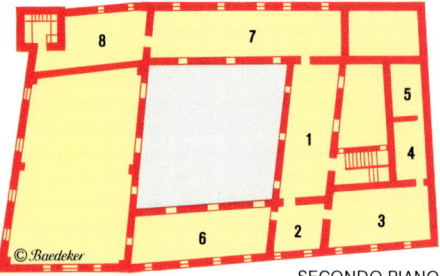

SECONDO PIANO

Palazzo del Bargello

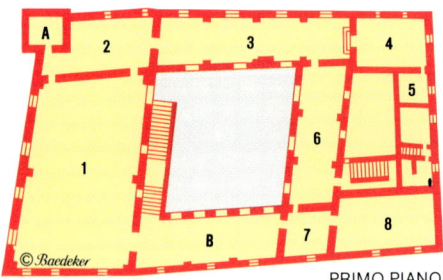

PRIMO PIANO

Museo Nazionale

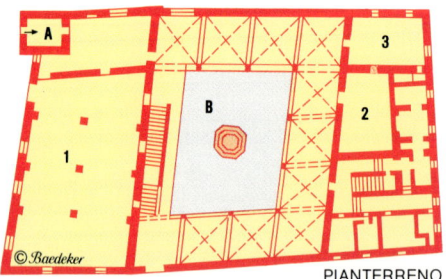

PIANTERRENO

seinen Räumen das erste italienische (nichtvatikanische) Nationalmuseum eingerichtet. Es enthält zahlreiche bedeutende Skulpturen toskanischer Künstler des 14.–16. Jh.s (vor allem von Donatello, della Robbia und Michelangelo).

Öffnungszeiten
Di.–Sa.
9.00–14.00; So.,
Fei. 9.00–13.00

Schon allein die Architektur des Innenhofes ist sehenswert (Abb. S. 96). Er wird auf drei Seiten von einem Bogengang (Rundbögen, achteckige Säulen, Kreuzgewölbe) gesäumt. Auf der vierten Seite führt eine Freitreppe in die oberen Geschosse. Wappen der Podestà, der Mitglieder der Ruota, der Stadtviertel und -bezirke schmücken Pfeiler und Wände. In der Mitte des Hofes befindet sich ein achteckiger Brunnen, in dessen Nähe in früherer Zeit, als der Bargello auch als Gefängnis diente, das Schafott aufgestellt war.

Erdgeschoß
Innenhof

Heute werden Hof und Säulengang für die Aufstellung von Skulpturen genutzt. Zu sehen sind Werke von Niccolò di Piero Lamberti, Vincenzo Danti, Cosimo Cenni, Vincenzo Gemito, Bartolomeo Ammannati, Domenico Poggini sowie Giambologna.

Von dem geschmackvollen Hof aus gelangt man in die Räume mit Werken Michelangelos: "Brutus", eine Marmorbüste (um 1540); "Madonna mit dem Kind und dem jungen Johannes dem Täufer", ein Rundrelief, um 1504 für Bartolomeo Pitti geschaffen: "David" (um 1531), auch "Kleiner Apoll" genannt; "Trunkener Bacchus", die erste Großplastik Michelangelos (1497–1499).

Saal des
Michelangelo

Weitere Werke stammen von Künstlern des 16. Jh.s. Hervorzuheben sind die Statue des "Bacchus" von Jacopo Sansovino (um 1520), die Bronzebüste Michelangelos von Daniele da Volterra sowie die Büste Cosimos I. von Benvenuto Cellini (1557) und andere Werke dieses Künstlers, darunter die Marmorstatue des Narziß (1540).

In der Loggia des ersten Obergeschosses sind von den Werken Giambolognas u.a. die Bronzestatue des "Merkur" (1564) und die bedeutende Allegorie der "Architektur" zu sehen sowie Skulpturen von Baccio Bandinelli und Francesco Moschino.

**Erstes
Obergeschoß**
Loggia

Hier befinden sich Standbilder des Donatello, u.a. "Hl. Georg" (1416, Marmorstatue für eine Nische der Kirche Orsanmichele geschaffen), "Marmordavid" (1408/1409), "Bronzedavid" (1430 für Cosimo den Älteren gearbeitet), "Hl. Johannes als Kind" (der Casa Martelli) und der "Marzocco-Löwe" (1420). Weitere Künstler, die in diesem Saal mit Werken vertreten sind: Desiderio da Settignano, Vecchietta, Luca della Robbia und Bertoldo di Giovanni. Die Modelle des Filippo Brunelleschi und des Lorenzo Ghiberti für den Wettbewerb um das Nordportal des → Battistero ergänzen die Ausstellung.

Saal des Donatello

Ergänzend zu diesen Exponaten sind noch im ersten Obergeschoß zu sehen: Fresken in der Kapelle der Podestà, Elfenbeinarbeiten, Majoliken, Email- und Goldschmiedearbeiten sowie im Bruzzichelli-Saal toskanische Möbel und Glasarbeiten u.a. aus dem 16./17. Jahrhundert.

Weitere Räume

Wie der Name sagt, sind hier vor allem Werke dieses Künstlers zu sehen, u.a.: "Büste einer Edeldame", "David" (Bronze), "Madonna mit Kind" (Hochrelief), "Auferstehung Christi" (Hochrelief).

**Zweites
Obergeschoß**
Saal des
Verrocchio

Weitere Künstler, die in diesem Saal mit Werken vertreten sind: Antonio Rosselino, Mino da Fiesole, Antonio del Pollaiolo, Francesco Laurana und Matteo Civitati.

Ausgestellt sind Werke in glasierter Terrakotta des Andrea Robbia sowie kleinformatige Bronzearbeiten von Giambologna.

Saal des
Andrea Robbia

Ebenfalls Werke in glasierter Terrakotta des Giovanni della Robbia und eine Porträtbüste der Costanza Bonarelli von Bernini.

Saal des Giovanni
della Robbia

Palazzo Bartolini Salimbeni

Innenhof des Palazzo del Bargello

Palazzo del
Bargello (Forts.)
Münzsammlung

In zwei Räumen ist die berühmte Münzsammlung der Medici untergebracht, die von Lorenzo Medici begonnen und von seinen Nachkommen ständig erweitert wurde.

Weitere Räume

Ergänzend zu den Exponaten sind noch im zweiten Obergeschoß zu sehen: Wandteppiche und Stoffe aus Florenz sowie Waffen aus dem 13. – 17. Jh. und eine Sammlung kleiner Bronzefiguren.

Palazzo Bartolini Salimbeni J 6

Lage
Piazza S. Trinita 1

Buslinien
3, 6, 11, 15, 16,
31, 32, 36, 37

Der 1962 gründlich restaurierte Palast wurde von Baccio d'Agnolo 1517 bis 1520 erbaut. Die Florentiner warfen dem Architekten vor, er habe zu viele römische Bauelemente (klassische Formen des Bramante und des Raffael) aufgenommen, die mehr zu einer Kirche als zu einem Stadthaus paßten. Mit einer Inschrift über dem Portal "carpere promptius quam imitari" (= kritisieren ist leichter als selbstmachen) wehrte sich der Architekt dagegen. Eine andere Inschrift über den Fenstern verrät das Erfolgsgeheimnis der ehemaligen Besitzer: "Per non dormire" (= nur nicht schlafen).

Palazzo dei Capitani di Parte Guelfa (auch Palazzo di Parte Guelfa) J 6

Lage
Piazza di Parte
Guelfa

Die gotischen Fenster, die bedeckte Freitreppe und die Zinnen des Palastes weisen ins 14. Jh. zurück. In dem die italienischen Städte ergreifenden Streit zwischen Guelfen und Ghibellinen, den Papsttreuen und der Kaiserpartei, verwalteten die Capitani di Parte Guelfa im 13. Jh. in diesem Haus die konfiszierten Güter der besiegten Ghibellinen. Den Ausbau im 15. Jh. leiteten die Architekten Brunelleschi und Francesco della Luna.

Im Innern des mittelalterlichen Palastes – er ist heute Sitz verschiedener Organisationen – befinden sich herrliche Säle mit harmonischen Proportionen; die Verzierungen der Decken und Wände stammen u.a. von Giambologna, Luca della Robbia und Donatello.

Buslinien
3, 13, 15, 18, 19, 23, 31, 32

Palazzo Castellani · Museo di Storia della Scienza   J 6
(Museum zur Geschichte der Naturwissenschaften)

In dem strengen, an eine Festung erinnernden mittelalterlichen Bau hatte von 1574 bis 1841 die Gerichtsbehörde der Ruota (daher der Name des Platzes "Giudici" = Richter) ihren Sitz. Seit 1930 beherbergt der Palazzo Castellani das Museum für die Geschichte der experimentellen Naturwissenschaften.
Zu der Sammlung des Museums gehören Instrumente und wissenschaftliche Objekte, teils aus dem Besitz der Medici, teils aus anderen Florentiner Instituten: optische und mathematische Geräte, darunter ein mechanischer Schreibapparat, elektrische Geräte, Instrumente für Astronomie und Kosmographie sowie physikalische und anatomische Modelle. Ein Raum ist Galilei und seinen Entdeckungen gewidmet; u.a. sind sein Fernrohr, Zirkel und die Linse ausgestellt, mit deren Hilfe er die Jupiter-Trabanten entdeckte.

Lage
Piazza dei Giudici 1

Buslinien
3, 13, 15, 18, 19, 23, 31, 32

Öffnungszeiten
Mo.–Sa.
9.30–13.00;
Mo., Mi. Fr. auch
14.00–17.00

Palazzo Corsini   H 6

Der Palazzo Corsini liegt am Arno (Lungarno Corsini 10, aber Eingang in der Via del Parione), und so sollte man seine beeindruckende Fassade am besten vom gegenüberliegenden Ufer aus betrachten (sie ist unvollendet; ihr linker, symmetrisch zum rechten passender Teil fehlt).
Der Palast, noch heute im Besitz der Familie Corsini, wurde von Pier Francesco Silvani und Antonio Ferri (1648–1656) im Stil des 16. Jh.s erbaut, wobei auch barocke Elemente eingesetzt wurden. So gehört die Wendeltreppe im Innern des Palastes zu den wichtigsten Zeugnissen barocker Florentiner Architektur.

Der Palazzo Corsini beherbergt die bedeutendste Privatsammlung von Florenz (im ersten Stock; Besichtigung nur nach vorheriger Anmeldung, Tel. 218994), die 1765 von Lorenzo Corsini, einem Neffen Papst Clemens' XII., gegründet wurde. Die Bilder sind nicht nach ihrer Entstehungszeit geordnet, sondern nach dem alten Kriterium der Dekoration und Symmetrie: das Gemälde sollte sich als Schmuck im Raum einfügen, nicht um seiner selbst willen betrachtet werden.
Zu sehen sind schöne Beispiele der italienischen und ausländischen Schulen des 17. Jh.s und der Florentiner Malkunst des 15. und 16. Jh.s (u.a. Raffael). Einige Standbilder und Büsten erinnern an den Corsini-Papst Clemens XII. (1730–1740).

Lage
Via del Parione 11

Buslinien
3, 6, 11, 16, 31, 32, 36, 37

Galleria Corsini

✳Palazzo Davanzati · Museo dell' Antica Casa Fiorentina   J 6
(Davanzati-Palast · Museum des alten Florentiner Hauses)

Die strenge und majestätische, über fünf Geschosse verfügende Fassade des Palazzo Davanzati wird unten durch drei mächtige Portale geteilt, oben von einer Loggia abgeschlossen und in der Mitte von einem prächtigen Wappen der Davanzati geschmückt (an den Eisenstangen vor den Fenstern werden im Sommer die Vorhänge befestigt).
Zuerst wurde hier (1300) von den Davizzi ein Stadthaus errichtet; ein Sproß dieser Familie war 1294 Gonfaloniere der Republik. Im 16. Jh. ging der

Lage
Via Porta Rossa 13

Buslinien
6, 11, 15, 16, 31, 32, 36, 37

Palazzo Frescobaldi

Palazzo Davanzati
(Fortsetzung)

Öffnungszeiten
Di.–So.
9.00–14.00; So.,
Fei. 9.00–13.00

Palast in den Besitz der Bartolini über, später (1578) in den der Davanzati. Im Jahre 1906 kaufte der Kunsthändler Elia Volpi das Gebäude und stellte den ursprünglichen Charakter wieder her. Seit 1956 beherbergt der Palast das Museum des alten Florentiner Hauses.

Das Museo dell' Antica Casa Fiorentina enthält auf drei Stockwerken Möbel, Zeichnungen, Skulpturen, Teppiche, Keramiken, Stoffe und Gegenstände des täglichen Gebrauches aus dem Mittelalter, der Renaissance und dem Barock. Besonders sehenswert ist der "Papageiensaal" im ersten Stockwerk, der seinen Namen aufgrund seiner Dekoration erhielt. Die vorgetäuschte Teppichwandbemalung zeigt Papageien. Die Decke des Raumes ist aus bemaltem Holz. Die Exponate wurden aus Beständen des Museo Nazionale del Bargello (→ Palazzo del Bargello), aus anderen Sammlungen in Florenz und durch Schenkungen zusammengetragen. Dadurch gewinnt man einen Einblick in das hochkultivierte Leben der Florentiner Bürger, die ihre Häuser mit wertvollen Kunstschätzen und Gebrauchsgegenständen ausstatteten.

Palazzo Frescobaldi   H/J 6

Lage
Piazza
Frescobaldi 1

Buslinien
3, 6, 11, 15, 31,
32, 36, 37

An der Piazza Frescobaldi, auf dem linken Ufer des Arno am Ende des → Ponte Santa Trínita, erhebt sich der Palast der Frescobaldi. Im 13. Jh. erbaut, diente er Karl von Valois, dem Bruder des französischen Königs, als Wohnung, als ihn 1301 seine Friedenskommission im Auftrag Papst Bonifaz' VIII. nach Florenz führte (eine Folge seiner Vermittlungsbemühungen war die Verbannung Dantes aus der Stadt). Im 17. Jh. wurde der Palast der Frescobaldis – heute eine der vermögendsten Großgrundbesitzerfamilien des Landes, denen auch vorzügliche Weinlagen gehören – umgebaut.

✳Palazzo Gondi   K 6

Lage
Piazza San
Firenze 1

Buslinien
3, 13, 14, 15, 18,
19, 23, 31, 32

Eines der schönsten Beispiele der Florentiner Stadtpaläste des 15. Jh.s ist der Palazzo Gondi, 1490–1501 von Giuliano da Sangallo erbaut, doch erst 1874 von Poggi vollendet. Charakteristisch für die Fassade ist die nach oben flacher werdende, sorgfältige Steinbearbeitung in den einzelnen Geschossen.

Besondere Aufmerksamkeit verdient der Hof (hier hat heute ein Blumengeschäft seine Pflanzen ausgestellt), einer der anmutigsten der Renaissance. Es fallen die sorgsame Verwendung des Materials und der künstlerische Wert der handwerklichen Arbeiten (an den Kapitellen, der Treppe und dem Brunnen) auf.

Palazzo Grifoni

→ Palazzo Riccardi-Manelli

Palazzo Guadagni   H 6/7

Lage
Piazza di Santo
Spirito 10

Buslinien
3, 6, 11, 15, 31,
32, 36, 37

Von klassischer Strenge und Schönheit ist der Palazzo Guadagni an der Piazza di Santo Spirito. Simone del Pollaiolo, genannt Cronaca, erbaute ihn (vermutlich 1503–1506) für Riniero Dei. Die drei jeweils verschieden gearbeiteten Geschosse werden von einer offenen Loggia abgeschlossen. Der Palast kam 1684 in den Besitz des Marchese Guadagni, danach übernahm ihn die Familie Dufour-Berte. In dem Gebäude war bis 1964 das Deutsche Kunsthistorische Institut untergebracht.

Palazzo Gondi an der stimmungsvollen Piazza San Firenze

✳✳Palazzo Medici-Riccardi   J 5

Der majestätische, wuchtige Bau des Palazzo Medici-Riccardi, schräg gegenüber der Kirche → San Lorenzo, verrät die Macht eines überlegenen Herrschergeschlechts. Zugleich zeigt er in der Beschränkung auf das Wesentliche die weise Bescheidenheit der damaligen Medici, die einem demokratisch-republikanischen Gemeinwesen vorstanden und sich keineswegs wie Stadtkönige gebärden durften.

Der Palast wurde von Michelozzo 1444–1464 für Cosimo den Älteren erbaut. Alle Medici-Fürsten wohnten und regierten hier, bis Cosimo I. (1540) in den → Palazzo Vecchio umzog. Im Jahre 1655 erwarben ihn die Riccardi, die ihn vergrößerten (Verlängerung der Palastfront); 1818 ging er in den Besitz der Großherzöge der Toskana über. Er ist heute Sitz des Medici Museums (Erdgeschoß) und der Präfektur (Erstes Stockwerk) sowie der Biblioteca Riccardiana. Plünderungen, Zerstörungen und Verkäufe dezimierten den Bestand an wertvollen Kunstschätzen und Einrichtungsgegenständen erheblich.

Die drei Geschosse sind an den Fassaden streng voneinander abgesetzt, was ihre Eigenart hervorhebt. Im Erdgeschoß bemerkt man 'kniende Fenster' (wegen der Konsolen, auf denen die Fensterbänke liegen) in weiten Bögen, die abwechselnd von Dreiecksgiebeln besetzt sind. Im ersten Geschoß tragen die Fenster schöne Verzierungen. Das zweite Geschoß mit klar gegliederten Fenstern wird von einem kräftigen Gesims beherrscht. An der Südseite, gegenüber → San Lorenzo, prangt das Wappen der Medici (sechs Kugeln, die oberste mit einer Lilie geschmückt).

Durch den Torbogen gelangt man in den ersten quadratischen Hof, mit zwölf Marmormedaillons über den Säulenbögen und der Statue des Orpheus von Baccio Bandinelli, danach in den kleineren Gartenhof.

Lage
Via Cavour 1

Buslinien
1, 6, 7, 11, 13, 14, 15, 17, 23

Öffnungszeiten
Mo., Di., Do.–Sa. 9.00–13.00, 15.00–17.00; So., Fei. 9.00–12.00

Außenansicht

Höfe

Vom Haupthof führt eine Treppe zur im ersten Stockwerk gelegenen Palastkapelle (wegen Renovierung derzeit geschlossen), die nach Entwürfen von Michelozzo erbaut wurde. Die Wände der Kapelle schmückte Benozzo Gozzoli mit einem Freskenzyklus, der zu seinen Hauptwerken gehört: "Der Zug der Heiligen Drei Könige nach Bethlehem". Gozzoli nahm darin zwei historische Ereignisse auf: die prächtige, 1439 in Florenz abgehaltene Bischofsversammlung der Kirche, bei der es zur Union zwischen der römischen und griechischen Kirche kam, sowie den Besuch des Papstes Pius II., des großen Humanisten Aeneas Silvius Piccolomini in Florenz (1459). Einige der an diesen Anlässen beteiligten Personen stellte der Künstler dar: als Könige den Patriarchen Josephus von Konstantinopel (als den ältesten), den oströmischen Kaiser Johannes VII. und Lorenzo de' Medici (als jungen Knaben).

Die sehr gut erhaltenen, besonders in den Farben eindrucksvollen Gemälde geben ein lebendiges Bild vom Florenz des 15. Jh.s, der Kultur und dem Wohlstand der Renaissance.

Das Altarbild ist die Kopie einer berühmten Darstellung der "Geburt Jesu" von Filippo Lippi.

Palazzo Medici-Riccardi (Fortsetzung) Palastkapelle

Das Innere des Palastes wurde von den Riccardi umgestaltet, so daß von den ursprünglichen Medici-Räumen nur einige im Erdgeschoß sowie im ersten Stockwerk vorhanden sind. Sie halten mit Kunstwerken und Ausstattungsgegenständen, die von den Medici erworben wurden bzw. sich in ihrem Besitz befanden, die Erinnerung an das große Herrschergeschlecht wach, das Florenz zu einer der berühmtesten Kunststädte des Abendlandes machte. Hervorzuheben sind: "Madonna mit Kind", ein Hauptwerk des Filippo Lippi (1442), die Totenmaske Lorenzo des Prächtigen sowie ein Gemälde von Jacopo da Empoli "Die Hochzeit der Katharina Medici mit König Heinrich II. von Frankreich" (1533).

Medici-Museum

In der Galleria di Luca Giordano ist sehenswert die "Apotheose der Medici-Dynastie", ein bedeutendes Gewölbefresko von dem Neapolitaner Luca Giordano (1682/1683).

Galleria di Luca Giordano

Von der Galleria gelangt man auch zur Biblioteca Riccardiana und Moreniana. Sehenswert ist der Ausstellungsraum, dessen Gewölbe mit Fresken von Luca Giordano (1683) ausgemalt ist. Ihr Thema: eine allegorische Darstellung des Intellekts, mit dessen Hilfe sich der Mensch von der Sklaverei durch die Dummheit befreite.

Die Ende des 16. Jh.s gegründete Bibliothek umfaßt ca. 50 000 Bände und nennt etwa 4000 alte Handschriften, unter denen sich zahlreiche Miniaturschriften befinden, ihr eigen.

Biblioteca Riccardiana

Palazzo Nonfinito · Museo di Antropologia ed Etnologia   K 6
(Museum für Anthropologie und Ethnologie)

Der Palazzo Nonfinito ist – wie sein Name besagt, jedoch das Äußere nicht unbedingt erkennen läßt – unvollendet. Alessandro Strozzi gab dem Architekten Bernardo Buontalenti den Auftrag, ein neues Stadthaus für seine Familie neben dem → Palazzo Pazzi zu errichten. Die große Anlage mit dem schönen Innenhof konnte jedoch weder von Buontalenti noch von seinen Nachfolgern fertiggestellt werden.

Der Palazzo beherbergt seit 1869 das Museo di Antropologia ed Etnologia (Museum für Anthropologie und Ethnologie) mit Sammlungen von vielen Völkern und Kulturen der Erde.

Geöffnet ist das Museum dienstags, freitags, samstags und jeden dritten Sonntag im Monat von 9.00 bis 13.00 Uhr (von Juli bis September geschlossen).

Lage
Via del
Proconsolo 12

Buslinien
13, 14, 15, 18,
19, 23

◀ *Palazzo Medici-Riccardi: Prototyp des florentinischen Stadtpalastes*

Palazzo Pandolfini K 4

Lage
Via San Gallo 74

Buslinien
1, 6, 7, 8, 10, 11,
15, 17, 20, 25

Der berühmte Maler Raffael zeichnete für den Bischof von Troja, Giannozzo Pandolfini, den Entwurf eines Palastes, den Giovanni Francesco und Aristotile da Sangallo um 1520 verwirklichten. Der Palast besticht durch seine Eleganz und Harmonie, in der Elemente der Renaissance auf vollendete Weise zum Ausdruck kommen. Wahrscheinlich sollte der Palast auch rechts hochgeführt werden, so daß dadurch das vorbildlich in den Baukörper eingefügte Portal in die Mitte gekommen wäre. Unter Papst Clemens VII., einem Medici – sein Name ist neben dem Leos X. an der rechten Seitenfassade zu lesen –, entschloß man sich jedoch dazu, den halbfertigen Bau in dem jetzt sichtbaren Stadium abzuschließen.

Palazzo dei Pazzi K 6

Lage
Via del
Proconsolo 10/
Borgo degli Albizi

Buslinien
13, 14, 15, 18,
19, 23

Der Palast wurde für Jacopo de'Pazzi gebaut (er wurde 1478 nach der Verschwörung gegen Lorenzo und Giuliano de'Medici hingerichtet). Zunächst leitete Brunelleschi den Bau (1430), später übernahm Giuliano da Maiano (1462 – 1472) diese Aufgabe. Sein Werk zeichnet sich durch sorgfältige Ausführung und Liebe zum architektonischen Detail aus.
Die Familie Pazzi, im Mittelalter von → Fiesole nach Florenz gezogen, charakterisierte Wirtschaftssinn und Machtbewußtsein. Da Lorenzo de'Medici dem Mordanschlag der Pazzi entkam, konnten sie die Macht der Medici nicht brechen. Die Familie wurde verfemt, ihr Palast ging zunächst in den Besitz der Familie der Cibo über, später an die Strozzi und Quaratesi.

✳✳Palazzo Pitti H/J 6/7

Lage
Piazza Pitti

Buslinien
3, 11, 15, 31, 32,
36, 37

Öffnungszeiten
Di. – Sa.
9.00 – 14.00; So.,
Fei. 9.00 – 13.00

Zusammen mit dem → Palazzo Vecchio (mit dem er durch einen Gang verbunden ist) sowie dem → Palazzo Medici-Riccardi ist der Palazzo Pitti der bedeutendste Palast in Florenz. Er besticht durch seine Größe (32 000 m² bebaute Fläche, 205 m Fassadenlänge, 36 m Höhe in der Mitte) und seine imposante Architektur, deren Eindruck durch das leichte Ansteigen des Platzes zur Fassade hin noch erhöht wird.
Die Gemäldegalerie (Galleria Palatina oder Pitti) im Palazzo Pitti gehört zu den bedeutendsten der Welt, an künstlerischem Rang den Sammlungen der Uffizien (→ Galleria degli Uffizi) fast ebenbürtig. Daneben beherbergt der Palast das Museo degli Argenti (Silbermuseum), die Galleria d'Arte Moderna (Gemäldegalerie), das Museo delle Carrozze (Kutschenmuseum) und die Appartamenti ex Reali (Königsgemächer); im angrenzenden Palazzina della Meridiana sind die Galleria del Costume und die Collezione Contini Bonacossi untergebracht (→ Praktische Informationen von A bis Z, Museen).
Die Pitti waren eine angesehene und reiche Florentiner Kaufmannsfamilie, die es an Stolz und Ehrgeiz mit den Medici aufnahm. Deshalb plante Luca Pitti (nach 1447) einen großartigen Stadtpalast auf dem linken Arno-Ufer, etwas oberhalb der Stadt. Der Architekt Luca Fancelli leitete – möglicherweise nach Entwürfen Brunelleschis – die ersten Bauarbeiten (1457 bis 1466). Zwischen 1558 und 1570 ließ Eleonora von Toledo, die Frau Cosimos I., den Palazzo, den sie 1549 erworben hatte, durch Bartolomeo Ammanati gänzlich erneuern: Dabei wurde er beträchtlich vergrößert. Weitere Baumeister und Innenarchitekten, Maler und Dekorateure folgten.
Für den Schmuck der Gemächer kauften die neuen Medici-Besitzer, vor allem Cosimo III., wertvolle Bilder, die den Grundstock der Galleria Palatina ausmachen. Antike und zeitgenössische Statuen kamen hinzu.
Der Palazzo Pitti wurde Residenz der italienischen Könige (1864 – 1871), als Florenz Hauptstadt eines noch nicht gänzlich geeinten Italien war.

Pitti-Palast
(Fortsetzung)

König Vittorio Emanuele III. schenkte ihn 1919 schließlich dem Staat, der die Museen erweitern ließ.

Höhepunkt architektonischer Gestaltungskraft sind die Schauseite des Palastes mit den mächtigen Steinquadern, den hochgewölbten Fenstern und den Stufungen der Geschosse sowie der in manieristischem Stil von Ammanati (1558 – 1570) angelegte Hof (Rondò di Bacco), der als Grotte erscheint und von 'rustikaler Phantasie' belebt ist. An ihn schließt nach der Terrasse mit Brunnen und Statuen der → Giardino di Boboli an.

Galleria Palatina · Galleria Pitti

Öffnungszeiten
Di. – Sa.
9.00 – 14.00; So.,
Fei. 9.00   13.00

Vom Innenhof des Palastes gelangt man rechts zur Eintrittskartenverkaufsstelle und zum Aufgang der Galleria Palatina oder Galleria Pitti (erstes Stockwerk). Die Bilder der Galerie sind nicht nach ihrer chronologischen Entstehung, sondern nach dekorativen Kriterien geordnet, um die Prunkräume zusammen mit dem wertvollen Mobiliar zu schmücken. Die Sammlung wurde um 1620 von Cosimo II. begonnen und schließlich von den italienischen Königen der Öffentlichkeit zugänglich gemacht. Die Namen der Räume entsprechen der ausgestellten Thematik bzw. den in ihnen mit Werken vertretenen Künstlern.

Besonderes Interesse verdienen die Werke Raffaels (1483 – 1520), Andrea del Sartos (1486 – 1530), Tizians (1490 – 1576), Tintorettos (1518 – 1594) und Rubens' (1577 – 1640).

Von der Treppe aus durchquert man das Vestibül, die Sala degli Staffieri, die Galleria delle Statue, die Galleria delle Nicchie (dieser Saal gehört zu den Appartamenti ex Reali, siehe S. 106) und trifft in der Sala di Venere auf die ersten Bilder.

In der Saalmitte steht die "Italische Venus" von Antonio Canova, die 1810 von Napoleon in Auftrag gegeben worden ist. Vier Gemälde bezeugen die

Sala di Venere

Fassade des Pitti-Palastes

Palazzo Pitti

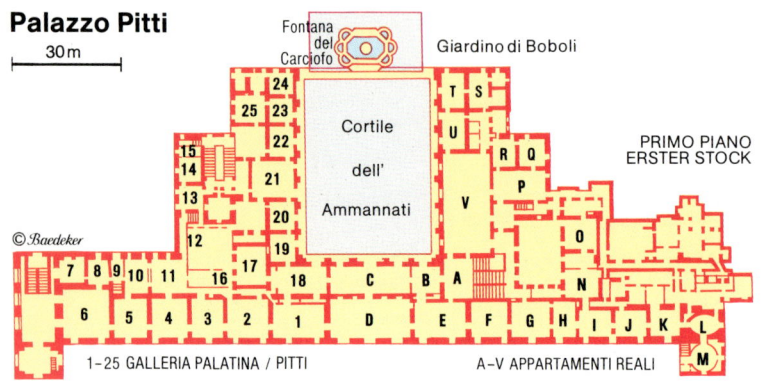

Fontana del Carciofo

Giardino di Boboli

30 m

Cortile dell' Ammannati

PRIMO PIANO
ERSTER STOCK

© Baedeker

1–25 GALLERIA PALATINA / PITTI   A–V APPARTAMENTI REALI

1 Sala di Venere
  Tizian, Tintoretto
2 Sala di Apollo
  Van Dyck, Rubens,
  Reni, del Sarto,
  Tizian, Tintoretto
3 Sala di Marte
  Tintoretto, Reni,
  Tizian, Rubens,
  Murillo, Veronese
4 Sala di Giove
  Raffael, Bordone,
  Rubens, del Sarto,
  Perugino, Guercino
5 Sala di Saturno
  Raffael, Perugino,
  Ghirlandaio
6 Sala dell'Iliade
  Velázquez, Raffael

7 Sala della Stufa
  Fresken von
  Rosselli, Cortona
8 Sala dell'Educa-
  zione di Giove
  Caravaggio, Allori
9 Bagno di Napoleone
10 Sala di Ulisse
  Raffael, Reni, Lippi
11 Sala di Prometeo
  Signorelli, Lippi,
  Botticelli, Reni
12 Corridoio d. Colonne
13 Sala della Giustizia
  Veronese, Tizian
14 Sala di Flora
  Canova, Bronzino
15 Sala dei Putti
  Jordaens, Rubens

16 Galleria Poccetti
  Pontormo, Rubens,
  Ribera, Dughet
17 Sala della Musica
18 Sala Castagnoli
19 Sala delle Allegorie
20 Sala delle Belle Arti
21 Salone d'Ercole
22 Sala dell'Aurora
23 Sala di Berenice
24 Sala di Psiche
25 Sala della Fama

A Vestibolo
B Sala degli Staffieri
C Galleria delle Statue
D Sala delle Nicchie
E Sala verde
F Sala del trono

G Sala celeste
H Cappella
I Sala dei pappagalli
J Sala gialla
K Camera da letto
L Sala della Giustizia
  toletta
M Sala da musica
  e da lavoro
N Camera da letto
O Salotto di
  ricevimento
P Sala di Bona
Q Sala della Temperanza
R Sala della Prudenza
S Sala della Giustizia
T Sala della Carità
U Sala della Speranza
V Sala da ballo

Galleria Palatina, Sala di Venere (Fortsetzung)

Entwicklung des Venezianers Tizian ("Das Konzert", "Bildnis einer Dame" sowie die Porträts von Papst Julius II. und Pietro Aretino). Aus der Frühzeit Tintorettos stammt "Venus, Amor und Vulkan". Daneben gehören im Saal der Venus die "Rückkehr der Jäger" (Sustermans), "Rückkehr der Bauern von der Arbeit" und "Odysseus bei den Phäaken" (Rubens) sowie die "Seelandschaft bei Sonnenuntergang" (Salvatore Rosa) zu den bedeutendsten Werken.

Sala di Apollo

Von den aus dem 16. und 17. Jh. stammenden Werken dieses Raumes seien besonders genannt: "Maria Magdalena" und "Bildnis eines Edelmannes", beide von Tizian. Ersteres entstand zwischen 1530 und 1535 für den Herzog von Urbino als erste Variante einer Reihe von Bildern mit ähnlicher Thematik. Die "Grablegung Christi" malte Andrea del Sarto 1523/1524 für den Hochaltar der Kirche von Mugello. Die Medici erwarben es 1782 und ersetzten es an seinem ehemaligen Platz durch eine Kopie. Dem Spätwerk Guido Renis zuzurechnen ist "Die sterbende Kleopatra" (1638/1639).

Sala di Marte

Die Deckengemälde im Saal des Mars stammen von Pietro da Cortona und thematisieren in allegorischen Szenen den Krieg. In der Mitte prunkt das Familienwappen der Medici. In Korrespondenz zur Thematik des Deckenbildes steht Rubens großformatiges Werk "Die Folgen des Krieges". Es ist dargestellt, wie Venus vergeblich versucht, Mars davon abzuhalten, in den Krieg zu ziehen. Rubens schuf das Werk 1637 unter dem Eindruck des

Dreißigjährigen Krieges. Als weitere Werke sind zu nennen: "Bildnis des Alvise Cornaro" (Tintoretto), "Die vier Philosophen" (Rubens; der Künstler hat sich selbst auf dem Gemälde oben links dargestellt), "Madonna des Rosenkranzes" (Murillo), "Bildnis des Kardinals Ippolito de'Medici" (Tizian) und "Bildnis des Kardinals Guido Bentivoglio" (Van Dyck).

Galleria Palatina, Sala di Marte (Fortsetzung)

Auch der Saal des Jupiter ist mit Deckenbildern von Pietro da Cortona ausgestattet. Der Saal diente als Thronsaal, worauf das Deckengemälde Bezug nimmt. Zu den bedeutendsten Kunstwerken dieses Raumes zählen "Die drei Alter des Menschen", die Giorgione zugeschrieben werden, "Madonna mit der kleinen Schwalbe" (Guercino), "Johannes der Täufer" (Andrea del Sarto) und "Grablegung Christi" (Fra Bartolomeo). "La Velata", auch "La Fornarina" genannt, ist eines der schönsten Frauenporträts Raffaels; es entstand um 1516.

Sala di Giove

Im Saal des Saturn hängen Bilder von Raffael (u.a. "Bildnis des Tommaso Inghirami", "Bildnis des Agnolo Doni", "Vision des Ezechiel", "Madonna mit dem Baldachin"), aber auch Werke von dessen Zeitgenossen Perugino, Fra Bartolomeo, Andrea del Sarto und Ridolfo del Ghirlandaio.

Sala di Saturno

Die Ausstattung des Saales der Ilias stammt nicht wie die der vorhergehenden aus dem 17. Jh., sondern wurde zwischen 1819 und 1825 neu geschaffen. Luigi Sabatelli malte das Deckengemälde, das den Olymp zeigt, und die Lünetten mit Szenen aus Homers Ilias. Zwei großformatige Bilder Andrea del Sartos, die beide die Himmelfahrt Marias zum Thema haben, hängen einander gegenüber. Ferner erfordern "Philipp IV. von Spanien zu Pferde" (Velázquez), "Schwangere" (Raffael) und "Bildnis des Grafen Waldemar Christian" (Sustermans) besondere Beachtung.

Sala dell'Iliade

Der kleine Saal des Ofens wurde zunächst 1627 von dem florentinischen Künstler Matteo Rosselli dekoriert, die Gemälde für die freigebliebenen

Sala della Stufa

Saal der Ilias im Palazzo Pitti

Palazzo Pitti

Galleria Palatina (Fortsetzung)	Wände schuf Pietro Cortona 1637 und 1640/1641. Sie thematisieren die vier Zeitalter: das Goldene, Silberne, Kupferne und Eiserne.
Sala di Ulisse	An der Decke des Odysseus-Saales ist die Heimkehr des Odysseus dargestellt, eine Anspielung auf die Rückkehr Ferdinands III. von Lothringen nach Florenz (1815). Wichtigstes Werk in diesem Saal ist Raffaels "Madonna dell'Impannata" (um 1512).
Sala di Prometeo	Fast alle Tondi (Rundbilder), die sich im Besitz der Galleria Palatina befinden, hängen im Saal des Prometheus. Sie stammen ebenso wie die anderen Werke in diesem Raum aus dem 15. und 16. Jahrhundert. Mit Arbeiten vertreten sind u.a. Filippo Lippi, Sandro Botticelli, Ridolfo del Ghirlandaio und Guido Reni.
Corridoio delle Colonne	Im Säulenkorridor sieht man vor allem Werke von flämischen und holländischen Landschaftsmalern des 17. Jh.s.
Sala della Giustizia	Im Saal der Gerechtigkeit sind in erster Linie Werke der venezianischen Schule des 16. Jh.s versammelt; herausragend ist Tizians "Bildnis des Tommaso Mosti" (bzw. seines Bruders Vincenzo Mosti).
Galleria del Poccetti	Die Freskodekoration in der kleinen Galerie – bis 1813 war es eine offene Loggia – wurde zunächst dem florentinischen Maler Poccetti zugeschrieben, erwies sich später jedoch als eine Arbeit von Filippo Tarchiani.
Sala Castagnoli	Benannt ist der Saal nach dem Künstler Giuseppe Castagnoli, der nach 1815 das Deckengemälde schuf. An den Längswänden des Raumes stehen zwei kolossale Marmorstatuen aus der Villa Medici in Rom. Der Musentisch in der Raummitte wurde zwischen 1800 und 1855 in der → Opificio delle Pietre Dure geschaffen.
Quartiere del Volterrano	Die mit der Sala delle Allegorie beginnende Saalflucht (Quartiere del Volterrano) war zur Zeit der Medici Winterwohnung der Großherzogin. Aus der Medici-Zeit stammt nur noch die Dekoration des ersten Raumes, die anderen Säle erhielten nach 1815 eine neue Ausstattung. Seit 1911 gehört dieser Trakt zur Galerie, der Öffentlichkeit sind allerdings meist nicht alle Säle zugänglich.

Appartamenti ex Reali (Ehem. Königsgemächer)

Derzeit nicht zugänglich	Die Sammlung der Kunstwerke in der Galleria Palatina des Palazzo Pitti wird ergänzt durch die Appartamenti ex Reali, die ehemaligen königlichen Gemächer, in denen Viktor Emanuel II., Umberto I., Königin Margherita und Viktor Emanuel III. wohnten. Die prunkvollen Räume (auch hier sollte der Besucher Fresken und Stuckverzierungen beachten) sind mit kostbaren Möbeln, Gemälden, Statuen, Gobelins und Gebrauchsgegenständen ausgestattet. Die meisten Einrichtungsgegenstände stammen aus dem 19. Jh., einige Räume bergen daneben noch florentinische Barockmöbel. Da in diesem Teil des Palastes derzeit elektrische Leitungen verlegt werden, sind meist nur wenige oder gar keine Räume der Appartamenti ex Reali zugänglich.

Galleria d'Arte Moderna (Galerie der Modernen Kunst)

Öffnungszeiten Di.–Sa. 9.00–14.00; So., Fei. 9.00–13.00	Die Galerie der Modernen Kunst befindet sich im zweiten Stockwerk des Pitti-Palastes (Eintrittskartenverkauf dort). Sie wurde um 1860 gegründet und kontinuierlich erweitert (durch Kunstwerke, die aus staatlichen und städtischen Galerien überführt wurden sowie durch Schenkungen). Sie zeigt eine beeindruckende Übersicht über die Malerei der Toskana des 19. und 20. Jh.s sowie anderer italienischer Schulen; hinzu kommen exem-

Appartamenti ex Reali: Weißer Saal oder Ballsaal

Galleria d'Arte
Moderna
(Fortsetzung)

plarische Beispiele der Bildhauerei dieser Zeit. Ein spezieller Teil der Sammlung bringt Werke der "Macchiaioli" (= Kleckser). Die Vertreter dieser toskanischen Schule (u. a. Giovanni Faltori, Silvestro Lega, Telemaco Signorini) erhielten ihren Namen aufgrund ihrer anti-akademischen Pinselstrichführung. Den Abschluß bildet eine Zusammenstellung von Werken zeitgenössischer italienischer Maler; zu ihnen gehören u. a. Severini, Soffici, De Chirico und Morandi.

Über die Galleria d'Arte Moderna hat man Zugang zur Collezione Contini Bonacossi (→ Praktische Informationen von A bis Z, Museen).

Museo degli Argenti (Silbersammlung)

Im Erd- und Zwischengeschoß des Palazzo Pitti (Zugang vom Innenhof des Palastes, links) ist in den Räumen, die zur Zeit der Medici als Sommerwohnung dienten, die Silbersammlung untergebracht. Neben Silber- und Goldschmiedearbeiten werden hier auch Edelsteine, Schmuck, Elfenbein- und Bernsteinarbeiten sowie bemaltes Glas und Porzellan präsentiert. Die gelöste Eintrittskarte berechtigt auch zum Besuch des Museo delle Porcellane (→ Giardino di Boboli) und der Galleria del Costume (→ Praktische Informationen, Museen).

Öffnungszeiten
Di. – Sa.
9.00 – 14.00; So.,
Fei. 9.00 – 13.00

Die Sammlung des Museums, das nach dem Ersten Weltkrieg gegründet wurde, basiert auf dem Silberfundus des Hauses Medici; weitere Schaustücke stammen aus den Uffizien (→ Palazzo degli Uffizi), dem Bargello (Museo Nazionale del Bargello im → Palazzo del Bargello), dem Schatz der fürstlichen Erzbischöfe von Salzburg wie der italienischen Könige.

Zu sehen sind: Schmuckkästchen und Reliquienschreine aus dem 17. und 18. Jh.; Vasen und Kristallgefäße aus dem 16. und 17. Jh.; Gobelins, Bernstein- und Elfenbeinarbeiten aus dem 16. und 17. Jh.; die Schmucksammlung der Medici; Becher, goldenes Tafelservice sowie Silberkrüge und -schüsseln.

Museo delle Carrozze (Kutschenmuseum; Palazzo Pitti – Fortsetzung)

Derzeit nicht zugänglich

Auch das Kutschenmuseum ist im Erdgeschoß des Palazzo Pitti unterge-bracht. Zu sehen sind Prunkkutschen, Kaleschen und Wagen aller Art, die im 18. und 19. Jh. von den Erzherzögen und Königen benutzt wurden, u. a. die Kutschen des Duca di Modena, Francescos II. und des Königs Ferdi-nando von Neapel.

Palazzo Ricasoli   H 6

Lage
Piazza Goldoni 2

Buslinien
3, 6, 11, 16, 31, 32, 36, 37

An der Piazza Goldoni, auf der sieben Straßen zusammentreffen und von der aus der → Ponte alla Carraia über den Arno führt, steht das Stadthaus der Ricasoli. (Die Familie gab auch einer angesehenen Weinkellerei im Chi-anti-Gebiet den Namen.)
Früher schrieb man den Bau Michelozzo zu, doch wurde er erst um 1480 begonnen und im frühen 16. Jh. beendet. (Michelozzo aber lebte von 1396 bis 1472).

Palazzo Riccardi-Manelli (früher Palazzo Grifoni)   K 5

Lage
Piazza della SS. Annunziata 1

Buslinien
1, 6, 7, 10, 11, 15, 17, 20, 25

Dieser repräsentative Palast an der → Piazza della Santissima Annunziata ist Sitz der Provinzverwaltung von Florenz und der Regionalregierung der Toskana. Der dreigeschossige Bau beherrscht mit seiner schönen würdi-gen Fassade gegenüber der Kirche der → Santissima Annunziata den Platz.
Ugolino Grifoni, ein reicher Beamter unter Großherzog Cosimo I., beauf-tragte den Architekten Bartolomeo Ammanati, über alten Häusern einen

Palazzo Riccardi-Manelli

Palazzo zu errichten, was dieser 1557 – 1563 mit Geschick tat. Besonders wirkungsvoll ist die Kombination von roten Ziegeln und dem vorherrschenden hellgrauen Stein.

Palazzo
Riccardi-Manelli
(Fortsetzung)

❋Palazzo Rucellai   H 6

Der Architekt Bernardo Rossellino errichtete von 1446 bis 1451 nach Entwürfen von Leon Battista Alberti den Palast, der zu den schönsten Stadthäusern der Renaissance in Florenz gehört. Giovanni di Paolo Rucellai war der Auftraggeber, ein reicher Großkaufmann, der im 15. Jh. zu Geld, Bildung und Ansehen gekommen war.
Architekt und Künstler, Alberti und Bernardo Rossellino, konnten sich an diesem Bau frei entfalten, der wohlhabende Händler stellte bereitwillig die Mittel zur Verfügung. So entstand ein Palazzo, der durch die genaue Zeichnung der Fassade mit nach oben schmaler werdenden Pilastern, verschieden geformten Fenstern, genau behauenen Steinquadern und einer nach oben abnehmenden Geschoßhöhe eine klare Konzeption und eine großzügige Ausführung verrät – ein Markstein in der Architekturgeschichte der Renaissance. Über den Fenstern des ersten Geschosses zieht sich ein Fries mit steinernen windgeblähten Segeln, dem Handelszeichen der Rucellai. Der Palast befindet sich noch heute im Besitz der Familie.

Lage
Via della Vigna
Nuova 18

Buslinien
3, 6, 11, 16, 31,
32, 36, 37

Im Erdgeschoß des Palazzo Rucellai wurde 1985 das Museum zur Geschichte der Fotografie (Museo di Storia della Fotografia "Fratelli Alinari"; geöffnet: Di. – So. 10.00 – 19.30) eingerichtet.

Museo di Storia
della Fotografia

Gegenüber dem Palast fällt die Loggia dei Rucellai (Säulenhalle) ins Auge, die von 1460 bis 1466 ebenfalls nach Entwürfen von Alberti erbaut wurde. Die Loggia ist heute verglast und wird zu Ausstellungszwecken genutzt.

Loggia dei Rucellai

Palazzo della Signoria

→ Palazzo Vecchio

❋Palazzo Spini-Ferroni   J 6

Den größten der mittelalterlichen Paläste in Florenz ließ die Familie der Spini (später ging er in den Besitz der Ferroni über) ab 1289, wahrscheinlich nach Plänen von Arnolfo di Cambio, erbauen. Der ausgedehnte Komplex am Ufer des Arno, 1874 restauriert, beeindruckt durch seine mächtigen Mauern, seine Höhe und den stark betonten Zinnenkranz. Ein mittelalterlicher Turm und eine Loggia im Erdgeschoß sind ebensowenig erhalten wie eine um den Palast laufende steinerne Sitzbank, die wartenden Kunden, aber auch dem einfachen Volk eine Möglichkeit zum Verweilen bot.

Lage
Piazza Santa
Trinita

Buslinien
3, 6, 11, 15, 16,
31, 32, 36, 37

❋❋Palazzo Strozzi   J 6

Die Familie Strozzi fühlte sich im 15. Jh. den Medici durchaus ebenbürtig. Um den Herrscher von Florenz, Lorenzo de' Medici den Prächtigen, jedoch nicht durch einen Bau herauszufordern, der den → Palazzo Medici-Riccardi an Stattlichkeit in den Schatten stellen würde, plante der reiche Kaufmann Filippo Strozzi für seine Familie ein Stadthaus, das durch sorgfältigste Ausführung, nicht durch Größe und Pracht hervorstechen sollte. So entstand zwischen 1489 und 1538 der Palazzo Strozzi, der als der

Lage
Piazza Strozzi

Buslinien
6, 11, 15, 16, 31,
32, 36, 37

schönste der Florentiner Renaissance-Paläste gilt. Im Jahr seiner Fertigstellung beschlagnahmte Cosimo I. den Palast; erst 1568 wurde er der Familie Strozzi zurückgegeben. Heute beherbergt er kulturelle Institute.

Die Architekten Benedetto da Maiano und (nach seinem Tod) Simone del Pollaiolo, genannt Cronaca, vereinten in diesem Bau die Errungenschaften der Renaissance-Architektur, eine klassisch schöne Gliederung im gesamten Entwurf und in den Einzelheiten, mit einer handwerklich vollkommenen Bearbeitung aller Bauelemente. Die Wirkung der Fassade beruht auf der ausgewogenen Komposition der Geschosse, des Portals, der Fenster und des abschließenden Gesimses sowie der genauen Steinmetzarbeiten an allen Quadern, die von unten nach oben in ihrer Wölbung abnehmen und horizontal in ihrer Reihe gleichmäßig verlaufen ('Wunder des Bossenstils').

Die Schmiedearbeiten (Wandringe zum Anbinden der Pferde, Fackelhalter und Ecklaternen) wurden von Niccolò Grosso um 1500 ausgeführt, einem berühmten Eisenschmied, der Aufträge nur nach Vorauszahlung annahm. Beachtenswert ist der elegante und vornehme Hof, ein Werk des Cronaca. In der Galleria Strozzina (Räumlichkeiten im Untergeschoß sowie im ersten Stockwerk) finden in unregelmäßigen Abständen Ausstellungen alter und moderner Kunst statt. Zudem zeigt ein kleines Museum im Untergeschoß die Baugeschichte des Palazzos; u.a. ist hier ein Holzmodell des Palastes von da Maiano ausgestellt.

Palazzo dello Strozzino   J 6

Lage
Piazza Strozzi 2

Buslinien
6, 11, 15, 16, 31,
32, 36, 37

Die jüngere Linie der Familie der Strozzi ließ 1458, also bevor der heute gegenüberliegende → Palazzo Strozzi entstand, von Michelozzo ein Stadthaus errichten, das von Giuliano da Maiano (1462–1465) vollendet wurde.

Im Jahre 1927 wurde die Fläche des Innenhofes in das Odeontheater eingebaut, ein Entwurf des Architekten Marcello Piacentini.

Palazzo degli Uffizi (Uffizien)   J 6

Lage
Piazza della
Signoria/Piazzale
degli Uffizi
Eingang: Loggiato
degli Uffizi 6

Buslinien
3, 13, 15, 18, 19,
23, 31, 32

Öffnungszeiten
Di. – Sa.
9.00 – 19.00; So.,
Fei. 9.00 – 13.00

Cosimo I de'Medici, Herzog von Florenz, seit 1569 Großherzog (Granduca) der Toskana, zog um 1540 aus dem Familienpalast (→ Palazzo Medici-Riccardi) in den → Palazzo Vecchio, der dadurch zum Palazzo Ducale (Herzoglicher Palast) wurde. Den räumlichen Bedürfnissen der herzoglichen Familie mußten die Florentiner Magistraturen und Gerichtsämter langsam weichen. Für ihre Büros, die Uffizi, wurde ein eigener Bau vorgesehen, der sich an den Palazzo Ducale anschließen sollte. Die Grundsteinlegung erfolgte 1560; 1565 zog man in aller Eile (in weniger als einem halben Jahr) einen Korridor, der den Palazzo Vecchio über den Palazzo degli Uffizi und den → Ponte Vecchio mit dem → Palazzo Pitti verband. Im Jahre 1580 waren die Arbeiten vorläufig abgeschlossen, die von Vasari, Buontalenti und Parigi geleitet worden waren.

Der Palazzo degli Uffizi nahm das alte Zollgebäude, die Zecca, in der die berühmten Münzen, die 'Florentiner', geprägt wurden, und die romanische Kirche San Piero Scheraggio auf. Zugleich wurden Künstlerateliers und Werkstätten eingerichtet. Ebenso wurden Räume für naturwissenschaftliche und alchimistische Studien geschaffen. Selbst für ein Theater fand man 1585/1586 Platz, in dem die ersten Opern in der Musikgeschichte aufgeführt wurden. Heute ist der Palast Sitz der Galerien der Uffizien und des Staatsarchivs.

Der Palazzo degli Uffizi, der sich U-förmig um den langgestreckten Piazzale degli Uffizi vom Palazzo Vecchio hinunter zum Arno und wieder

Blick auf die Seitenflügel des Palazzo degli Uffizi, im Hintergrund der Palazzo Vecchio ▶

Palazzo degli Uffizi

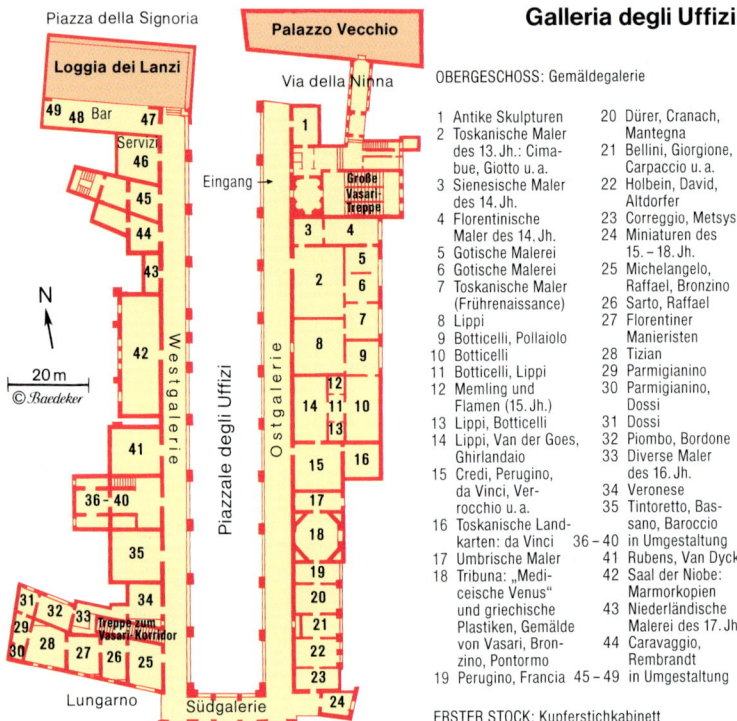

Piazza della Signoria

Palazzo Vecchio

Loggia dei Lanzi

Via della Ninna

49 48 Bar 47

Servizi

46

45

44

43

42

N

20 m
© Baedeker

41

36 – 40

35

31 32 33 Treppe zum
29 Vasari-Korridor
30 28 27 26 25 34

Lungarno

Westgalerie

Piazzale degli Uffizi

Ostgalerie

Eingang

Große
Vasari-
Treppe

1

3 4

5

2 6

7

8

9

12
14 11 10
13

15 16

17

18

19

20

21

22

23

24

Südgalerie

Galleria degli Uffizi

OBERGESCHOSS: Gemäldegalerie

1 Antike Skulpturen
2 Toskanische Maler des 13. Jh.: Cimabue, Giotto u. a.
3 Sienesische Maler des 14. Jh.
4 Florentinische Maler des 14. Jh.
5 Gotische Malerei
6 Gotische Malerei
7 Toskanische Maler (Frührenaissance)
8 Lippi
9 Botticelli, Pollaiolo
10 Botticelli
11 Botticelli, Lippi
12 Memling und Flamen (15. Jh.)
13 Lippi, Botticelli
14 Lippi, Van der Goes, Ghirlandaio
15 Credi, Perugino, da Vinci, Verrocchio u. a.
16 Toskanische Landkarten: da Vinci
17 Umbrische Maler
18 Tribuna: „Mediceische Venus" und griechische Plastiken, Gemälde von Vasari, Bronzino, Pontormo
19 Perugino, Francia

20 Dürer, Cranach, Mantegna
21 Bellini, Giorgione, Carpaccio u. a.
22 Holbein, David, Altdorfer
23 Correggio, Metsys
24 Miniaturen des 15. – 18. Jh.
25 Michelangelo, Raffael, Bronzino
26 Sarto, Raffael
27 Florentiner Manieristen
28 Tizian
29 Parmigianino
30 Parmigianino, Dossi
31 Dossi
32 Piombo, Bordone
33 Diverse Maler des 16. Jh.
34 Veronese
35 Tintoretto, Bassano, Baroccio
36 – 40 in Umgestaltung
41 Rubens, Van Dyck
42 Saal der Niobe: Marmorkopien
43 Niederländische Malerei des 17. Jh.
44 Caravaggio, Rembrandt
45 – 49 in Umgestaltung

ERSTER STOCK: Kupferstichkabinett

Uffizien
(Fortsetzung)

zurück zur → Loggia dei Lanzi legt, ist architektonisch durch seine verschiedenen Bestimmungen charakterisiert: Im Erdgeschoß öffnen sich Kolonnaden mit Säulen und Pfeilern im Wechselspiel, die Verkaufsständen Platz bieten und seit alters her vom Treiben der Florentiner und der Besucher der Stadt belebt werden; in den oberen Geschossen befinden sich die Räume für Büros und für die Kunstwerke.

Die einheitlich streng gegliederten Fassaden verbergen ein unregelmäßiges Inneres, das durch das Zusammenwachsen von Bauteilen des 14. und 16./17. Jh.s entstanden ist. Zum ersten Mal in Europa wurden hier übrigens bei einem Bau Zement und Verstrebungen aus Eisen verwandt.

✳✳Galleria degli Uffizi

Die Uffizien beherbergen eine der bedeutendsten Gemäldesammlungen der Welt. Sie enthalten nicht nur florentinische und italienische Kunstwerke, sondern auch eine Vielzahl ausländischer Gemälde und wertvolle antike Skulpturen. Die Sammlungen gingen aus einer Privatgalerie der Medici-Fürsten hervor, die von der letzten Erbin des Hauses, der 1743 verstorbenen Kurfürstin Anna Maria Ludovica von der Pfalz der Stadt Florenz hinterlassen wurde.

Doch werden die Uffizien nicht nur ihrer Gemälde wegen geschätzt, sondern auch wegen ihrer reizvollen Innenausstattung. Die Korridore sind mit orientalischen Groteskenmalereien, antiken Skulpturen und wertvollen Gobelins geschmückt.

Der größte Schatz ist aber wohl die einzigartige Sammlung florentinischer Renaissancemalerei, die zu den großen Leistungen der europäischen Kunst zählt, die diese Stadt hervorgebracht hat. Da die in Florenz zwischen ca. 1300 und 1500 geschaffenen Gemälde richtungsweisend für die gesamte abendländische Malerei waren, sollen sie in einer repräsentativen Auswahl im folgenden kurz vorgestellt und interpretiert werden. Die Erklärungen folgen der Hängung der Bilder in der Galerie nach chronologischen Gesichtspunkten entsprechend den Entstehungsdaten der Werke, so daß sich der Besucher, beginnend mit dem Saal 2 im 2. Stock der Uffizien relativ leicht an der fortlaufenden Führungslinie im Museum orientieren kann. Von der sogenannten Tribuna (Saal 18) an, einem achteckigen Galerieraum, ändert sich jedoch die chronologische Hängung zugunsten einer Ordnung nach Schulen, Regionen und Ländern (z. B. Deutsche, Niederländer, Oberitalien etc.) von etwa 1500 bis 1700.

Im Raum 2 der Galerie sind drei großformatige Madonnenbilder aus der Zeit um 1300 vereint, die den Beginn der toskanischen Malerei und einen ihrer ersten Höhepunkte veranschaulichen.

Saal 2
Toskanische
Malerei um 1200

Die "Thronende Madonna mit Engeln" von Cimabue (um 1275) steht noch ganz in der Tradition byzantinischer Madonnenmalerei. Die Madonna erscheint statuenhaft und der Wirklichkeit entrückt. Umgeben ist sie von symmetrisch angeordneten Engeln, die graziös den Thron halten. In einem kryptaähnlichen Raum darunter befinden sich vier Propheten. Die Geste der Madonna, die mit der Rechten auf das Jesuskind hindeutet, ist genauso traditionell gestaltet wie dessen Segensgebärde. Es ist noch keinerlei Austausch von zärtlichen Gefühlen zwischen Mutter und Sohn zu bemerken. Das Jesuskind ist bei Cimabue wie ein Feldherr in altrömische Gewänder gekleidet und die Madonna in einen nach byzantinischer Art in zahlreiche dünne Fältchen gelegten Mantel gehüllt.

Die "Maestà" (Maestà = thronende Madonna) von Duccio (1285) dagegen ist schon ein wenig bewegter gestaltet in zarten Farben und feiner Linienführung. Doch auch sie wirkt noch körperlos und dem Irdischen entrückt. Am ehesten in eine menschliche Dimension übersetzt wurde das Thema von Giotto. In seiner "Maestà" (um 1310; Abb. S. 114) ist der Thron schon fast greifbar nahe, die Figuren sind körperlich gestaltet und haben Blickkontakt untereinander und mit dem Betrachter. Außerdem stehen alle Figuren auf dem Boden, also in einem wirklichkeitsnahen Raumgefüge.

Zum ersten Mal wird bei Giotto die Madonna nicht als wesenlose Himmelskönigin dargestellt, sondern als körperlich erfahrbare, menschliche Frauengestalt. Auch die Nebenfiguren wirken lebhaft und zeigen einen unterschiedlichen Gesichtsausdruck. Giotto belebt die ganze Darstellung durch neue Farbigkeit, indem er nicht mehr nur die einfachen Erdfarben der Byzantiner verwendet, sondern auch Farben von stärkerer, differenzierter Leuchtkraft. Traditionell bleibt allerdings der Hintergrund als einfacher Goldgrund, der die Feierlichkeit der Szene betonen soll. Die eigentliche epochemachende Leistung Giottos liegt im Bildaufbau begründet. Als erster Maler konzipiert er einen fest umrissenen, wirklichkeitsgetreuen Bildraum unter Berücksichtigung des Betrachterstandpunktes. Die weißen Gewänder der Engel bilden zusammen mit dem weißen Obergewand der Madonna die farblichen und geometrischen Eckpunkte einer ausgeklügelten Dreieckskomposition, die noch durch den Dreiecksgiebel des Thrones überhöht wird. Mit dieser Dreieckskomposition schafft Giotto ein für Jahrhunderte gültiges Bildschema.

Die persönlichere, individuellere und vor allem realistische Seh- und Malweise Giottos führt im Vergleich zur byzantinischen Kunstauffassung zu einer wahren Renaissance der Malerei. Fortan wird sich die Malerei als eigenständige Kunst vor allem gegenüber der Skulptur behaupten und sie schließlich sogar überflügeln.

Doch es gibt zwischenzeitlich immer wieder konservative Maler wie zum Beispiel den Sienesen Simone Martini, dessen Verkündigungsbild um 1333 sich sehr am gotischen Stil orientiert. Schon der vergoldete Rahmen

Saal 3
Sienesische
Malerei, 14. Jh.

Palazzo degli Uffizi

Galleria degli
Uffizi, Saal 3
(Fortsetzung)

nimmt mit seinen Türmchen (Fialen), seinen Giebelchen und deren Dekoration Motive aus der gotischen Baukunst auf. Die "Verkündigung" ist von großer Feinheit und Eleganz, vom flatternden Gewand des Engels bis zu der scheu zurückweichenden Jungfrau. Die Bewegungen sind von einer lyrischen Zartheit und Empfindsamkeit; die Plastizität der Körper wird einer flächigen Zeichnung untergeordnet; d.h. die Linien werden betont und akzentuieren damit die Schlankheit und Feingliedrigkeit der Figuren. Genau wie in der Architektur, wo man (im Norden) hoch, eng und kompliziert-dekorativ baute, fand das Schönheitsideal der Gotik in der Malerei in den schlanken, zierlichen und fast körperlosen Frauengestalten seinen Ausdruck.

Weitere Arbeiten der sienesischen Schule des 14. Jh.s im Saal 3 sind die "Madonna in der Glorie" (1340) und die Tafeln mit Szenen aus dem Leben der hl. Humilitas (1341) von Pietro Lorenzetti, der in der Nachfolge Giottos steht. Sein Bruder Ambrogio Lorenzetti ist mit Szenen aus dem Leben des hl. Nikolaus vertreten, der erzählerische Kraft mit sensiblem Form- und Farbgefühl und perspektivischen Darstellungsversuchen verbindet.

Saal 4
Florentinische
Malerei, 14. Jh.

Unter den florentinischen Nachfolgern Giottos treten vor allem Bernardo Daddi (gest. 1348) und Taddeo Gaddi (gest. 1366) hervor, deren Altartafeln von zarter Farbgebung und weicher, anmutiger Linienführung sind unter Beachtung realistischer Personen- und Raumdarstellung.

Saal 5/6
Hochgotik 15. Jh.

In der Folgezeit bleibt der gotische Stil in der Malerei vorherrschend, und noch zu Beginn des 15. Jh.s zeigen die Werke von Lorenzo Monaco, "Die Anbetung der Könige" (1420) und "Die Krönung Mariens" (1413), den Formen- und Farbenkanon des internationalen Stils der Gotik.

Auch bei Gentile da Fabriano(s) "Anbetung der Könige" (1423) fällt das gotische Schönheitsideal des Künstlers ins Auge. Dieses Bild entstand in einer Zeit des Übergangs von der Gotik zur Renaissance. In seiner verschwenderischen Kostbarkeit der Details zeugt es von den hohen Ansprü-

Giotto: "Thronende Madonna"   *Masaccio "Anna Selbdritt"*

Galleria degli
Uffizi, Saal 5/6
(Fortsetzung)

chen des Auftraggebers, des reichen Palla Strozzi. Doch ist hier noch
nichts von einem radikalen Bruch mit der Tradition zu spüren: statt sich
renaissancebewußt für das Charakteristische, Individuelle zu interessie-
ren, schwelgt Gentile ganz in märchenhaft schönen Vorstellungen.

Saal 7
Frührenaissance
15. Jh.

Ganz anders dagegen arbeitet sein Zeitgenosse Masaccio. Die "Anna
Selbdritt" (um 1420) von Masaccio in Zusammenarbeit mit Masolino ist
eines der Frühwerke dieses Künstlers, der die Perspektive, die Abbildung
des dreidimensionalen Raumes auf der Fläche, in die Malerei einführte.
Zusammen mit dem Architekten Brunelleschi und dem Bildhauer Donatello leitet er die Epoche der Renaissance ein. Auf der Grundlage genauer
Naturbeobachtung sollte das Bild zu einem neuen Erlebnis der Wirklichkeit
führen. Die Altartafel Masaccios gibt sich in ihrer energischen Zeichnung
und reliefartigen Modellierung der hoheitsvoll-herben, realistischen Natur-
schönheit der Gesichter und Körper durchaus als ein jenes großen Kunst-
erneuerers würdiges Werk zu erkennen.
In der Nähe hängt das Bild eines Zeitgenossen Masaccios, die "Krönung
Mariä" (um 1430–1435) von Fra Angelico, der mit seiner tief religiösen,
mystisch-traditionellen Kunstauffassung den Gegenpol zu Masaccio bildet. Der malende Dominikanermönch wird jedoch zu Unrecht als konser-
vativ oder altertümlich charakterisiert. Zwar dominiert bei ihm die Gold-
grundmalerei und auch die Figuren erscheinen eher unkörperlich und vom
Gewand bestimmt, doch benutzt Fra Angelico eine reichhaltige Farben-
palette und gelangt mit Hilfe der kreis- und halbkreisförmigen Figurenanordnung zu einer eindrucksvollen, die Bildfläche und den Bildraum vereinigenden Komposition.
Allerdings erscheint Fra Angelicos Malweise im Vergleich mit einem pas-
sionierten Perspektiviker wie Paolo Uccello sicherlich traditionell. Die
"Schlacht von San Romano" wurde um 1456 von Paolo Uccello in Erinnerung an ein Kriegsereignis von 1432 gemalt, als die Florentiner gegen die
verbündeten Truppen Sienas und Mailands siegten. Die ursprüngliche
hohe Hängung des Bildes in der Wandtäfelung eines Raumes im Medici-
last erklärt die ausgeprägte Untersicht. Aber auch sonst malt Uccello kein
blutrünstiges Schlachtengemälde, sondern eher ein zirzensisches Turnier,
bei dem die Akteure fast wie Marionetten auftreten. Die extremen perspektivischen Verkürzungen, etwa der zerbrochenen Lanzen, der hingestürzten
Reiter und Pferde sowie die auf reines Volumen reduzierten Formen der
puppenhaften Kämpfer spiegeln das starke Interesse Uccellos an perspektivischen Problemen wider. Insgesamt ist seine Malweise aber eher
antinaturalistisch, abstrakt und mutet sogar fast modern an, wenn man die
roten und blauen Pferde betrachtet.
Eine sichere Handhabung perspektivischer Konstruktion verrät die "Thronende Madonna mit Heiligen" (um 1445) von Domenico Veneziano.
Anstelle traditioneller Einzeltafeln für die Heiligen wie bei einem Polyptychon malt er ein großformatiges Altarbild, in dessen einheitlichem Archi-
tekturraum halbkreisförmig je zwei Heilige rechts und links vom Thron der
Madonna in Arkadenzonen eingebunden sind. Der aus Venedig stammende Domenico ist ein Meister der Lichtmalerei, die in einer Fülle feiner
Nuancen und zarter Farbabstufungen eine Neuerung darstellt im Gegensatz zum kräftigen Lokalkolorit der Florentiner Zeitgenossen. Die Verwendung von Öl als zusätzlichem Bindemittel bei den Temperafarben ermöglicht es, feinste Lasuren zu erzielen. Vor allem Licht und Schatten mit malerischen Mitteln realistisch wiederzugeben, ist das große Verdienst Dome-
nicos. Von rechts oben fällt diagonal eine Lichtbahn ein und erhellt einen
Teil des Bildraumes. Zum ersten Mal wird auf diesem Gemälde das Son-
nenlicht natürlich wiedergegeben anstelle des traditionellen Goldgrundes.
Einen anderen Schwerpunkt in der Malerei der Frührenaissance bildet das
Porträt. Es wird aus der Anschauung der antiken Medaillenkunst heraus
entwickelt und findet besonders als Profilgestaltung großen Anklang. Die
Bildnisse des Herzogspaares aus Urbino von Piero della Francesca, um
1465 gemalt, liefern dafür ein gutes Beispiel. Die Köpfe von Federico da
Montefeltro und seiner Ehefrau Battista Sforza sind in strenger Profil-

Palazzo degli Uffizi

Galleria degli
Uffizi, Saal 7
(Fortsetzung)

stellung wiedergegeben. Der Herzog ist mit dem Gesicht nach links gewandt, da er schon in jungen Jahren das rechte Auge bei einem Turnierspiel verloren hatte. Abgesehen von diesem Zugeständnis hat Piero bei keinem seiner Porträts auch nur den geringsten unregelmäßigen Nebenzug, der für die jeweilige Physiognomie der Person charakteristisch war, schmeichlerisch dem Betrachter vorenthalten. Mit gewissenhafter Sorgfalt hat er die Adlernase des Herzogs, jedes einzelne Runzelfältchen, die dünnen Lippen, den harten Blick und den gedrungenen untersetzten Oberkörper des von ihm hochverehrten Herrschers abgebildet. Auch das abgezehrte wachsbleiche Gesicht seiner Gemahlin ist dem Künstler nicht entgangen.

Neben dieser realistisch-strengen Charakterisierung des Herrscherpaares ist die Hintergrundlandschaft von Interesse, ein seltenes Beispiel für die Landschaftsgestaltung der Frührenaissance. Sie dient der Aufwertung des Herrscherpaares. Sein Machtanspruch auf ein Territorium, auf das Herzogtum Urbino mit seinen Berg- und Hafenstädten, wird damit dokumentiert. Piero della Francesca aus Arezzo hat sich bei der Gestaltung des Landschaftsraumes mit seinen feinen Hell-Dunkel-Abstufungen offenbar von der brauntonigen umbrischen Hügellandschaft inspirieren lassen.

Saal 8
Filippo Lippi und
Sohn Filippino

Ein weiteres Beispiel florentinischer Porträtmalerei ist die "Madonna mit Kind und zwei Engeln" (um 1465) von Filippo Lippi. Weitgehend losgelöst von der religiösen Thematik entstand hier als Spätwerk Lippis das Bildnis einer schönen, mädchenhaft-jungen Frau in vornehmer Kleidung. Ihr Halbprofil zeigt eine hohe glatte Stirn, die dem Zeitgeschmack entsprechend rasiert ist. Im goldgelben Haar ist kunstvoll ein Schleier eingewoben. Sie sitzt auf einem reichverzierten Sessel am offenen Fenster und zwei vergnüglich lächelnde Engel heben das Jesuskind zu ihr empor. Die Szenerie strahlt Heiterkeit und Anmut aus, obwohl das Christuskind etwas ernst dreinschaut. Da im Hintergrund durch das Fenster hindurch eine Felsenlandschaft erscheint, ist anzunehmen, daß es sich in Verbindung mit dem leidvollen Ausdruck des Kindes um den Golgatha-Hügel handelt, der auf den Kreuzestod Jesu verweist. Wichtiger ist dem Maler allerdings die innige Beziehung zwischen Mutter und Kind, die zarte Körperberührung und der Blickkontakt. Religiöse Inhalte werden zunehmend gegen Ende des 15. Jh.s verweltlicht und der Darstellung zwischenmenschlicher Beziehungen. Die Mutterrolle der Frau, Kindererziehung, Familienglück sind wichtige Themen, die die Zeitgenossen diskutieren und die Künstler in Bildern gestalten.

In den übrigen Werken Lippis, den Predellentafeln (um 1437), der "Thronenden Madonna mit Heiligen" (um 1445), der "Marienkrönung" und der "Anbetung im Wald mit dem hl. Romuald und Johannesknaben", verbinden sich die plastisch-monumentale Figurenauffassung Masaccios mit lichtdurchfluteten Architektur- und Landschaftsräumen und geschwungenem, elegantem Linienstil.

Saal 9
Pollaiolo, Frühwerk
Botticellis

Die Bildwerke wie die Kleinplastiken der Brüder Antonio und Piero Pollaiolo zeichnen sich durch Darstellungen kraftvoller, bewegungsreicher Körper aus, die das Ergebnis intensiver Anatomiestudien sind. In den kleinformatigen Herkules-Tafeln ("Ringkampf mit Antäus" und "Tötung der Hydra") wird dies besonders deutlich. Die das ganze Bild füllende Gestalt des hl. Jakobus auf dem Tafelbild aus der Kapelle des Kardinals von Portugal in San Miniato al Monte zeigt dagegen die Tendenz zur monumentalen Altartafel anstelle des kleinteiligen Polyptychons.

Besondere Aufmerksamkeit verdient auch das Frühwerk von Sandro Botticelli, dessen Madonnenbilder noch stark an den Stil seines Lehrers Filippo Lippi erinnern. "Die Tapferkeit" (1470) gilt als eines der frühen Werke ebenso wie das Porträt eines Unbekannten mit der Medaille Cosimos d. Ä., ein reizvoller Kontrast zwischen Voll- und Halbprofil.

Säle 10–14

Mit ungefähr dreißig Jahren malte Botticelli um 1475 das Altarbild "Anbetung der Könige" während der Herrschaftszeit des um vier Jahre jüngeren

Lippi: "Madonna mit Kind und zwei Engeln"   *Francesca: "Frederico da Montefeltro"*

Lorenzo il Magnifico, als sich Florenz im 'goldenen Zeitalter' wähnte. Ob Botticellis Dreikönigsbild als Auftragswerk der Medici selbst oder des Medici-Freundes Giovanni del Lama für die Dominikanerkirche Santa Maria Novella in Florenz angesehen werden kann, ist in der kunsthistorischen Forschung umstritten. Auf jeden Fall hat sich die Florentiner Oberschicht in der Versammlung der Anbetenden porträthaft von Botticelli malen lassen. Der Maler verwendet für die Gruppenregie einen klassischen Dreiecksaufbau, bei dem die heilige Familie der Dreiecksspitze zugeordnet wird, die Könige, in diesem Fall Mitglieder der Familie Medici, ihr untergeordnet sind, doch zentral und in sozial-politischer Rangfolge (Vater Cosimo der Alte, Stadtherr von Florenz mit seinen Söhnen Giovanni und Piero de Medici) in die Bildmitte gesetzt werden. An den Dreiecksseiten befinden sich die jüngeren Medici, Cosimos Enkel, der nachdenkliche, schwarzhaarige und dunkelgekleidete Lorenzo der Prächtige und sein stolzer lebensfroher, in leuchtende Gewänder gekleidete Bruder Giuliano, der bei der Pazzi-Verschwörung 1478 ermordet wurde. Sie werden umrahmt von Gruppen mit Humanisten, aristokratisch-bürgerlichen Freunden und Künstlern, vor einem antikisierenden Architektur- und Landschaftshintergrund. Das eigentliche heilsgeschichtliche Bildthema tritt in den Hintergrund und wird nur zum Vorwand genommen für eine prachtvolle Repräsentation der Medici und ihrer Anhänger.

Das florentinische Patriziat war aber nicht ausschließlich an oberflächlichen Sinnenfreuden interessiert, es beschäftigte sich auch eingehend mit antiker Literatur und Philosophie. Auf diesem geistesgeschichtlichen Hintergrund sind die folgenden Werke von Sandro Botticelli zu interpretieren, die "Geburt der Venus" und die "Primavera". Auftraggeber für beide Gemälde war Lorenzo di Pierfrancesco de Medici, ein Vetter von Lorenzo il Magnifico. Die "Geburt der Venus" entstand um 1482/1483. Botticelli verbindet darin antikes und christliches Gedankengut im Sinne der Renaissance, als einer Wiedergeburt des Geistes aus antiker Mythologie und christlicher Theologie. So malt er einen weiblichen Akt nach dem Vorbild

Galleria degli
Uffizi, Säle 10 – 14
Botticelli,
Ghirlandaio,
flämische Maler
(Fortsetzung)

117

Botticelli: "Geburt der Venus"

Galleria degli
Uffizi, Säle 10–14
(Fortsetzung)

einer antiken Statue der Liebesgöttin Venus und greift indirekt auf den Typus des christlichen Taufbildes, zum Beispiel der Taufe Christi im Jordan, zurück. Nach dem Verständnis des zeitgenössischen Philosophen Marsilio Ficino, einem bedeutenden Lehrer an der von Cosimo de Medici gegründeten Platonischen Akademie in Florenz, ist Venus als Allegorie der Himmlischen Liebe zu verstehen, verkörpert in einer schönen Frau. Bei der Betrachtung irdischer Schönheit und Vollkommenheit wird eine Sehnsucht erzeugt, zum Ursprung des Schönen und das heißt schließlich zum Schöpfer, zu Gott, zurückzukehren.

Wie weit sich die Intellektuellen in Florenz mit solchen Ideen von der traditionellen Geisteshaltung andernorts unterschieden, macht ein Blick nach Flandern auf Rogier van der Weydens "Grablegung" (um 1450) im selben Saal und auf den Portinari-Altar deutlich, der kurze Zeit vor der "Geburt der Venus" als Auftragswerk Tommaso Portinaris, des Leiters der Medici-Bank-Filiale in Brügge, von Hugo van der Goes fertiggestellt wurde. Der Altar beeindruckt zwar durch seinen Naturalismus und Realismus, aber insgesamt bleibt die Malerei nördlich der Alpen stark religiös geprägt. Eine Aktfigur erscheint unter diesen Umständen undenkbar. Statt dessen herrschen körperverhüllende Gewandfiguren vor.

In "La Primavera" (1485–1487) von Botticelli tanzen dagegen leichtbekleidete Mädchen anmutig auf einer blumenübersäten Frühlingswiese, ein Antikenzitat der drei Grazien. Auch die übrigen Personen sind mythologischer Herkunft. In der Bildmitte tritt Venus auf zusammen mit ihrem pfeilschießenden Sohn Cupido. Am äußersten linken Bildrand erscheint Merkur. Auf der rechten Bildseite wird nach der Art mittelalterlicher Simultanbilder die Verwandlung der Nymphe Chloris – nach ihrer Vergewaltigung durch den Windgott Zephyr – in die blumenspendende Göttin Flora dargestellt. Auf den ersten Blick scheint es sich um ein Frühlingsfest zu handeln, wie der sehr viel später von Vasari willkürlich bestimmte Bildtitel andeutet, doch der Bildsinn ist sehr viel komplexer. Zunächst ist er aus den literarischen Quellen der Antike abzuleiten. Ovid beschreibt in seinen "Fasti" die

Metamorphose der Erdnymphe Chloris. Die drei Grazien sind als Atlas-
töchter oder Hesperiden aus antiken Schriften bekannt. Die Frühlingsstim-
mung ist wohl dem Werk "De rerum natura" des Lukrez entnommen.
Eine weitere Sinnebene erschließt sich aus den zeitgenössischen philoso-
phischen Betrachtungen über ideale Liebe und Schönheit. Im Frühling
erwachen die Triebe und Gefühle der Menschen; damit sie sich ungestört
entfalten können, hält Merkur mit seinem Stab die dunklen Wolken des
Trübsinns fern. In der Dreiergruppe von Zephyr, Chloris und Flora wird der
Konflikt zwischen Wollust, Keuschheit und Schönheit sichtbar gemacht.
Die in der Bildmitte mit einladender Geste postierte, vornehm gekleidete
Venusgestalt erinnert stark an eine Marienfigur. Auf diese Weise verkörpert
sie die Synthese von irdischer und himmlischer Liebe. Sie ist der Typ der
'Venus humanitas', ein Sinnbild für die vergeistigte, moralisch-göttliche
Liebe, ein Leitbild zum vollkommenen Menschsein.

Galleria degli
Uffizi, Säle 10 – 14
(Fortsetzung)

Als Botticelli 1510 starb, war bereits eine neue Generation von Künstlern
am Werk. Das renommierte Dreigestirn zu Beginn des 16. Jh.s bildeten
Leonardo, Michelangelo und Raffael. Leonardo da Vinci ging bei Andrea
del Verrocchio in die Lehre. Zusammen mit seinem Lehrer malte er die
"Taufe Christi im Jordan" (um 1470–1472). Verrocchio hatte als Goldschmied begonnen und die meiste Zeit seines Lebens als Bildhauer gearbeitet. Die Gestalten des Heilands und Johannes des Täufers zeigen seine
kraftvolle, sogar etwas harte Modellierung, wie sie ihm als Skulpteur ent-
sprach. Der von vorne dargestellte, kniende Engel mit vor der Brust
übereinandergelegten Händen ist in der Erscheinung zwar recht anmutig,
aber mit seinem stark knochigen Kopf und dem kurz geschnittenen Lok-
kenkranz von etwas gewöhnlichem Aussehen. Liebreizender ist der in Pro-
filstellung kniende Engel Leonardos mit seinem in weichen Wellen über
den Nacken hinabfallenden blonden Lockenhaar, seinem gefühlvollen
Blick und der in reichem Faltenwurf niederwallenden Gewandung.
Leonardo da Vinco lebte in einer Zeit, in der die Heilsgeschichte angesichts der naturwissenschaftlichen Entdeckung der Welt und des Menschen als alleiniges Erklärungsmodell für die komplizierten Zusammenhänge im Universum immer untauglicher wurde. Leonardo hat die Krisen-
stimmung seiner Zeit in der "Anbetung der Weisen" von 1481 auf einfühl-
same Weise erfaßt. In der Mitte des unvollendeten Bildes erscheint als
ruhender Pol die Madonna mit dem Kind. Sie ist umringt von einer wogen-
den Masse alter und junger Menschen, die der Geburt des Gottessohnes
teils mit staunender Verwunderung, teils mit Zweifel und Schrecken
begegnen. War die Weihnachtsgeschichte bisher märchenhaft-volkstümlich dargestellt worden, so gewinnt sie in Leonardos Version eine neue
Dimension der Welterlösung. In einer aus den Fugen geratenen, chaoti-
schen Welt – die Ruinen, die Krieger und wilden Reitergruppen im Hintergrund verdeutlichen dies – wird von den Anbetenden alle Hoffnung auf ein
kleines Kind gesetzt, das ihnen Kraft und Stärke geben soll. Die Figuren
zwängen sich aus dem dunklen Untergrund hervor, und ihre Gesichter
werden vom Licht des Erlösers fast geblendet. Ob ihre Erlösungssehn-
sucht erfüllt werden kann, bleibt aber dahingestellt. Die Madonna-Chri-
stus-Gruppe ist im Bildgefüge merkwürdig isoliert, und die Anbetenden
sind sehr auf Distanz bedacht, so daß die Szenerie etwas zwielichtig wirkt.
Aus der Sicht Leonardos wird das Erlösungsversprechen des Christus-
kindes eher skeptisch beurteilt.

Säle 15/16
Verrocchio,
Leonardo da Vinci

Mit dem Saal 16 endet der erste Teil des Uffizien-Rundgangs, der in weitgehend chronologischer Reihenfolge den florentinischen und toskanischen Malern von etwa 1300 bis 1500 gewidmet war. Die sich anschließende Malerei der italienischen Hochrenaissance mit Werken Raffaels und
Michelangelos ist von Saal 25 an präsentiert. Die unmittelbar folgenden
Säle sind fortan nach Schulen geordnet.

Neben den Marmorskulpturen des Hermaphroditen, einer römischen
Kopie des griechischen Originals aus dem 2./3. Jh. v. Chr., und der Amor-

Saal 17
Mantegna

Palazzo degli Uffizi

Galleria degli
Uffizi, Saal 17
(Fortsetzung)

Psyche-Gruppe gilt das besondere Interesse den Werken des oberitalienischen Meisters Andrea Mantegna: "Triptychon" (1466) mit Himmelfahrt, Anbetung der Könige und Beschneidung sowie die "Felsgrottenmadonna" (1489). Seine wirklichkeitsnahe Menschendarstellung und seine humanistisch-religiöse Geisteshaltung haben stark auf die Malerei Albrecht Dürers gewirkt.

Saal 18
Tribuna

In der Raummitte befindet sich die Medici-Venus, vermutlich eine späthellenistische Marmorskulptur in Anlehnung an die knidische Aphrodite von Praxiteles. Weitere bedeutende Statuen sind: der "Apollino" (nach Praxiteles), "Arrotino" ("Der messerwetzende Skythe"; Pergamon-Schule des 3. oder 2. Jh.s v.Chr.), die "Kämpfer" (Pergamon-Schule) und "Tanzender Faun" (Kopie des 3. Jh.s v.Chr.).
Die Wände der Tribuna sind hauptsächlich mit Bildnissen der Medici-Familie von etwa 1530 bis 1570 im Stil des Manierismus geschmückt mit qualitätvollen Einzelwerken von Pontormo, Bronzino und Vasari.

Saal 19
Perugino,
Signorelli

Der aus Umbrien stammende Maler Pietro Perugino lernte in Florenz bei Andrea del Verrocchio. Seine "Madonna mit Heiligen" und verschiedene Porträts zeigen eine ausgewogene Komposition, plastischen Realismus und dezente Farbigkeit. Als Lehrer Raffaels ist er der Wegbereiter der klassischen Kunst der Hochrenaissance.
Luca Signorellis "Heilige Familie" (um 1495) und "Madonna mit Kind" zeigen dagegen viel mehr Unruhe und Bewegung durch extreme Verkürzungen einzelner Körperteile und flackernde Farbgebung. Seine Malerei hat den jungen Michelangelo beeinflußt.

Saal 20
Deutsche Renaissancemalerei,
Cranach, Dürer

Der Raum zeigt Meisterwerke von Lucas Cranach: Porträts von Martin Luther und seiner Frau Katharina von Bora, ein Selbstbildnis und ein eindrucksvolles Melanchthon-Porträt sowie "Adam und Eva" in leicht erotischer Manier. Von Albrecht Dürer sind zu nennen "Madonna mit Kind" (1526), das "Bildnis des Vaters" (1490) und die "Anbetung der Könige" (1504), kurz vor seiner zweiten Italienreise entstanden.

Saal 21
Malerei Venedigs
und Oberitaliens,
Bellini, Giorgione

Die venezianische Malerei, für die eine weiche, tonale Farbgebung und ausgewogene Licht-Atmosphäre sowie harmonische Landschafts- und ruhige Figurendarstellungen charakteristisch sind, ist durch die "Christliche Allegorie" (um 1485) von Giovanni Bellini vertreten sowie durch zwei Szenen aus dem Leben Moses (Urteil Salomos, Feuerprobe) und mit dem Bildnis eines Malteseritters von Giorgione.

Saal 22
Deutsche und
flämische Maler,
16. Jh.

Werke von Albrecht Altdorfer, Szenen aus dem Leben des hl. Florian (um 1525) sowie ein Porträt des Sir Richard Southwell von Hans Holbein d.Ä. (1536); außerdem Arbeiten von Gerard David, Joos van Cleve und Lucas van der Leyden.

Saal 23
Correggio

Vornehmlich religiöse Werke des Malers Antonio Allegri, nach seinem Geburtsort Correggio genannt, ein Vertreter der Hochrenaissance-Malerei in Oberitalien (Emilia), dessen diagonale Bildkompositionen mit Lichteffekten und ungewöhnlichen Tiefenraumperspektiven die spätere Barockmalerei nachhaltig beeinflußt hat.

Saal 24

Miniaturen des 15. bis 18. Jahrhunderts.

Saal 25
Hochrenaissance
Michelangelo,
Rosso Fiorentino

Michelangelos "Heilige Familie" (1504/1505) ist in Rundform gemalt für die Hochzeit von Agnolo Doni mit Maddalena Strozzi, entbehrt aber jedes religiösen Pathos. Die Familie erscheint wie aus einem Block gemeißelt und zeigt unverkennbar Michelangelos starkes Interesse an der Bildhauerkunst, auch in der Malerei. Bildaufbau und Bildthema sind äußerst schwierig. In perspektivischer Untersicht und mit starken Farbkontrasten wird eine kompliziert ineinandergreifende Figurengruppe aufgebaut, die im Hintergrund von nackten Jünglingen in einem großen Becken umgeben ist.

Galleria degli
Uffizi, Saal 25
(Fortsetzung)

Über die Balustrade schaut ein kleiner Junge. Man hat neuerdings die Hintergrundinszenierung als Taufakt interpretiert und den kleinen Jungen als Johannes den Täufer angesehen. Vielleicht ist es aber auch nur eine Vorstudie zu der Fülle nackter Gestalten in der von Michelangelo einige Jahre später freskierten Sixtinischen Kapelle. Die unnatürlich hellen, changierenden Farben weisen ebenfalls auf die Sistina voraus.

Mit dem Todesjahr Raffaels (1520) setzt man den Beginn des Manierismus, der Spätphase der Renaissance bis etwa 1600, die von einem antiklassischen, unnatürlichen Form- und Farbempfinden geprägt ist. Einer der frühen Manieristen war Rosso Fiorentino. Seine Vorliebe für den flächenförmigen Aufbau von Körpern und kühle, fahle Farbgebungen zeigt sich in seinem Gemälde "Moses verteidigt die Töchter Jethros" (1523), das Bezug nimmt auf die alttestamentliche Erzählung, nach der Moses die Hirten am Brunnen vertreibt und die Herden der sieben Töchter Jethros trinken läßt. In strenger geometrischer Komposition entstehen auf der Bildfläche zwei etwa gleich große Dreiecke, die sich im linken Knie des Moses verschränken. Das untere ist in hellbraun und hat den Bildrand zur Basis, das obere ist farbig und steht auf dem Kopf. Die drei Akte, welche das untere Dreieck bilden, sind zwar anatomisch korrekt und wirken dennoch unnatürlich, fast wie Gliederpuppen.

Die Darstellung erinnert in ihrer Abstraktheit an Uccellos Malweise (vgl. "Schlacht von San Romano"), zeigt aber andererseits, daß sich die Malerei nach Raffael von den klassischen Idealen entfernt und das Irreale, Überwirkliche an die Stelle einer in sich harmonisch geglaubten Welt tritt.

Saal 26
Raffael,
Andrea del Sarto

Von Raffael hängen in diesem Raum drei wichtige Werke: ein Selbstporträt (um 1506), das ihn als Dreiundzwanzigjährigen zeigt, seine liebliche "Madonna mit dem Stieglitz" in effektvoller Dreieckskomposition und schließlich das Porträt "Papst Leo X. mit zwei Kardinälen".

Der Papst präsentiert sich dem Betrachter als moderner Mensch im Zeitgeist der Renaissance. Als Humanist, Literaturfreund, Sammler von Preziosen will er gesehen werden. Raffael bildet den Papst zwischen 1517 und 1519 als Einzelindividuum, nicht als Amtsperson ab und schafft zudem einen Ausgleich zwischen Idealgestalt und wirklichem Aussehen, indem er den kunst- und musikliebenden Papst trotz seines unvorteilhaften Äußeren als eine selbstbewußte, willensstarke, durchgeistigte Persönlichkeit darstellt, ohne ihm andererseits eine aufgesetzt machtvolle Haltung zu verleihen. Dem Wunsch des Papstes entsprechend malt Raffael auch noch zwei Kardinalporträts im Hintergrund, enge Verwandte und Vertraute des Papstes, die dieser protegiert, was ihm den Vorwurf des Nepotismus einbringt. Raffael löst die schwierige Aufgabe eines Gruppenporträts Nichtgleichrangiger, indem er den Papst sitzend darstellt, von der Betrachtung eines kostbaren, aufgeschlagenen Miniaturenkodex aufblickend, die Vertrauten, Kardinal Luigi Rocco und Giulio de Medici – den späteren Papst Klemens VII. – stehend, beide den Papst gleichsam elniralnmend. Interessant ist auch der Gegensatz zwischen den idealisierten Gestalten einerseits und den naturalistisch-genauen Einzelheiten der Handschrift, der feinziselierten Glocke und des Stuhlknaufs, auf dem sich ein Teil des Papstgemaches widerspiegelt. Idealisierung in Verbindung mit präziser Wirklichkeitsbeobachtung machen den Reiz dieses Gruppenporträts aus.

Beachtung verdient auch die "Madonna mit Harpyien" (1517) von Andrea del Sarto, als monumentale Altartafel ein typisches Beispiel der Florentiner Hochrenaissance-Malerei. Bei diesem Maler verbinden sich die weiche, tonige Malweise Raffaels mit der Monumentalität der Figuren Michelangelos und der atmosphärischen Hell-Dunkel-Lichtführung Leonardo da Vincis.

Saal 27
Florentiner
Manieristen

Der Manierismus bezeichnet die Übergangsphase von der Renaissance zum Barock im 16. Jh. und ist bestimmt von einem unruhigen, bewegungsreichen Malstil. Durch Deformation der Wirklichkeit einerseits und mystisch-verklärende Religiosität andererseits soll eine Ausdruckssteigerung

Palazzo degli Uffizi

Galleria degli
Uffizi, Saal 27
(Fortsetzung)

erzielt werden. Jacopo da Pontormo hat "Christus in Emmaus" (um 1525) für das Kartäuserkloster nahe Florenz gemalt. In seinen Werken verschmelzen die Einflüsse seiner Lehrer Leonardo da Vinci und Andrea del Sarto zusammen mit Anregungen aus dem Spätwerk Raffaels und der Monumentalmalerei Michelangelos. Auch Dürers Graphiken, voran die Passionszyklen, haben ihn beeindruckt. Das Emmaus-Bild zeichnet sich durch eine spirituell-geheimnisvolle Darstellung Christi und der Jünger aus bei gleichzeitiger naturalistischer Behandlung der Kartäusermönche unter Verwendung einer effektvollen Lichtregie. Pontormos Schüler Agnolo Bronzino malte religiöse und mythologische Gemälde, wurde aber hauptsächlich wegen seiner formstrengen Bildnisse von vornehmer, kühler Haltung geschätzt (Saal 18, Tribuna).

Saal 28
Tizian

Von den Werken des venezianischen Malers Tizian sind die "Venus von Urbino" (1538), daneben "Ludovico Beccadelli" (1552), "Venus und Cupido" (1560), "Eleonora Gonzaga della Rovere", "Francesco Maria, Herzog von Urbino" und "La Flora", eines seiner schönsten Frauenbildnisse, zu sehen. Die "Venus von Urbino", gemalt für den Herzog von Urbino, besticht vor allem durch ihre Farbkomposition. Die Rottöne verklammern die einzelnen Bildteile raumperspektivisch und flächendiagonal miteinander.

Saal 29
Parmigianino

Der aus Parma gebürtige Girolamo Francesco Maria Mazzola, genannt Parmigianino, gerät zunächst unter den Einfluß von Correggio, dann in den Bannkreis der römischen Hochrenaissance und schließlich in die Strömung des Manierismus. Die "Madonna mit dem langen Hals", entstanden zwischen 1534 und 1540, liefert ein gutes Beispiel für die den Manierismus prägende Deformation der Wirklichkeit mit stark überlängten Figuren und changierenden Farben.

Saal 30

Werke von Künstlern aus der Region Emilia.

Canaletto: "Dogenpalast in Venedig"

Werke von Dosso Dossi, einem Hauptmeister der Malschule von Ferrara, erste Hälte des 16. Jh.s, mit romantisch-stimmungsvollen religiösen und mythologischen Szenen; außerdem "La Fornarina" von Sebastiano del Piombo (1512) und "Jüngling" von Lorenzo Lotto (1505).

Galleria degli Uffizi (Fortsetzung) Saal 31

Werke des Sebastiano del Piombo, darunter "Der Tod des Adonis" (1511/1512), und anderer venezianischer Maler.

Saal 32

Hauptsächlich kleinformatige Werke manieristischer Maler, u.a. Alessandro Allori, Agnolo Bronzino, Jacopo Ligozzi, Giorgio Vasari und aus dem Ausland u.a. François Clouet, Anthonis Mor, Luis de Morales.

Passage 33 (Corridoio del Cinquecento)

Von den in diesem Saal ausgestellten Venezianern des 16. und 17. Jh.s sind hervorzuheben die "Heilige Familie mit der heiligen Barbara", "Verkündigung" und "Martyrium der hl. Justina" von Veronese sowie das "Männliche Bildnis" von Tintoretto.

Saal 34

"Leda mit dem Schwan", "Jacopo Sansovino", "Christus am Brunnen" und "Die Samariterin" von Tintoretto, Bildnis des Francesco Maria della Rovere und "Madonna del Popolo" von dem in Urbino geborenen Federico Barocci.

Saal 35

Bildnis Kaiser Karls V. und des Giovanni di Montfort von Antonis van Dyck. Die Werke von Rubens, "Heinrich IV. in der Schlacht von Ivry" und "Einzug Heinrichs IV. in Paris", "Isabella Brant" (seine erste Frau) und "Einzug Ferdinands von Österreich in Antwerpen", gehören zu den besten Werken des Künstlers.

Saal 41 Rubens, van Dyck

In dem 1779/1780 klassizistisch dekorierten Saal hat die Niobiden-Gruppe, eine römische Kopie griechischer Originale des 5. und 4. Jh.s v.Chr., die 1583 in Rom gefunden wurde und neben der Medici-Venus die kostbarste antike Skulptur von Florenz ist, einen würdigen Platz gefunden. In der Mitte steht die "Medici-Vase", ein Werk des 2. Jh.s v.Chr.; außerdem Standbilder der Antike und Gemälde, vor allem von Malern des 18. Jh.s (Canaletto).

Saal 42 Niobe-Saal

Landschafts- und Genremalerei des 17. Jh.s mit Werken u.a. von Seghers, Jakob van Ruisdael, Jan Steen, Gabriel Metsù, Frans van Mieris.

Saal 43 Niederl. Malerei

"Medusa", "Jugendlicher Bacchus" (1589), "Opferung des Isaak" (1590) von Caravaggio.
Von Rembrandt besitzen die Uffizien ein "Selbstbildnis als Greis" (1664), "Bildnis eines Alten" (sogenannter "Rabbiner"; 1658 oder 1666) und "Jugendliches Selbstbildnis" (1633/1634).

Saal 44 Caravaggio, Rembrandt

Corridoio Vasariano

Zwischen dem Saal 25 und dem Saal 34 der Galleria degli Uffizi befindet sich der Eingang zum Vasari-Korridor (Corridoio Vasariano), der beim → Ponte Vecchio über den Arno führt. Seinen Namen verdankt der Gang Giorgio Vasari, der ihn 1565 im Auftrag Cosimos I. errichtete. Durch den Vasari-Korridor konnten die Medici ungesehen vom → Palazzo Vecchio zum → Palazzo Pitti gelangen.
Ausgestellt ist im Vasari-Korridor eine reiche Sammlung von Porträts italienischer und ausländischer Künstler. In erster Linie sind es Selbstporträts, aber es finden sich dort auch Porträts und Kopien von Selbstporträts. Die Sammlung wird ständig vergrößert, so daß man neben Bildnissen von Leonardo, Raffael, Michelangelo, Rembrandt oder Velázquez auch Selbstporträts von modernen Künstlern wie James Ensor und Carlo Levis stößt. Die Besichtigung des Corridoio Vasariano ist nur nach Voranmeldung unter Tel. 21 83 41 möglich.

✱✱Palazzo Vecchio (auch Palazzo della Signoria) J/K 6

Die Strenge und Schönheit der Stadt, der Stolz und die Festigkeit der Florentiner verkörpern sich im Palazzo Vecchio (oder della Signoria) auf einzigartige Weise. Der Hauptpalast von Florenz stand am Beginn des Aufstiegs der Stadt zu Macht und Größe, begleitete die Jahrzehnte der Hochblüte in Kunst und Kultur und blieb als Symbol einer geschichtlichen Glanzzeit bestehen. Das Trotzige, Festungsartige des Hauptbaus drückt die Macht des Florentinischen Gemeinwesens vom 14. bis 16. Jh. aus; der kühn, 94 m hoch aufragende Turm mit einer Uhr von 1353 den Stolz der Florentiner; die Ausstattung der Palasträume die Kunstliebe der Bürger von Florenz.

Den Baubeginn schreiben die Florentiner dem berühmten Arnolfo di Cambio (1299–1314) zu. Danach waren mehrere Bauherren und Architekten (Michelozzo) an der Weiterführung, den Zu- und Umbauten des Palastes beteiligt, der zuerst Amtssitz der Prioren (Palazzo dei Priori) und des Gonfaloniere war, also der Magistrats-Regierung der Republik, der 'Signoria'. Seine anderen Namen Palazzo del Popolo und del Comune erhielt er aufgrund des republikanisch-demokratischen Charakters von Florenz, auch als längst die Medici die Herrschaft innehatten, die jedoch die Regierungsgeschäfte von ihrem Familienpalast, dem → Palazzo Medici, aus betrieben. Erst Cosimo I., Herzog, dann Großherzog der Toskana, zog 1540 in den Hauptpalast der Stadt, nunmehr Palazzo Ducale (Herzogspalast). Bald jedoch wechselte er in den Palazzo Pitti über, so daß der Name Palazzo Vecchio (alter Palast) gebräuchlich wurde. Zwischen 1865 und 1872, während der italienischen Einigungsbestrebungen, war er zeitweilig Sitz der Regierung, der Abgeordnetenkammer und des Außenministeriums. Danach wurde hier die Stadtverwaltung untergebracht, die Prunkräume wurden als Museum der Öffentlichkeit zugänglich.

Links vor dem Haupteingang steht eine Kopie des von Donatello geschaffenen Marzocco-Löwen mit dem Florentiner Wappen in den Pranken, daneben eine Kopie der Bronzestatue "Judith und Holofernes" von Donatello (das Original befindet sich in der Sala dei Gigli s. S. 126). Rechts die Statue des "David" von Michelangelo (Kopie) sowie eine Marmorgruppe mit Herkules und Cacus von Bandinelli (1533). Im oberen Teil sind Fresken mit Wappen der Kommune Florenz zu sehen.

Das Ergeschoß umfaßt drei Höfe, die Waffenkammer und die große Treppe, die nach oben führt. Besonders beachtenswert sind der erste Hof und die Waffenkammer.

Den kleinen Innenhof (kostenlos zugänglich; Abb. S. 128) gestaltete 1470 Michelozzo um (prachtvolle Säulen!). In der Mitte ein graziöser Brunnen, auf dessen Spitze ein beflügelter Knabe mit einem Delphin (1476; Original von Verrocchio im zweiten Stock) steht. Im Oberteil der Wandzonen sind 18 große Stadtbilder zu bemerken, die anläßlich der Hochzeit des Ferdinando mit Johanna von Österreich (1565) gemalt wurden. In einer Nische steht die Marmorgruppe "Samson und der Philister" des Perino da Vinci.

Die Waffenkammer ist insofern sehenswert, als sie der einzige Raum ist, der vom Palast des 14. Jh.s erhalten ist. Heute wird der Raum für Ausstellungen genutzt.

Die große Treppe schuf Vasari (1560–1563).

Der riesige Saal der Fünfhundert (53,7 m lang, 22,4 m hoch und 18,7 m breit) ist das Werk des Simone dal Pollaiolo, genannt Cronaca (1495). Die Wände schmückten einst zwei berühmte Gemälde, die "Badenden

Lage
Piazza della Signoria

Buslinien
3, 13, 14, 15, 18, 19, 23, 31, 32

Öffnungszeiten
Mo.–Fr. 9.00–19.00; So., Fei. 8.00–13.00

Außenansicht

Erdgeschoß

Primo Cortile

Camera dell'Arme

Scalone del Vasari

Erstes Stockwerk
Salone dei Cinquecento

◀ *Palazzo Vecchio: der Hauptpalast von Florenz*

Palazzo Vecchio

Erstes Stockwerk,
Salone dei
Cinquecento
(Fortsetzung)

Soldaten" von Michelangelo und die "Reiterschlacht" von Leonardo, die jedoch beide verloren sind. Die Decke trägt in reichem Schmuck 39 Felder mit allegorischen Darstellungen und Szenen aus der Geschichte von Florenz und der Medici.

In dem "Audienz-Saal" genannten Teil des Salone (linke Querseite), der für Empfänge und offizielle Zeremonien bestimmt war, stehen in den Nischen Statuen der Medici: Cosimo I., Papst Leo X., Giovanni delle Bande Nere, Alessandro, Papst Klemens VII., der Kaiser Karl V. krönt, Francesco I. (Werke von Bandinelli, De'Rossi und Caccini).

An der gegenüberliegenden Seite sieht man die berühmte Marmorstatue "Genius des Sieges" (Genio della Vittoria) von Michelangelo (1532 – 1534; wird derzeit restauriert), wahrscheinlich eine Arbeit für das Julius-Grab in Rom. Die Statue zeigt die souveräne Meisterschaft des Künstlers in der Bearbeitung des Marmors und seine Gestaltungskraft in der Schönheit und den Bewegungen des Körpers. Daneben stehen in den Seitennischen römische Statuen: Ganymed, Merkur, Apollo und Bacchus. Gemälde, Fresken, Statuen (Herkulesstatuen von Vincenzo de' Rossi) und Wandteppiche vollenden die Ausstattung des Saales.

Quartiere di Leone X

Vom Salone dei Cinquecento gehen die Räume Leos X. ab (auf der gegenüberliegenden Seite des Eingangs, rechts). Heute haben der Bürgermeister und der Stadtrat hier ihre Büros.

Studiolo di Francesco I de'Medici

Rechts vom Eingang führt eine Tür zum Arbeitszimmer Francescos I., das von Vasari entworfen und überreich mit Gemälden, Fresken und Statuen geschmückt ist. In diesem "Schatzkästlein" der Florentiner Spätrenaissance haben bedeutende Maler (Poppi, Tito, Naldini) und Bildhauer (Giambologna: Äolus oder kleiner Apollo) gearbeitet.

Tesoretto

Über eine Geheimtreppe gelangt man in den Tesoretto, eine kleine Studierstube Cosimos I., deren Deckenmalereien von Schülern Vasaris ausgeführt wurden.

Auf der anderen Seite des Salone dei Cinquecento gelangt der Besucher in den Ricetto (Vorhalle), die Sala degli Otto di Pratica und die Sala del Dugento mit einer prachtvoll geschnitzten Holzdecke von Michelozzo.

Zweites Stockwerk Sala dei Gigli

Der Liliensaal ist mit einem Fresko von Ghirlandaio (1481 – 1485) ausgestattet. Heute kann in diesem Saal auch die berühmte Bronzegruppe "Judith und Holofernes" von Donatello (1455 – 1460) besichtigt werden. Nach umfassenden Restaurierungsarbeiten entschied man sich 1988 dazu, sie nicht mehr im Freien aufzustellen (an ihrem einstigen Standort beim Haupteingang des Palazzo Vecchio steht nun eine Kopie).

Cancelleria

Im Kanzleisaal des Sekretärs der Republik befindet sich eine Büste des Niccolò Machiavelli und das Original des "Genius mit Delphin" von Verrocchio (Kopie im Hof).

Guardaroba

Der Garderobenraum ist mit schönen Holzschränken ausgestattet, die mit zeitgenössischen Landkarten bemalt sind (1563 – 1575).

Sala dell'Udienza

Der Audienzsaal besitzt eine reichgeschnitzte Decke (von Giuliano da Maiano) und dekorative Fresken (darunter Figuren von Domenico Ghirlandaio).

Cappella della Signoria

In der Cappella della Signoria ist ein großes Fresko von Ridolfo Ghirlandaio zu sehen.

Quartiere di Eleonora di Toledo

Die Räume der Eleonora von Toledo, der frühverstorbenen (gest. 1562) Herzogin, gliedern sich in Camera di Gualdrada (das Deckenfresko des Schlafzimmers zeigt die schöne Florentinerin, die sich weigerte, Kaiser Otto IV. zu küssen, weil dies ihrem Mann vorbehalten sei); Camera di Pene-

Palazzo Vecchio
Palazzo
della Signoria

SECONDO PIANO

PRIMO PIANO

PIANTERRENO

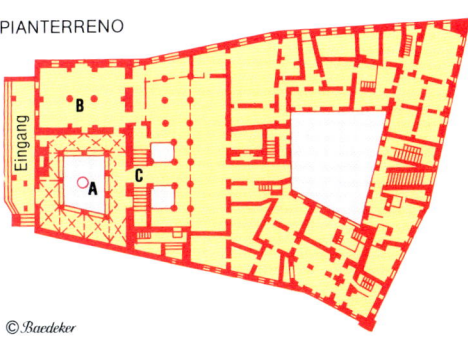

ZWEITER STOCK (SECONDO PIANO)
1 Sala degli Gigli
2 Guardaroba
3 Cancelleria, ehem. Büro
  des N. Machiavelli
4 Sala dell'Udienza
5 Cappella della Signoria
6 Camera di Gualdrada
7 Camera di Penelope
8 Camera di Ester o Sala
  da Pranzo
9 Camera delle Sabine
10 Salotta
11 Camera verde
12 Cappella di Eleonora
13 Sala degli Elementi
14 Loggiato di Saturno
15 Camera di Ercole
16 Camera di Giove
17 Camera di Cibele
18 Camera di Cerere

ERSTER STOCK (PRIMO PIANO)
A Salone dei Cinquecento
B Udienza
1 „Il Genio della Vittoria"
  von Michelangelo
2 Studiolo di Francesco I
  de' Medici
3 Tesoretto, Schreibtisch
  des Cosimo I, von Vasari
4 Sala dei Dugento
5 Sala degli Otto di Pratica
C Ricotto
7 Sala del Duca Cosimo I
8 Sala di Lorenzo il Magnifico
9 Sala di Cosimo il Vecchio
10 Sala di Giovanni delle
   Bande Nere
11 Cappella di Leone X
12 Sala di Clemente VII
13 Sala di Leone X

ERDGESCHOSS (PIANTERRENO)
A Primo Cortile
  (Innenhof)
B Camera dell'Arme
C Scalone del Vasari

© Baedeker

127

Palazzo Vecchio

Palazzo Vecchio: Innenhof und ...   ... einer der kostbar ausgestatteten Räume

Zweites Stockwerk, Quartiere di Eleonora di Toledo (Fortsetzung)	lope (Mythos des Odysseus); Camera di Ester oder Speisesaal (Apollo-Kopf und schönes Waschbecken); Salotto mit interessanten geschichtlichen Darstellungen; Camera delle Sabine (Deckengemälde: die Sabinerinnen schlichten den Streit zwischen ihren Männern und den Römern); Camera Verde, das "Grüne Zimmer", mit einem anliegenden Schreibraum; Cappella di Eleonora (die Gemälde sind ein Meisterwerk von Bronzino).
Quartiere degli Elementi	Die "Räume der Elemente", die von Vasari und seinem Schüler Gherardi (1556–1566) ausgemalt wurden, sind unterteilt in "Sala degli Elementi" (allegorische Darstellungen von Feuer, Wasser, Luft und Erde im manieristischen Stil); Loggiato di Saturno (von der Terrasse schöner Blick über Florenz); Camera di Ercole (Szenen aus dem Mythos des Herkules); Säle der Juno, des Jupiter, der Kybele und der Ceres sowie ein kleines Schreibzimmer.
Ballatoio	Vom "Ballatoio" kann man neben dem Alberghettino, einem ironisch 'kleines Hotel' genannten Gefängnisraum, in dem Cosimo der Ältere vor seiner Verbannung (1433) sowie Savonarola einige Tage im April 1498 eingekerkert waren, zum Turmzimmer aufsteigen, von dem sich ein herrliches Panorama über Florenz bietet.
Quartiere del Mezzanino	Den Rundgang durch den Palast schließt eine Besichtigung des Quartiere del Mezzanino ab. In dem Halbgeschoß, das Michelozzo durch Tieferlegen von Decken gewann, sind Werke der Collezione Loeser (Bilder und Skulpturen von toskanischen Künstlern des 14. und 16. Jh.s) ausgestellt.

Palazzo dei Vescovi

→ San Miniato al Monte

Parco delle Cascine

→ Cascine

Piazza di Bellosguardo

Wie der Name verrät, bietet sich von der Piazza di Bellosguardo mit der Villa di Bellosguardo, zu der ein schöner Garten gehört, ein herrlicher Blick über Florenz.

Von der Piazza gelangt man rechts zur Villa Belvedere al Saracino (von Baccio d'Agnolo 1502 für Francesco Borgherini errichtet) und links zur Villa dell'Ombrellino. Eine Büste des Galilei erinnert daran, daß der Naturwissenschaftler hier von 1617 bis 1631 wohnte.

Lage
südwestlich des Zentrums

Piazza del Duomo   J/K 5

Die Piazza del Duomo, der Platz um den Dom (→ Duomo Santa Maria del Fiore), ist eine der bedeutendsten Stätten der europäischen Kunst: mit Dom und Campanile des Giotto sowie dem Baptisterium (→ Battistero). Der Domplatz, der nach Westen übergeht in die Piazza San Giovanni mit dem Erzbischöflichen Palast (→ Palazzo Arcivescovile), wird begrenzt von einigen stattlichen Gebäuden, wie der → Loggia del Bigallo, den Palazzi della Misericordia und dei Canonici, dem Palazzo Guadagni, dem → Museo dell'Opera del Duomo und dem Palazzo Niccolini.

Lage
Zentrum, östlich des Bahnhofs

Buslinien
1, 6, 7, 11, 13, 14, 15, 17, 18, 23

Piazza della Repubblica   J 6

Schon allein wegen der zahlreichen Cafés, die auf der Piazza della Repubblica ihre Stühle aufgestellt haben, wird fast jeder während seines Florenz-Aufenthaltes diesen Platz im Herzen der Stadt besuchen.

Hier befand sich einst das römische Forum; bis 1888 wurde die Fläche als Mercato Vecchio (Alter Markt) genutzt. Dann riß man die Marktbuden ab und baute die hier stehende → Loggia del Pesce an einem anderen Ort wieder auf. An ihrer Stelle entstanden ein monumentaler Triumphbogen, der sogenannte Arconte (1895), und eine Reihe von Verwaltungspalästen. Auf einer hohen Säule überragt die Statue der Abbondanza (des Überflusses) den Platz der Republik. Es handelt sich um eine Nachbildung. Die ursprünglich hier stehende Abbondanza Donatellos war die erste profane Statue, die nach dem Ende der Antike auf einem öffentlichen Platz aufgestellt wurde.

Lage
Zentrum

Buslinien
6, 11, 13, 14, 15, 16, 18, 23, 31, 32, 36, 37

Piazza di Santa Croce   K 6

Vor der Kirche → Santa Croce liegt ein für mittelalterliche Verhältnisse ungewöhnlich weiter Platz, der offenbar für Feste und Versammlungen des Volkes oder auch für Predigten der Franziskanermönche bestimmt war. Der Brunnen im Westen des Platzes aus dem 17. Jh., das große Dante-Denkmal und zwei Palazzi setzen Akzente.

Auf dem Platz wurde schon im 16. Jh. eine Art Fußball gespielt; eine Gedenkplatte an der Fassade des Palazzo dell'Antella markiert eine Grenzlinie. Diese Tradition wird bis heute fortgesetzt: Alljährlich im Juni ist die Piazza Veranstaltungsort des 'Calcio Storico Fiorentino', eines Fußballspieles in den Kostümen des 16. Jh.s.

Lage
am östlichen Rand des Stadtkerns

Buslinien
13, 14, 19, 23, 31, 32

Piazza di Santa Maria Novella H 5

Lage
Zentrum

Buslinien
1, 7, 13, 14, 16,
17, 18, 23, 31, 32,
36, 37

Die fünfeckige Piazza di Santa Maria Novella vor der gleichnamigen Kirche (→ Santa Maria Novella) ist für den Autoverkehr gesperrt und bietet daher samt ihrer Grünflächen und dem Blumenschmuck ein ansprechendes Bild. Die zwei Marmor-Obelisken mit Bronzelilien auf der Spitze, gestützt auf vier Schildkröten, sind Werke des Giambologna (1608). Sie markieren die Wendepunkte für den 'Palio dei Cocchi', ein Pferderennen.
Die Südseite des Platzes begrenzt die → Loggia di San Paolo.

✳Piazza della Santissima Annunziata K 5

Lage
Zentrum, östlich
des Bahnhofs

Buslinien
1, 6, 7, 10, 11, 15,
17, 20, 25

Die Piazza della Santissima Annunziata, ein geräumiger, harmonischer und regelmäßiger Platz, wird von vier künstlerisch bedeutenden Gebäuden bestimmt, der Kirche → Santissima Annunziata an der Stirnseite, dem Portikus des → Spedale degli Innocenti (Findelhaus), einem Werk des Brunelleschi (rechts), den entsprechenden Kolonnaden der Confraternità dei Servi di Maria, die Antonio da Sangallo und Baccio d'Agnolo schufen (links), und dem → Palazzo Riccardi-Manelli (von Ammanati).
Auf dem Platz erheben sich das Reiterstandbild des Großherzogs Ferdinand I. (letztes Werk des Giambologna, vollendet 1608 von seinem Schüler Tacca) und zwei originelle Brunnen mit Meerestieren in Bronze. Pietro Tacca aus Carrara, Bildhauer, Metallgießer und Architekt zugleich (Schüler Giambolognas), schuf sie 1629 zusammen mit seinen Gehilfen.

✳Piazza della Signoria J 6

Lage
Zentrum

Buslinien
3, 13, 14, 15, 18,
19, 23, 31, 32

Seit dem 14. Jh., als Häuser ghibellinischer Familien dem neuen Platz weichen mußten, ist die Piazza della Signoria das politische Zentrum der Stadt. Mit dem → Palazzo Vecchio, dem → Palazzo degli Uffizi, der → Loggia der Lanzi und den Statuen der Bildhauer Michelangelo und Donatello (siehe S. 125) prägen bedeutende Sehenswürdigkeiten das Bild des Platzes.
Wenig ansehnlich präsentierte sich die Piazza della Signoria in den achtziger Jahren. Bei Probegrabungen waren die Archäologen unter dem Pflaster auf ungeahnte Kulturschätze gestoßen: Funde aus etruskischer und römischer Zeit, aus dem Mittelalter und sogar aus der Bronzezeit waren zu Tage befördert worden. Doch die Florentiner waren nicht geneigt, den schönsten ihrer Plätze durch eine ewige Baustelle oder auch eine unterirdische Ausgrabungsstätte verunstaltet zu sehen. So beugte man sich schließlich dem Druck der Öffentlichkeit und schüttete die Ausgrabungen 1989 wieder zu.
Zwei Gedenkstätten befinden sich auf dem Platz: Eine Granitscheibe im Pflaster, nicht weit vom Neptunsbrunnen, erinnert an die Hinrichtung und Verbrennung Savonarolas und seiner Mitbrüder Buonvicini und Maruffi, die auf Geheiß Papst Alexanders VI. stattfand. Neben dem Brunnen steht das Reiterstandbild Cosimos I de'Medici (1594; von Giambologna), der 1569 von Papst Pius V. zum Großherzog der Toskana erhoben wurde.

Fonte del Nettuno

Vor allem beeindruckt auf dem Platz aber die Fonte del Nettuno oder Fonte di Piazza, der Neptunsbrunnen (Abb. S. 8). Für die Hochzeit von Francesco de'Medici, Sohn Cosimos I., mit der Prinzessin Johanna von Österreich (1565) sollte die Piazza della Signoria mit einem großartigen Werk geschmückt werden, denn die Medici stiegen durch diese Heirat in die

Piazza della Signoria im Herzen der Stadt

großen Herrscherhäuser der europäischen Dynastien auf, Francesco erhielt sogar den Titel eines Großherzogs. So mußte ein schon begonnener Brunnen links neben dem Eingang zum Palazzo Vecchio eilig fertiggestellt werden. Bartolomeo Ammanati schuf dafür 1563 – 1575 mit Gehilfen die größte Brunnenanlage von Florenz mit dem Gott Neptun, vier Meerespferden und drei Tritonen. Vielleicht ging der Bau zu geschwind vor sich, denn die Florentiner spotteten: "Ammanato, che bel marmo hai rovinato." (= Welch schönen Marmorblock hast du verhauen!)

Piazza della
Signoria, Fonte
del Nettuno
(Fortsetzung)

✳Piazzale Michelangelo   L 7

Nach dem Künstler, den die Florentiner nicht immer freundlich behandelten, ist der schönste Aussichtspunkt von Florenz benannt: der 104 m ü.d.M. gelegene Platz wurde von Giuseppe Poggi geplant und von 1865 bis 1870 angelegt. In der Mitte des Platzes erinnern Statuen an Michelangelo: die Bronzekopie des "David" (Original in der → Galleria dell'Accademia) umgeben die Liegefiguren der Medicigräber aus der Neuen Sakristei von → San Lorenzo.

Die wichtigsten Sehenswürdigkeiten der Stadt lassen sich von der Piazzale Michelangelo aus leicht identifizieren. Man erkennt den → Palazzo Vecchio, das höchste Gebäude der Stadt, an seinem zinnenbekrönten Turmaufbau. Ganz in der Nähe befindet sich der Wehrturm des Bargello (→ Palazzo del Bargello). Nahebei vor der Domkulisse erhebt sich der schlanke Turm der → Badia Fiorentina. In Flußnähe erbauten die Franziskaner ihre Kirche → Santa Croce, deren breitgelagertes Schiff das Arnoufer überragt. In entgegengesetzter Richtung, weit im Hintergrund, in der Nähe des heutigen Hauptbahnhofs, wird der spitze Glockenturm von → Santa Maria Novella sichtbar. Beherrscht wird das Stadtbild jedoch vom mächtigen Bau der Domkirche (→ Duomo Santa Maria del Fiore) mit

Lage
Südöstlich des
Zentrums

Buslinie
13

Der schönste Blick auf Florenz bietet sich von der Piazzale Michelangelo

Piazzale
Michelangelo
(Fortsetzung)

ihrer imposanten Kuppel und dem reich geschmückten Glockenturm. Links vom Dom verweisen ein kleineres weißes Dach auf das Baptisterium (→ Battistero) und eine rote Kuppel auf die Neue Sakristei von → San Lorenzo.

Poggio a Caiano

→ Ville Medicee

Ponte alla Carraia (Brücke)   H 6

Buslinien
3, 6, 11, 16, 31,
32, 36, 37

Der älteste Arno-Übergang nach dem Ponte Vecchio stürzte mehrfach ein und mußte neu erbaut werden: z. B. 1304, als zuviele Schaulustige von der Brücke aus ein Wasserspektakel auf dem Arno verfolgen wollten, oder infolge von Überschwemmungen. Ammanati gab ihr 1559 die heutige Form mit fünf Bögen.
Auch der Ponte alla Carraia wurde während des Zweiten Weltkrieges von den deutschen Truppen gesprengt, doch gelang es, die Brücke in Anlehnung an ihre ursprüngliche Form wiederzuerrichten.

Ponte alle Grazie (Brücke)   K 6/7

Buslinien
3, 13, 15, 23,
31, 32

Vom → Ponte Vecchio flußaufwärts gesehen ist die erste Brücke der Ponte alle Grazie, der 1237 im Auftrag von Mandella, Podestà von Florenz, errichtet wurde. Die Brücke widerstand zwar der Überschwemmung von 1333, erlitt jedoch im letzten Weltkrieg so schwere Zerstörungen, daß sie in moderner Form wiederaufgebaut werden mußte. Der Name der Brücke stammt von einer nahegelegenen Madonnenkapelle.

Ponte Santa Trínita (Brücke)   H/J 6

Die eleganteste Brücke von Florenz ist der Ponte Santa Trínita. Im Jahre 1252 wurde sie zum ersten Mal über den Arno geschlagen, stürzte jedoch bald zusammen. Später in Stein massiver ausgeführt, wurde sie 1333 und 1557 bei Überschwemmungen des Arno abermals zerstört. In der heutigen Form erbaute sie Ammanati 1567–1570 (angeblich nach künstlerischen Ratschlägen von Michelangelo). Als sie 1944 von deutschen Truppen in die Luft gesprengt wurde, suchte die Florentiner Bevölkerung die Trümmer zusammen, so daß die Brücke 1955–1957 in ihrer ursprünglichen Form wieder aufgebaut werden konnte. An den Ecken der Brücke stehen allegorische Figuren der vier Jahreszeiten, die hier 1608 aufgestellt wurden.

Buslinien
3, 6, 11, 15, 31,
32, 36, 37

✳✳Ponte Vecchio (Alte Brücke)   J 6

Vielleicht geht der Ponte Vecchio, die 'Alte Brücke', die an der schmalsten Stelle des Flusses errichtet wurde, sogar bis in etruskische Zeit zurück. Sicher ist, daß die römische Konsularstraße der Via Cassia hier über eine hölzerne Brücke den Arno überquerte. Wegen ihres Alters erlebte diese Brücke mehr Instandsetzungen (nach Einstürzen oder Überschwemmungen) als die anderen von Florenz.
Seit dem 13. Jh. richtete man auf ihr Läden und Wohnungen ein. Die Fleischer etwa konnten ihre Abfälle – sehr praktisch – gleich in den Fluß

Buslinien
3, 13, 15, 18, 19,
23, 31, 32

Ponte Vecchio: die 'Alte Brücke' an der schmalsten Stelle des Flusses

Ponte Vecchio
(Fortsetzung)

werfen, zur Freude der Fische und derjenigen Florentiner, die für Sauberkeit zu sorgen hatten. Die Geschäfte nahmen jedoch so überhand, daß Großherzog Ferdinando I. "zu Gunsten der Fremden" anordnete, nur Goldschmiede dürften auf der Brücke Läden unterhalten, eine Regelung, die bis auf den heutigen Tag eingehalten wird.

In der Mitte der Brücke steht eine Büste des berühmtesten Florentiner Goldschmiedes, Benvenuto Cellini (1900).

Im ersten Stock der Brückenhäuser verläuft der Corridoio Vasariano (→ Palazzo degli Uffizi), der im 16. Jh. geschaffene Verbindungsgang vom → Palazzo Vecchio zum → Palazzo Pitti.

Porta alla Croce (Stadttor)   M 6

Lage
Piazza Beccaria

Buslinien
8, 14, 18, 19

Von den festen Mauern der Stadt ist auf der Piazza Beccaria nur die Porta alla Croce, das Kreuztor, übriggeblieben, das 1284 errichtet worden war. Im Innern befindet sich ein stark beschädigtes Fresko, das von Michele di Ridolfo geschaffen wurde: "Madonna mit Kind und den Heiligen Johannes der Täufer und Ambrosius".

Porta Romana (Stadttor)   G 7

Lage
Via Romana

Buslinien
11, 13, 15, 36, 37, 38, 42

Die Via Cassia, aus Rom kommend und nach Rom führend (daher der Name), passiert die Porta Romana, das mächtigste und besterhaltene Stadttor von Florenz.
Über dem Bogen im Innern des 1326 errichteten Festungswerkes ist ein Fresko der Florentiner Schule des 14. Jh.s zu sehen: "Madonna mit Kind und vier Heiligen" (Franciabigio).

Porta San Frediano · Porta Pisana (Stadttor)   G 6

Lage
Borgo S. Frediano

Buslinien
6, 11, 36, 37

Vom Arno führt ein Stück der alten Stadtmauer zur Porta San Frediano. Das Tor wird auch Porta Pisana genannt, weil dort die Straße nach Pisa hinausführte. Dieses mächtige Bauwerk wurde von 1332 bis 1334, vermutlich nach Entwürfen des Andrea Pisano, errichtet. Die gewaltigen Türflügel sind 13,20 m hoch und 25 cm dick.

Porta San Giorgio (Stadttor)   J 7

Lage
Costa S. Giorgio

Buslinien
3, 11, 13, 15, 23, 31, 32, 36, 37

Die Porta San Giorgio, etwas unterhalb des → Forte di Belvedere, wurde 1260 fertiggestellt. Sie ist Teil des zweiten Mauerrings auf dem linken Arno-Ufer, dessen Verlauf noch heute an der Position der Stadttore San Niccolò, San Miniato, San Giorgio, Romana und San Frediano verfolgt werden kann. Das Fresko der Madonna im Innern stammt von Bicci di Lorenzo; außen ist ein Relief des hl. Georg zu sehen.

Porta San Niccolò (Stadttor)   L 7

Lage
Piazza Poggi

Buslinien
3, 13, 15, 23, 31

Die Porta San Niccolò war für die Verteidigung zu Lande und – in Verbindung mit dem auf dem anderen Arno-Ufer gelegenen Turm der Zecca – für die Sperrung des Flusses gleich gut geeignet. Der Turm des 1324 errichteten Bollwerks bildet den Beginn der Stadtmauer im Osten auf der linken Arno-Seite.

Porta San Frediano

Porta San Niccolò

Rotonda del Brunelleschi   K 5
(Rotonda di Santa Maria degli Agnoli oder Angeli)

Die Rotonda di Santa Maria degli Agnoli (oder Angeli) bildet den Kern einer Kirche mit achteckigem Grundriß, die Brunelleschi (daher auch Rotonda del Brunelleschi genannt) nach 1433 für die Tuchhändler-Zunft begann, jedoch nicht vollendete. Die Rotonda gilt als erster Zentralbau der Renaissance. Benachbarte Bauten wurden 1936 beseitigt, so daß die Rotonda nun frei steht. Sie beherbergt heute das Centro Linguistico di Ateneo, daher ist eine Innenbesichtigung in der Regel nicht möglich.

Lage
Via degli Alfani

Buslinien
1, 6, 7, 10, 11, 15, 17, 20, 25

San Carlo dei Lombardi (San Carlo Borromeo; Kirche)   J 6

Gegenüber von → Orsanmichele steht die kleine gotische Saalkirche San Carlo, von 1349 bis 1404 zunächst von Neri di Fioravante und Benci di Cione, danach von Simone Talenti errichtet. Sie erhielt ihren Namen erst im 17. Jh., als sie Lombarden – der hl. Karl Borromäus war Bischof von Mailand – anvertraut wurde. Bis dahin war sie dem hl. Michael und der hl. Anna geweiht.

Lage
Via Calzaiuoli

Buslinien
13, 14, 15, 18, 19, 23

San Felice (Kirche)   H 7

Die Entstehungsgeschichte der Kirche, die gegenüber dem → Palazzo Pitti liegt, geht weit ins Mittelalter (1066) zurück. Die Fassade, ein klassisches Beispiel einfacher, doch wirkungsvoller Renaissance-Architektur, entstand um 1450.

Lage
Piazza San Felice

Buslinien
3, 11, 15, 31, 32

Werke der Giotto-Schule ("Gekreuzigter"), der Schule des Filippino Lippi (Triptychon), des Ridolfo Ghirlandaio ("Madonna mit Kind"), des Neri di Bicci (Triptychon) und eine Terrakotta-Gruppe aus der Schule des Giovanni della Robbia bereichern die Ausstattung der Kirche.

✳ San Firenze (ehem. Kirche) K 6

Lage
Piazza San Firenze

Buslinien
13, 14, 15, 18, 19, 23

Der barocke Komplex von San Firenze, bestehend aus zwei Kirchenfassaden, zwischen denen sich ein Palast erhebt, steht an der Piazza San Firenze, nicht weit vom Hauptplatz der Stadt, der → Piazza della Signoria. Die merkwürdig anmutende Konstruktion erklärt sich aus der Baugeschichte. An der Stelle eines alten Oratoriums, das San Fiorenzo (daher der abgeleitete Name Firenze) geweiht war und 1640 den Mitgliedern der Priester-Gemeinschaft des hl. Philipp Neri überlassen worden war, wurde 1645–1696 die Kirche San Filippo Neri erbaut. Die Fassade der Kirche wurde 1715 von Ferdinando Ruggieri gestaltet. Neben dieser Kirche wurde zwischen 1772 und 1775 eine weitere Kirche (Sant'Appolinare) errichtet, deren Fassade ebenfalls nach den Entwürfen Ruggieris von 1715 geschaffen wurde. Gleichzeitig errichtete man zwischen den beiden Kirchen den Palast, der zunächst die Klosterräumlichkeiten aufnahm. Heute ist San Firenze Sitz der Tribunale, der Gerichtsbehörde.

San Frediano in Cestello (Kirche) H 6

Lage
Piazza di Cestello

Buslinien
6, 11, 36, 37

Kirche und Kloster der Karmeliterinnen, ehemals unter dem Namen Santa Maria degli Angeli bekannt, dann als Pfarrkirche dem hl. Frediano geweiht, wurden im 17. Jh. umgestaltet. Die Anlage erhielt dadurch barocken Charakter, der an der eleganten Kuppel und dem zierlichen Glockenturm zu erkennen ist.
Im Innern steht die berühmte "Lächelnde Madonna", eine farbige toskanische Holzstatue aus dem 13./14. Jahrhundert.

San Gaetano (Kirche) J 5

Lage
Piazza Antinori

Buslinien
6, 11, 15, 16, 31, 32, 36, 37

Die schönste Fassade des 17. Jh.s trägt in Florenz die Kirche San Gaetano, die schon im 11. Jh. bestand (San Michele Berteldi), jedoch zu Beginn des 17. Jh.s völlig erneuert wurde. Das Innere wird von hellen Figuren vor schwarzem Stein bestimmt, wodurch der Raum eine besondere Stimmung erhält. In der zweiten Kapelle links sieht man "Das Martyrium des hl. Laurentius" von Pietro da Cortona.
Die Cappella Antinori des angrenzenden Klosters birgt einen "Gekreuzigten" von Filippo Lippi.

San Giovanni(no) dei Cavalieri (Kirche) K 4

Lage
Via San Gallo 66

Buslinien
1, 8, 25

Bei der Kirche San Giovanni(no) dei Cavalieri (der Ritter von Malta) wechselten die Namen so häufig wie die Baumeister. Zuerst "Oratorium der Maria Magdalena" bei einem Heim für 'gefallene' Mädchen (1326), dann "San Pier Celestino", "San Niccolò" (1553), schließlich "San Giovanni Decollato" (Der enthauptete Johannes der Täufer) oder "San Giovanni dei Cavalieri", der Patron von Nonnen war, die bei der Kirche ein Kloster (mit einem schönen Kreuzgang) hatten.
Im Innern findet man eine "Geburt Christi" (1435) von di Lorenzo und eine "Marienkrönung" von di Bicci.

✳ San Giovanni degli Scolopi (Kirche)   J 5

Dem Stadtheiligen von Florenz, Johannes dem Täufer, steht Johannes der Evangelist zur Seite. Ihm zu Ehren begann der Architekt Ammanati (1579) im Auftrag des Jesuitenordens mit dem Bau der Kirche und des angrenzenden Kolleggebäudes gegenüber dem → Palazzo Medici. Fertiggestellt wurde die Kirche jedoch erst durch den Architekten Alfonso Parigi den Jüngeren (1661). Als die Jesuiten 1773 aus Florenz vertrieben wurden, übergab man die Kirche den Piaristen (Padri Scolopi).
Die Fassade und das Innere, das mit Fresken und Marmordekorationen reich geschmückt ist, zeigen, daß für die Kirche mit Zuwendungen nicht gespart wurde.

Lage
Via Martelli /
Via de'Gori

Buslinien
1, 6, 7, 11, 13, 14,
15, 17, 23

San Jacopo sopr'Arno (ehem. Kirche)   J 6

Vom → Ponte Trínita hat man einen schönen Blick auf die kleine romanische Kirche San Jacopo "über dem Arno" (12. Jh.; später jedoch mehrfach umgebaut) mit ihrem schönen Campanile (1660 von Gherardo Silvani). Die Kirche besitzt eine Vorhalle aus der Zeit um 1000, der einzigen aus dieser Epoche in Florenz.
Im Inneren, das heute für Ausstellungen genutzt wird, befinden sich Fresken und Altargemälde von florentinischen Künstlern des 18. Jh.s.

Am Standort der Kirche, Borgo San Jacopo – Ecke Via dello Sprone, steht ein schöner Brunnen von Buontalenti.

Lage
Borgo San
Jacopo 34

Buslinien
3, 6, 11, 15, 31,
32, 36, 37

Brunnen von
Buontalenti

✳✳ San Lorenzo (Kirche)   J 5

"San Lorenzo" bezeichnet eine der bedeutendsten Kunststätten des Abendlandes. Die Kirche des hl. Laurentius, die "Alte Sakristei", die "Neue Sakristei", die "Fürstenkapelle" und die "Laurenziana-Bibliothek" sind in sich architektonische Kunstwerke von höchstem Rang und beherbergen unermeßliche Kunstschätze. Die Medici spornten in diesem Komplex, ihrer Pfarrkirche, als einzigartige Mäzene die Künstler ihrer Stadt, Brunelleschi, Donatello und Michelangelo, zu immer großartigeren Leistungen an.
Die Kirche San Lorenzo sei, wird berichtet, von dem hl. Ambrosius 393 gegründet worden, damals außerhalb der Stadtmauern. Der Bau wurde im 11. Jh. in romanischer Form erneuert. Die heutige Gestalt gab ihm der bedeutende Architekt der Florentiner Renaissance, Brunelleschi, im Auftrag der Medici (von 1419 an). Die Arbeiten wurden nach seinem Tod, jedoch nach seinen Plänen, von Antonio Manetti (1147–1460) abgeschlossen. Für die Fassade lieferte Michelangelo Entwürfe (Zeichnungen und Modelle in der → Casa Buonarroti), die jedoch nie verwirklicht wurden, so daß noch immer die rohen Backsteine zu sehen sind.

Rechts vor der Fassade auf der Piazza San Lorenzo steht zwischen Marktständen (hier werden täglich für Souvenirartikel, Bekleidungsgegenstände und vieles mehr Käufer gesucht) das Denkmal für Giovanni delle Bande Nere (1360–1429), Vater Cosimos I. und Stammvater der herzoglichen Medici-Dynastie (von Baccio Bandinelli, 1540).

Das Innere der Kirche, ein heller, harmonischer Raum, zeigt die klare Gliederung des Renaissance-Architekten Brunelleschi: ein schöner Marmorfußboden, Säulen mit korinthischen Kapitellen, auf denen die weiten Bögen ruhen, eine kunstvolle Kassettendecke mit feinen Rosetten. Die harmonischen Proportionen von Seitenkapellen, Seitenschiffen und Langhaus erheben die Kirche zum höchsten architektonischen Rang.

Lage
Piazza San
Lorenzo

Buslinien
1, 6, 7, 11, 13, 14,
15, 16, 17, 18, 23,
31, 32, 36, 37

Öffnungszeiten
Tgl. 7.00–12.00,
15.30–18.00

Piazza San
Lorenzo

**Kirchen-
innenraum**

San Lorenzo

Kircheninnenraum (Fortsetzung) Mittelschiff

Vorn im Mittelschiff zwei Bronzekanzeln, ein Meisterwerk des Donatello, das letzte des Künstlers (um 1460), das von seinen Schülern Bartolomeo Bellano und Bertoldo di Giovanni vollendet wurde und in bewegten Darstellungen Szenen aus dem Leben Christi und der Heiligen zeigt.

Linkes Seitenschiff

Über der Tür zum Kreuzgang eine Marmorempore, die vermutlich nach einem Entwurf Donatellos gearbeitet wurde. Gegenüber der Bronzekanzel von Donatello ein Fresko von Agnolo Bronzini: "Martyrium des hl. Laurentius" (1569).

Linkes Querschiff

In der Cappella Martelli (links) befinden sich ein Diptychon von Filippo Lippi "Verkündigung" (1140; auf dem Altar), eines seiner Hauptwerke, sowie ein Denkmal für Donatello (1896), eine Arbeit von Dario Guidotti und Raffaello Romanelli.

Kreuzgang

Vom linken Seitenschiff gelangt man durch eine Tür zum Kreuzgang, der im Stil Brunelleschis errichtet wurde (1475).
Eine Tür führt vom ersten Stock des Kreuzganges zur Biblioteca Medicea Laurenziana (siehe S. 139).

Alte Sakristei

Vom linken Querschiff aus tritt man in die Sagrestia Vecchia (Alte Sakristei). Von ihrem Stifter Giovanni Bicci de'Medici zwar als Grabkapelle gedacht, doch mit der öffentlichen Funktion einer Sakristei verbunden, ist sie die erste vollständige und zugleich architektonische Schöpfung des Brunelleschi (1420 bis 1428), die in Aufbau, Gliederung und Proportionen beispielhaft für die europäische Baukunst wurde.
Auch hier erhöhen Kunstwerke den Wert des Raumes: Unter der Kuppel zeigen vier Rundmedaillons Szenen aus dem Leben des Evangelisten Johannes und vier Stuckreliefs in den Bögen vier sitzende Evangelisten. Donatello hat bei diesen Werken mit atemberaubender Perspektive operiert. Die ehemals von Schmutz überzogenen Reliefs erstrahlen nach

Blick vom Campanile auf San Lorenzo

San Lorenzo

20 m

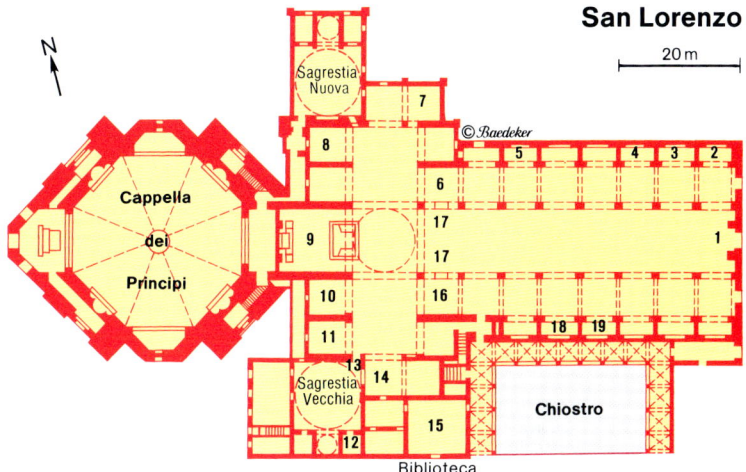

N

Sagrestia Nuova

7

© Baedeker

8

5

4 3 2

Cappella dei Principi

6

9

17

17

1

10

16

11

18 19

13

Sagrestia Vecchia

14

Chiostro

15

12

Biblioteca

1 Eingangswand von
Michelangelo
2 „Martirio di San Sebastiano" von Empoli
3 „Sposalizio di Maria" von
R. Fiorentino (1523)
4 „San Lorenzo" von N. Lapi
5 „Adorazione dei Magi" von
G. Macchietti
6 Marmortabernakel von
D. da Settignano
7 Grab der Maria
Anna Carolina

8 Denkmal des Pietro Benvenuti
9 Cappella Maggiore
10 Holzstatue „Madonna col
Bambino" (Ende 14. Jh.)
11 Altar aus der Schule
des Ghirlandaio
12 Marmorbecken aus der
Schule des Donatello
13 Grabmal für Piero und Giovanni de' Medici, von A. del
Verrocchio (1472)
14 Cappella di Ss Cosma e
Damiano

15 Vestibül der Biblioteca
Mediceo-Laurenziana
16 „Martirio di San Lorenzo"
von Bronzino
(1565–69)
17 Bronzekanzeln von
Donatello und
seinen Schülern
18 „Martirio di Sant'Arcadio
e Compagni" von Sogliani
19 „Crocifisso tra la
Madonna e San Giovanni"
(15. u. 17. Jh.)

umfassenden Restaurierungsarbeiten nun wieder in den leuchtenden Far- | Kircheninnenraum,
ben der Frührenaissance. Vom selben Künstler sind die bronzenen Tür- | Alte Sakristei
flügel der Apsis, die Märtyrer und Apostel darstellen. Links an der Wand | (Fortsetzung)
steht das Grabmal für Piero und Giovanni de'Medici (Söhne Cosimos
d. Ä.), das Andrea Verrocchio schuf (1472). Unter dem Marmortisch in der
Mitte befindet sich der Sarkophag mit den Gebeinen des Giovanni Bicci
de'Medici und seiner Frau Piccarda Bueri (Eltern Cosimos d. Ä.).

In der Hauptkapelle ist auf dem Hochaltar ein "Kruzifix" von Baccio da | Cappella Maggiore
Montelupe zu sehen.

Gegenüber der Bronzekanzel von Donatello (in der Seitenkapelle) ein | Rechtes
Tabernakel von Desiderio das Settignano (1461). In der vorletzten Kapelle | Seitenschiff
(zum Ausgang hin) ein Gemälde von Rosso Fiorentino "Die Vermählung
Mariens" (1523).

Biblioteca Medicea Laurenziana (Laurenzianische Bibliothek)

Die Biblioteca Laurenziana, an die Kirche San Lorenzo und deren Kreuz- | **Lage**
gang angebaut (man erreicht die Bibliothek über den ersten Stock des | Piazza San
Kreuzganges, siehe S. 138), verdankt ihre kunstgeschichtliche Bedeutung | Lorenzo 9
ihren architektonischen Formen und der in ihr aufbewahrten Bibliothek
der Medici. Nachdem die von Cosimo dem Älteren als Schriften- und

San Lorenzo

Biblioteca Medicea Laurenziana (Fortsetzung)

Öffnungszeiten
Mo. – Sa.
9.00 – 13.00

Büchersammlung gegründete und von Lorenzo dem Prächtigen erweiterte Bibliothek nach Rom gebracht worden war, kehrte unter Papst Clemens VII. (auch ein Medici) ein Teil der Sammlung nach Florenz zurück. Clemens VII. gab auch den Auftrag für den Bau eines Gebäudes, in dem die Sammlung öffentlich zugänglich sein sollte. Ab 1524 wurde die Bibliothek nach den Plänen Michelangelos erbaut.

Trotz der schwierigen äußeren Bedingungen – der Bau mußte auf den schwachen Fundamenten eines Klosters aus dem 13. Jh. errichtet werden – konnte das Bauwerk 1571 eingeweiht werden. Es zeigt Michelangelo, der sich nach seinem Weggang aus Florenz 1534 brieflich und mit Modellen am Weiterbau beteiligte, auf der Höhe seines architektonischen Könnens. Die plastische Gliederung von Fassade, Vorhalle und Lesesaal, die Aufgänge der Treppen, die sichere Verwendung aller in der Renaissance zur Verfügung stehenden Schmuckelemente machen den hohen künstlerischen Rang der Biblioteca Laurenziana aus.

Die Handschriftensammlung umfaßt bedeutende Dokumente aus dem alten Ägypten ebenso wie wertvolle Handschriften Nepoleons.

Cappelle Medicee (Medici-Kapellen mit Medici-Gräbern)

Lage
Piazza Madonna degli Aldobrandini

Öffnungszeiten
Di. – Sa.
9.00 – 14.00; So.,
Fei. 9.00 – 13.00

Die Medici-Kapellen gehören zwar zu San Lorenzo, doch werden sie heute als eigenständiges Museum geführt und sind somit von der Kirche getrennt. Sie umfassen die Fürstengruft (Cappella dei Medici) und die Neue Sakristei (die älteste Medici-Kapelle → San Lorenzo, Alte Sakristei). Der Eingang zu den Medici-Kapellen führt zunächst in eine Krypta mit Gräbern von Mitgliedern der Medici-Familie, dann in die Grabkapelle der Medici-Fürsten, die Cappella dei Principi.

Cappella dei Principi

Großherzog Ferdinando I. wollte 1602 für das Medici-Geschlecht eine besonders prächtige Fürstengruft schaffen. So kostbar war der Entwurf geplant, daß das Gerücht entstand, man wolle das Grab Jesu Christi von Jerusalem nach Florenz überführen, denn ein so wertvoller Bau sei nicht für Sterbliche, nicht einmal für Fürsten bestimmt.

Der endgültige Bauplan stammt von Giovanni de'Medici (unehelicher Sohn Cosimos I.), die Ausführung leitete der Architekt Buontalenti (ab 1604). Nach dessen Tod führte Mario Nigetti die Arbeiten weiter (bis 1640). Trotz großer Anstrengungen wurde die Kapelle nicht bis zum Tode des letzten Medici-Herrsches in Florenz (1737) fertiggestellt; die mächtige, 59 m hohe, doch schwer wirkende Kuppel schloß man erst im 19. Jahrhundert. Die Ausstattung entspricht der Bedeutung des Medici-Geschlechts: Deckengemälde, die Szenen aus dem Alten und Neuen Testament zeigen, kostbare Mosaiken an den Wänden, 16 Wappen der toskanischen Städte mit Halbedelsteinen, die riesigen Wappen der Medici in der Höhe (teilweise aus Holz oder sogar Karton).

Sechs Medici-Fürsten fanden in der Kapelle ihr Grab (von links): Cosimo I. (gest. 1574), Francesco I. (gest. 1587), Cosimo III. (gest. 1723), Ferdinando I. (gest. 1609), Cosimo II. (gest. 1621), Ferdinando II. (gest. 1670). Ihre Wandgräber und Sarkophage haben technisch perfekte Handwerker kunstvoll und mit wertvollem Material gearbeitet. Dennoch wirkt die Kapelle in ihrer strengen Pracht fast kalt; ein Zeichen dafür, daß die Hochblüte der Kunst in der Renaissance erfolgte und mit dem 16. Jh. dahinschwand. Hinter dem Altar befindet sich der Zugang zu den Reliquien- und Schatzkapellen.

Neue Sakristei (Sagrestia Nuova)

Von der Fürsten-Kapelle geht es zur Sagrestia Nuova; die Neue Sakristei wurde mit Unterbrechungen von 1520 bis 1534 von Michelangelo gebaut und ausgeschmückt als Gegenstück zur Alten Sakristei von Brunelleschi (siehe S. 138). Die Bezeichnung 'Sakristei' ist irreführend, denn es handelt sich um eine Grabkapelle für die Medici.

Die Kapelle war das erste architektonische Werk Michelangelos, in das er zugleich seine malerischen und bildhauerischen Fähigkeiten einbrachte,

San Lorenzo: Kreuzgang ...   *... und Medici-Kapelle*

wie die Wandgliederung im Innern, die plastische Behandlung der architektonischen Elemente, die Nischen und Giebel, vor- und zurückgesetzte Bögen und Dreiecke beweisen. Das Innere, in dem als 'Farben' dunkles Grau und Weiß vorherrschen, wurde durch die Fenster der Kuppel gleichermaßen erhellt.

Cappelle Medicee, Neue Sakristei (Fortsetzung)

Der Auftrag an den Baumeister wurde ergänzt durch einen zweiten an den Bildhauer: Für Mitglieder der Medici-Familie sollte Michelangelo auch die Gräber meißeln. Es kam jedoch nur zur Ausführung zweier Gräber, für Giuliano, Herzog von Nemours, und Lorenzo, Herzog von Urbino (auch Lorenzo der Prächtige, sein 1478 ermordeter Bruder Giuliano und der 1537 ermordete Herzog Alessandro ruhen in der Kapelle, jedoch ohne Grabmonument). Weder Giuliano mit dem Feldherrnstab, noch Lorenzo mit dem Fratzenhelm auf dem Kopf (vielleicht als Zeichen seiner geistigen Schwäche) sind als unverwechselbare Persönlichkeiten gestaltet. Don Vorwurf der mangelnden Ähnlichkeit mit den beiden Verstorbenen parierte Michelangelo mit der Antwort, nach tausend Jahren würde es niemanden mehr berühren, wie die beiden Männer ausgesehen hätten. Er wollte absichtlich über reine Porträts hinausgehen, zeitlose Gestalten schaffen, und so nennt man die beiden Figuren auch einfach 'la vigilanza' (die Wachsamkeit) und 'il pensiero' (der Gedanke).

In sitzender Haltung, gekleidet in eine römische Feldherrenrüstung mit einem Kommandostab in der Hand, schaut Giuliano de Medici aufmerksam mit seitlich gedrehtem Kopf auf die Madonna und die Heiligen Cosmas und Damian, eine von den Medici sehr verehrte Heiligengruppe, die sich über dem Grab Lorenzos des Prächtigen erhebt. Unter Giuliano liegen auf dem schrägen Sarkophagdeckel die Figur der Nacht mit Halbmond und Stern im Haar, mit Mohn, Eule und Maske sowie die Figur des Tages, deren Blick unergründlich aus dem roh belassenen Stein ins Nichts geht. Beide Sarkophagfiguren sind nach antiken Vorbildern gearbeitet worden. Die Nacht erinnert an eine Leda-Figur eines römischen Sarkophags und der Tag orientiert sich am Torso von Belvedere. Michelangelo setzte sich also sehr bewußt mit antiker Skulptur auseinander und gab ihr zugleich eine neue philosophisch-christliche Dimension.

Auf der gegenüberliegenden Wand ist, ebenfalls als sitzende Nischenfigur, Lorenzo de Medici dargestellt. Sein Kopf ist geneigt und auf die linke Hand mit dem etwas abgespreizten Zeigefinger aufgestützt – eine Haltung, die Nachdenklichkeit ausdrückt. Auf dem Sarkophagdeckel unter der Figur liegen die zwei allegorischen Gestalten des Abends oder der Dämmerung (links) und des Morgens oder der Morgenröte (rechts). Die männliche Figur der Abenddämmerung verkörpert die geistige Ermattung, die träge Masse des einschlafenden Körpers, wohingegen die weibliche Figur das Erwachen und die sich langsam entfaltende Kraft des Körpers und des Geistes versinnbildlicht. Dieses Gegensatzpaar verdeutlicht darüber hinaus den inneren Kampf des Lorenzo, der in geistiger Umnachtung starb. Auch Lorenzo hat sich wie sein Gegenüber der Madonna mit dem Kind zugewandt in der Hoffnung auf Erlösung.

Die Madonna wiederum schaut auf die ihr gegenüberliegende Altarwand und verweist somit auf den Opfertod Christi, der Auferstehung und ewiges Leben verheißt. So kommunizieren alle Figuren miteinander und durchdringen mit ihren Blicken den Raum – eine original-michelangeleske Konzeption.

Leider wird in der unvollendeten Kapelle nur noch wenig von der Programmatik Michelangelos deutlich, mit der er ursprünglich an die Arbeit ging. So sollte zum Beispiel das Grabdenkmal von Giuliano de Medici folgende Gestaltung erhalten: für den Sockel des Sarkophags waren die beiden Flußgötter Arno und Tiber geplant als Verherrlichung der von Giuliano beherrschten Provinzen Toskana und Latium. Rechts und links des Herzogs von Nemours waren in den Nischen in Stein gehauene Allegorien des Himmels und der Erde vorgesehen. In der Attikazone darüber sollten Trophäen aufgestellt werden, die heute im Durchgang zur Neuen Sakristei zu sehen sind. Seitlich davon sollten Bronzereliefs angebracht werden. Und über allem hätte sich im Halbrund der Wandgliederung ein Auferstehungsfresko befunden, das himmelwärts über das bemalte Kassetten in den lichten Kuppelraum hinausgewiesen hätte. Michelangelo wollte mit dieser Kapelle in der Verbindung von Architektur, Skulptur und Malerei ein philosophisch-künstlerisches Gebilde schaffen, das den Weg des Lebens von der Materie (Flußgötter, Sarkophag) über die Menschwerdung (Tag und Nacht = Leben und Tod, Statue Giulianos) bis zum ewigen Leben (Auferstehungsfresko) widerspiegeln sollte.

✱San Marco (Kirche)　　　　　　　　　　　　　　　K 4/5

Die Kirche San Marco, 1299 vom Silvestriner-Orden erbaut, wurde zusammen mit dem Kloster im Jahr der Domweihe (1436) von Papst Eugen IV. den Dominikanern von → Fiesole übertragen. Cosimo der Ältere ermöglichte durch großzügige Schenkungen einen tiefgreifenden Umbau der Kirche sowie einen völligen Neubau des Klosters. Mit den Arbeiten wurde der Architekt Michelozzo beauftragt (1431–1452). Giambologna fügte 1588 die Seitenaltäre und die Kapelle des hl. Antonius sowie die Salviati-Kapelle hinzu. 1678 erfolgte eine Umgestaltung der Kirche durch Pier Francesco Silvani, der der Kirche ihr heutiges Aussehen gab; 1780 wurde die Fassade umgearbeitet.

Im ältesten Teil des Klosters, das die Kirche umgibt, ist das Museo di San Marco untergebracht, während der weitere Klosterkomplex noch heute von Mönchen bewohnt wird.

Die einschiffige Kirche enthält im Innern wertvolle Gemälde und Ausstattungsstücke. In der Mitte der Fassadeninnenseite ist ein "Gekreuzigter" aus der Schule des Giotto sehenswert. An der linken Kirchenseite befindet sich die Grabkapelle des hl. Antonius. Sie gilt als das architektonische Hauptwerk Giambolognas (1580–1589). Aber auch zur Ausstattung trug

Giambologna bei: Sechs lebensgroße Nischenstatuen und sechs Bronzereliefs mit Szenen aus dem Leben des hl. Antonius stammen von ihm.
Kehrt man auf der rechten Seite zum Ausgang zurück, fallen drei Kostbarkeiten ins Auge: eine barocke Marmortür, von Cigoli entworfen, die zur
Sakristei führt, ein byzantinisches Mosaik "Betende Madonna" (705 – 707),
das aus dem Oratorium Papst Johannes' VII. zu Rom stammt, sowie das
Gemälde "Madonna mit Kind", das Fra Bartolomeo della Porta schuf
(1509).

Kircheninnenraum
(Fortsetzung)

Museo di San Marco

Das Kloster San Marco (der Eingang befindet sich rechts neben der Kirche), von Michelozzo im Renaissancestil errichtet, vermittelt mit seiner
herrlichen Sammlung von Gemälden und Fresken einen treffenderen Eindruck vom geistlichen und künstlerisch interessierten Leben der Dominikaner als die Kirche.

Öffnungszeiten
Di. – Sa.
9.00 – 14.00; So.,
Fei. 9.00 – 13.00

Im späten 15. und frühen 16. Jh. gingen von ihm starke religiös-geistige
Impulse aus, die Florenz zeitweise verwandelten, u.a. durch den Domini-
kaner Antonius, dem später heiliggesprochenen Erzbischof von Florenz,
und durch Savonarola, der Bußprediger und Prior von San Marco war,
bevor er 1498 gehenkt und auf dem Scheiterhaufen verbrannt wurde.
Seinen Ruhm verdankt das Kloster aber dem Dominikanermönch Fra
Angelico (bzw. Beato Angelico; → Berühmte Persönlichkeiten), der die
Räume des Konvents 1436 – 1445 ausmalte, so daß heute ein 'natürlich'
entstandenes Museum zu bewundern ist. Fra Bartolomeo, ein begnadeter
Maler des frühen 16. Jh.s, ist hier ebenfalls mit Gemälden vertreten.

Im Pilgerhospiz befinden sich Tafelbilder Beato Angelicos, die aus verschiedenen florentinischen Museen stammen. Zu den größten Kostbarkeiten zählen: "Madonna dei Linaioli" (1436, Angelico schuf sie im Auftrag der

Erdgeschoß
Pilgerhospiz

San Marco: Kreuzgang des hl. Antonius

Museum von San Marco: Exponat ...   *... und Bibliothek*

Museo di San Marco (Forts.)	Leinweberschaft), Miniaturbilder aus dem Leben Jesu (1450), die berühmte "Kreuzabnahme" (1435) und das "Jüngste Gericht" (1430).
Kreuzgang des hl. Antonius	Direkt gegenüber dem Eingang auf der anderen Seite ist das Fresko "Hl. Dominikus zu Füßen des Kreuzes" zu sehen; diagonal gegenüber dem Eingang in der Lünette das Fresko "Ecce Homo" (beide von Fra Angelico).
Großes Refektorium	Im großen Refektorium ist u. a. das Fresko "Jüngstes Gericht" von Fra Bartolomeo sehenswert.
Sala dei Lavabo	Auch hier beeindruckt ein Werk Fra Bartolomeos, das große Tafelbild "Madonna mit der hl. Anna und anderen Heiligen" (1510).
Kapitelsaal	Im Kapitelsaal, wo die Mönche ihre Sünden bekannten und bestraft wurden, füllt das Fresko "Kreuzigung" von Fra Angelico eine ganze Wand.
Kleines Refektorium	Im kleinen Refektorium befindet sich eine berühmte "Abendmahl"-Darstellung von Ghirlandaio, ähnlich der bei der Kirche → Ognissanti.
Erstes Stockwerk Dormitorium	Im ersten Stock finden sich mehr als 40 Zellen, die Fra Angelico eigenhändig und zusammen mit seinen Schülern mit Fresken geschmückt hat. Sein Stil ist auf allen Gemälden und Fresken unverkennbar. Das Strenge, Starre, Steife der mittelalterlichen Heiligen verwandelt er ins Zarte, Sanfte, Liebliche. Unschuld und Frömmigkeit zeichnen seine Heiligen aus, die jedoch nicht überirdische, sondern ganz menschliche Züge tragen. Der Mensch erscheint dadurch verklärt, das Irdische trägt die Spuren des Himmlischen. Es gibt kaum eine innigere Darstellung der "Verkündigung" als die von Fra Angelico (gegenüber dem Treppenaufgang). In der "Wohnung des Priors" (am Ende des hinteren Querganges gelegen) wird das Andenken des Savonarola geehrt, in einer anderen Zelle das des Erzbischofs Antoninus von Florenz. Zwei Zellen zur Kirche hin (vorderer

Quergang, die beiden letzten Zellen rechts) erinnern an Cosimo den Älteren, der als Herr der Stadt öfter hierher zu Betrachtung und Gebet kam.

San Marco
(Fortsetzung)

Der große Saal der Bibliothek mit kostbaren Manuskripten, Meßbüchern und Bibeln beeindruckt durch seine Strenge und zugleich schöne Architektur, für die Michelozzo (1444) verantwortlich zeichnet.

Bibliothek

San Martino (Kirche) J/K 6

Gegenüber dem Dante-Haus (→ Casa di Dante) liegt an einem kleinen Platz die unscheinbare Kirche San Martino, in der Dante mit Gemma Donati getraut worden sein soll. Gegründet wurde die Kirche bereits 986, 1442 ging sie in den Besitz der Compagnia dei Buonomini über, einer wohltätigen Bruderschaft, die sich der Betreuung der 'schämenden Armen' annahm. Dabei handelte es sich um ehemals wohlhabende Bürger, die ihren Besitz verloren hatten. Der heutige Kirchenbau stammt aus der zweiten Hälfte des 15. Jh.s.
Einen Besuch lohnt die Kirche wegen ihrer Fresken, die die verschiedenen Wohltaten der Bruderschaft zeigen (Krankenbesuche, Beherbergung von Pilgern u.a.) und damit ein anschauliches Bild des Alltagslebens im Florenz des ausgehenden 15. Jh.s liefern.

Lage
Via Dante Alighieri

Buslinien
13, 14, 15, 18, 19, 23

Öffnungszeiten
Tgl. 10.00 – 12.00, 15.00 – 17.00

San Michelino · San Michele Visdomini (Kirche) K 5

Im Schatten des Domes (→ Duomo Santa Maria del Fiore) liegt die Kirche San Michelino, die als Kirche der Familie Vicedomini (daher der Name San Michele Visdomini) dem Dombau hatte weichen müssen und wenige Meter entfernt im 14. Jh. wiederaufgebaut wurde (im 17. Jh. erneuert).
Im Innern befinden sich Altarbilder von Pontormo ("Heilige Familie mit Heiligen"), Passignano, Empoli und Poppi.

Lage
Via de'Servi

Buslinien
1, 6, 7, 11, 13, 14, 15, 17, 23

**San Miniato al Monte (Kirche) L 8

Von der → Piazzale Michelangelo führt ein kurzer Weg hinauf zum Vorplatz von San Miniato al Monte, von dem sich nochmals ein herrlicher Blick auf Florenz öffnet. Die Klosteranlage selbst bietet ein gutes Beispiel für die romanisch-toskanische Architektur vom späten 11. und 12. Jahrhundert. Auffallend dabei ist die enge Verbindung zur römischen Antike in der Außengestalt und im Innenraum des Kirchenbaus.
Den Namen erhielt das Kloster in Erinnerung an den heiligen Minias, der um 250 n. Chr. in Florenz als Märtyrer starb. Über seinem Grab erhebt sich die Klosterkirche, mit deren Bau vermutlich 1018 (oder 1013) begonnen wurde. Im wesentlichen fertiggestellt war die Kirche zu Beginn des 13. Jh.s. Zunächst gehörten Kirche und Kloster Benediktiner-Nonnen, von 1373 bis 1552 und auch heute wieder war bzw. ist der Komplex Olivetaner-Mönchen anvertraut.

Lage
Monte alle Croci

Buslinie
13

Öffnungszeiten
Tgl. 8.00 – 12.00, 14.00 – 18.00 (im Sommer bis 19.00)

Die strahlende, weiß-grün inkrustierte, zweigeschossige Fassade (wohl um 1100) mit Dreiecksgiebel ist mit dünnen Marmorplatten bedeckt, die als geometrische Muster, Quadrate, Rechtecke, Rauten, Kreisformen, zusammen mit den großen romanisch-römischen Rundbögen die Fassade gliedern. Im Obergeschoß leuchtet ein Mosaik aus der zweiten Hälfte des 13. Jh.s, das Christus zwischen Maria und San Miniato darstellt. Der Giebel wird von einem vergoldeten Adler bekrönt, der ein Wollbündel in den Krallen trägt. Er ist das Wappentier der reichen Tuchhändler-Zunft, die lange Zeit die Bauhütte von San Miniato finanzierte.

Außenansicht

San Miniato al Monte

Campanile

Nachdem der alte Campanile 1499 eingestürzt war, begann man 1518 mit dem Bau eines neuen, der allerdings unvollendet blieb. Er diente in den bewegten Zeiten des frühen 16. Jh.s den Florentinern – darunter auch Michelangelo – zur Verteidigung gegen die kaiserlichen Truppen.

Kirchen-innenraum

Der eindrucksvolle Innenraum der Klosterkirche mit dekorativer Wandinkrustation vermittelt die Bauform der spätantiken, frühchristlichen Säulenbasilika als dreischiffige Langhausanlage ohne Querschiff mit offenem Dachstuhl (Bemalung im 19. Jh. erneuert). Die eingestellten Schwibbögen und der damit verbundene Stützenwechsel (Pfeiler/Säule) verleihen dem Hauptschiff eine ungewöhnliche Rhythmisierung. Der traditionell über einem Märtyrergrab erhöhte Chor gab ursprünglich dem eintretenden Pilger den Blick in die Hallenkrypta (11. Jh.) auf die Gebeine des Hl. Minias frei, der heute leider durch das Renaissance-Tabernakel im Mittelschiff versperrt ist.

San Miniato ist zwar im wesentlichen ein mittelalterlicher, romanischer Kirchenbau, doch seine Ausstattung enthält zwei herausragende Beispiele der Renaissancekunst, den Kreuzaltar von Michelozzo und die Kapelle des Kardinals von Portugal, einen angebauten Zentralraum mit Antonio Manetti mit plastischen Arbeiten von Antonio Rossellino.

Cappella del Crocifisso

Michelozzos tonnengewölbtes Marmorziborium (Cappella del Crocifisso) im Langhaus wurde 1448 im Auftrag Piero de Medicis geschaffen. Als Rückwand verwendete man ein Altarbild von Agnolo Gaddi (um 1396), das Szenen aus dem Martyrium des hl. Minas zeigt. Interessant ist, daß das kleine Bauwerk mit Hinweisen auf den selbstbewußten Stifter übersät ist: Die Zeichen Pieros bestehen aus einem Ring mit einem ungeschliffenen Diamanten (als Symbol der Dauer und Härte) und aus Straußenfedern. Nicht nur in der Frieszone, sondern auch im bronzenen Schutzgitter des Tempelchens gehen die Embleme völlig in der Ornamentik auf. Die Rückseite ist mit einem Adler – als Abzeichen der Zunft – geschmückt, ein Hinweis dafür, daß die Zunft Bauherrin war und Piero de Medici nur ungern diese Bekundung seines Stifterstolzes gestattet wurde. Die Tonnendecke des Tabernakels ist aus glasierten Terrakottakassetten (Keramik), die in ihrer weiß-hellblauen Farbgebung bezeichnend für den Renaissancekünstler Luca della Robbia sind.

Cappella del Cardinale di Portogallo

Die Grabkapelle des Kardinals von Portugal (Cappella del Cardinale di Portogallo), im Auftrag des portugiesischen Königs Alfons V. von Manetti zwischen 1461 und 1466 an das linke Seitenschiff gebaut, orientiert sich als Zentralraum stark an der Alten Sakristei, die Brunelleschi für San Lorenzo schuf. Die Innendekoration verbindet christliches und antikes Gedankengut. So erinnert Antonio Rossellinos Sarkophaggestaltung an ein römisches Vorbild, ein Mithrasopfer sowie Putti und Engel dekorieren die Grabmalsnische. Die Liegefigur des Toten ist auf den leeren Richterstuhl gegenüber als Mahnung an das Jüngste Gericht ausgerichtet. Insgesamt ist dieses Grabmal als Vorstufe zu den Sarkophagen Michelangelos in der Neuen Sakristei von San Lorenzo zu betrachten. Die Terrakottaskulpturen (Hl. Geist, vier Kardinaltugenden) stammen von Luca della Robbia.

Krypta

Links und rechts des Marmorziboriums führen Treppen hinunter zur siebenschiffigen Krypta mit Kreuzgewölben und Fresken des Taddeo Gaddi.

Presbyterium und Apsis

Die dekorativ skulptierten Marmorschranken und die Marmorkanzel aus der 2. Hälfte des 12. Jh.s gehören zu den wertvollsten spätromanischen Ausstattungsstücken der Kirche.

Die Apsis ziert das Mosaik "Christus mit Maria und San Miniato". Es läßt byzantinischen Einfluß erkennen, wurde ursprünglich 1297 geschaffen, später jedoch mehrfach restauriert und in der zweiten Hälfte des 19. Jh.s fast völlig erneuert.

San Miniato al Monte: beeindruckend die kunstvoll gegliederte Fassade ▶

Bischofspalast neben der Kirche San Miniato

San Miniato al Monte (Fortsetzung) Sakristei

Von der erhöhten Apsis aus gelangt man rechts in die Sakristei, in der Spinello Aretino (nach 1387) mit den "Legenden des hl. Benedikt" sein malerisches Meisterwerk hinterließ. Von der Sakristei öffnet sich eine Tür zum Kreuzgang mit Fresken von Andrea del Castagno und Paolo Uccello.

Cimitero delle Porte Sante

Mit der Anlage des Friedhofs (Cimitero delle Porte Sante) bei der Kirche wurde 1857 nach Plänen von Nicola Matas begonnen. Hier sind zahlreiche bekannte Persönlichkeiten des ausgehenden 19. Jh.s beigesetzt.

Palazzo dei Vescovi (Bischofspalast)

Der Palast, den Bischof Andrea dei Mozzi 1295 neben der Kirche San Miniato begann und sein Nachfolger Antonio d'Orso 1320 beendete, diente den Bischöfen von Florenz lange Zeit als Sommerresidenz hoch über der Stadt, bis er 1534 ein Teil des Klosters wurde. Später wurde dieser Bau auch als Lazarett, Jesuiten-Kolleg und zuweilen als Konzertsaal verwendet und ist heute wieder in Besitz der Olivetaner-Mönche.

Die Päpste nahmen oftmals längeren Aufenthalt in Florenz. Papst Stephan IX. verstarb hier (beigesetzt in der Kirche Santa Reparata). Sein Nachfolger, Nikolaus II., war vormals Bischof von Florenz und behielt auch dieses Amt bei.

San Niccolò sopr'Arno (Kirche)   K 7

Lage Via San Niccolò

Eine Ädikula (Altaraufbau) im Stil des Michelozzo mit einem schönen Fresko "Madonna della cintola" von Piero del Pollaiuolo (1450) in der Sakristei bildet den Hauptkunstschatz der Kirche San Niccolò sopr'Arno, die im 12. Jh. errichtet, im 14. umgebaut und um 16. Jh. restauriert wurde.

Nachdem Florenz von den Truppen des Kaisers und des Papstes eingenommen worden war, soll sich Michelangelo 1530 im Glockenturm der Kirche versteckt haben, um so einer möglichen Verhaftung zu entgehen.

Buslinien
3, 13, 15, 23,
31, 32

San Salvatore al Monte (auch San Francesco al Monte; Kirche)   L 7

Meist wird die Kirche San Salvatore al Monte (oder San Francesco al Monte) wegen der naheliegenden Kirche → San Miniato übersehen. Die Kirche, die Michelangelo "la bella villanella" (= das schöne Landmädchen) nannte, lohnt jedoch wegen ihrer hervorstechend klaren äußeren und inneren Architektur einen Besuch. Diese Architektur wurde hauptsächlich von Cronaca (seit 1499) bestimmt, der mit erheblichen Schwierigkeiten zu kämpfen hatte: Der Bau konnte wegen der Steilheit des Geländes nur mit Stützmauern ausgeführt werden.

Lage
Über der Piazzale
Michelangelo,
Viale Galileo

Buslinie
13

San Simone (Kirche)   K 6

Nach der Überschwemmung von 1966 bemerkte man bei Restaurierungsarbeiten, welche Schätze die kleine Kirche San Simone barg, die im 12. Jh. begründet, im 17. Jh. von Silvani gänzlich umgestaltet worden war: eine höchst elegante Architektur, Fresken und Gemälde von damals fast vergessenem Wert, darunter ein "Thronender Petrus", der dem 'Meister von St. Cecilia' ('Maestro della S. Cecilia') zugeschrieben wird.

Lage
Piazza San
Simone, Via Isola
della Stinche

Buslinien
13, 14, 19, 23

Sant'Ambrogio (Kirche)   L 6

Sankt Ambrosius gehört zu den ältesten Kirchen von Florenz. Der Bau wurde Ende des 13. Jh.s umgestaltet und in den folgenden Jahrhunderten mehrfach restauriert; die neugotische Fassade kam 1887 hinzu. Im Innern des einschiffigen Gotteshauses befinden sich Gräber berühmter Renaissance-Künstler, so von Cronaca (gest. 1580), Mino da Fiesole (gest. 1484) und Verrocchio (gest. 1488). Beachtenswert sind die Gemälde und Fresken der Ausstattung, wie die "Madonna del latte" von Nardo di Cione, ein Triptychon von Bicci di Lorenzo und das Fresko einer "Prozession" von Cosimo Rosselli.
Ein marmorner Tabernakel von Mino da Fiesole (1481 bis 1483) in der Cappella del Miracolo (Kapelle des Wunders) stellt das Ereignis dar, nach dem die Kapelle ihren Namen erhielt: Im Jahre 1230 passierte es, daß ein Priestor den Meßkelch nicht gut getrocknet hatte; am Morgen war der Wein in Blut verwandelt.

Lage
Piazza
Sant'Ambrogio

Buslinien
13, 14, 19, 23

Santa Croce (Kirche)   K/L 6

"Santa Croce ist ein Pantheon der würdigsten Art. Die Kirche ist von einer ernsten und düsteren Feierlichkeit, wahrlich eine große Totenhalle, die kein denkender Mensch ohne Ehrfurcht betreten wird", schrieb Ferdinand Gregorovius, der große deutsche Italien-Reisende des 19. Jh.s. Dieses Gefühl kann sich dem Besucher mitteilen, wenn er auf die Kirche mit Campanile zugeht und das weite Innere betritt.
Die Kirche wurde 1294 an der Stelle eines Vorgängerbaus von 1226 begonnen (vielleicht unter Leitung von Arnolfo di Cambio) und 1443 in Anwesenheit von Papst Eugen IV. geweiht. Die Fassade mit Gliederung durch verschiedenfarbigen Marmor sowie der Campanile stammen aus dem 19. Jahrhundert.

Lage
Piazza Santa
Croce

Buslinien
13, 14, 19, 23,
31, 32

Öffnungszeiten
Mo.–Sa.
7.30–12.30,
15.00–18.30;
So. 15.00–17.00

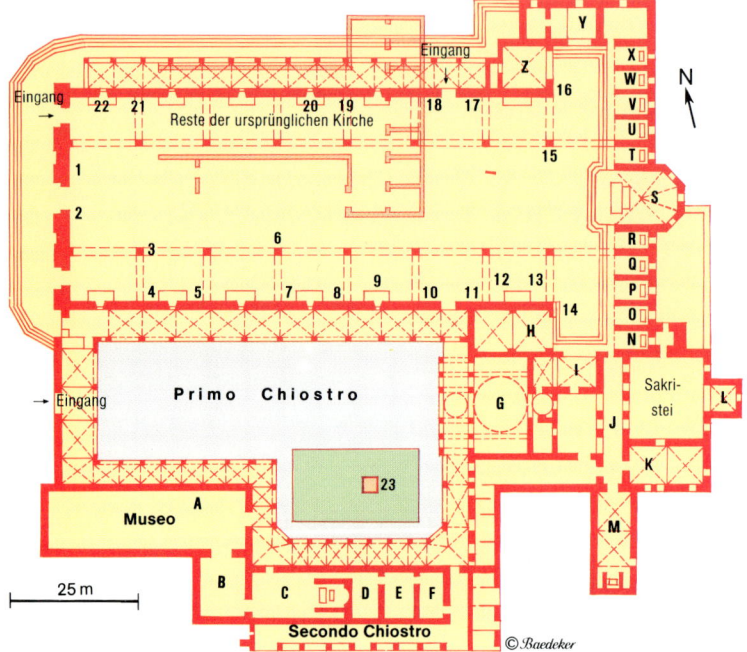

Santa Croce

Das Innere hat die Form einer dreischiffigen Pfeilerbasilika mit einem offenen Holzdachstuhl und einem geraden Chorabschluß wie bei Bettelordenskirchen üblich. Es ist eine hallenartige Kirchenanlage, geeignet für die Bußpredigten der Bettelmönche (Franziskaner), die in diesem traditionellen Wollarbeiterviertel von Florenz großen Zulauf hatten.
Mit ihren vielen Grab- und Denkmälern und zahlreichen bedeutenden Kunstwerken stellt die Kirche eine der eindrucksvollsten Sakralbauten Italiens dar. Mit ihren stattlichen Maßen von 115,43 m Länge und 38,23 m Breite im Langhaus sowie 73,74 m Breite im Querschiff ist sie die größte Franziskanerkirche überhaupt.

Kircheninnenraum

Im ersten Drittel befindet sich das Grab des berühmten Naturwissenschaftlers Galileo Galilei (von Giulio Foggini). Das Monument für den Humanisten und Staatskanzler Carlo Marsuppini (von Desiderio da Settignano), eines der schönsten Grabmäler des 15. Jh.s, steht neben der Seitentür. In den Boden eingelassen ist die Grabplatte für Lorenzo Ghiberti, den Schöpfer der Bronzetüren des Baptisteriums, und seinen Sohn Vittorio.

Linkes Seitenschiff

Das Grabmal für den Florentiner Komponisten Luigi Cherubini (gest. 1842) ist sehenswert (linke Seite). Am Ende und auf der rechten Seite findet man eine Reihe von Kapellen, die den krönenden Abschluß des Hauptschiffes bilden. In der Cappella Bardi hängt der "Gekreuzigte" von Donatello, an dem Brunelleschi kritisierte, daß der Künstler einen Bauern ans Kreuz gehängt habe (Brunelleschi selbst schuf für → Santa Maria Novella ein – wie er hoffte – schöneres Kruzifix). In der Cappella Bardi di Vernio sind an den Wänden Fresken zu sehen, die Geschichten aus dem Leben des hl. Sylvester zum Thema haben, sie wurden 1340 von Maso di Banco geschaffen; die Fresken in den Grabnischen führten Maso di Banco und Taddeo Gaddi aus. In der Cappella Tosinghi-Spinelli sind die Glasfenster aus der Schule des Giotto bemerkenswert.

Linkes Querschiff

Die Hauptchorkapelle ist ganz mit Fresken ausgeschmückt. Die Gewölbefresken stammen von Agnolo Gaddi (1380) und zeigen den "Auferstandenen Christus, die Evangelisten und den hl. Franziskus". Den Wandfresken, erstellt von Gaddi und seinen Gehilfen, liegt die Legende des hl. Kreuzes zugrunde.

Hauptchorkapelle

Ebenso wie das linke ist auch das rechte Querschiff in fünf Kapellen gegliedert. In der Cappella Bardi sind die Fresken von Giotto beachtenswert, die "Geschichten aus dem Leben des hl. Franziskus" erzählen. Sie gehören zu Giottos reifsten und bedeutendsten Werken (um 1320). Auch in der danebenliegenden Cappella Peruzzi befinden sich bemerkenswerte Freskenzyklen von Giotto mit Szenen aus dem Leben Johannes des Evangelisten und Johannes des Täufers (um 1326). Diese wurden besonders von den Malern der Renaissance, von Masaccio und Michelangelo, bewundert und gründlich studiert. In der letzten Kapelle links, der Cappella Velluti, sind beschädigte Fresken eines Cimabue-Schülers ("Erzengel Michael") und die "Marienkrönung" von Giotto sehenswert. An der Stirnwand des Querschiffes liegt die Cappella Baroncelli. Von Taddeo Gaddi, einem Schüler Giottos, stammen die Fresken der Propheten (außen) und des Marienlebens (im Inneren), die seine Meisterwerke darstellen. In der anschließenden Cappella Castellani sind Fresken (Heiligenleben) von Angelo Gaddi und seinen Schülern sowie ein schöner Tabernakel von Mino da Fiesole beachtenswert.

Rechtes Querschiff

Durch die Tür (von Michelozzo) geht man in einen ebenfalls von Michelozzo angelegten Gang (Corridoio della Sagrestia) zur Sakristei. Sie enthält kostbare Schränke der Renaissance und eine "Kreuzigung" von Taddeo Gaddi. Hinter der Sakristei befindet sich die Cappella Rinuccini aus dem 14. Jh. mit Fresken von Giovanni da Milano; am Ende des Sakristei-Korridors die Cappella del Noviziato (oder dei Medici), die Michelozzo für

Sakristei

Fassade von Santa Croce

Kircheninnenraum, Sakristei (Fortsetzung)

Cosimo den Älteren 1445 erbaute. Die "Madonna" über dem Altar stammt von Andrea della Robbia (1480; glasierte Terrakotta).
Vom Corridoio della Sagrestia hat man Zugang zur Scuola del Cuoio (Lederschule), in der man handgefertigte Taschen und andere Lederartikel erstehen kann (→ Praktische Informationen, Shopping).

Rechtes Seitenschiff

Im rechten Seitenschiff stößt man auf das Grabmal für den Komponisten Gioacchino Rossini (gest. 1868) sowie das Grab des Florentiner Politikers Leonardo Bruni (gest. 1444), mit dem Bernardo Rossellino den Prototyp des Florentiner Renaissance-Grabmals schuf. Eine Nische beherbergt das graziöse Verkündigungs-Relief von Donatello (1435). Ungefähr in der Mitte der Längsseite steht das Grabmal für Niccolò Machiavelli (gest. 1527), den großen Historiker und Politiker, das Spinazzi schuf (1787). Am fünften Pfeiler befindet sich die berühmte achteckige Marmorkanzel von Benedetto da Maiano (1472–1476) mit Szenen aus dem Leben des hl. Franziskus und allegorischen Figuren. Im unteren Drittel der monumentale Kenotaph des Dante (1829), Florenz wollte damit den Dichter ehren, den die Stadt verbannt hatte und der 1321 in Ravenna starb; sowie das von Vasari entworfene Grabmal Michelangelos. Am ersten Pfeiler befindet sich ein Relief von Antonio Rossellino: "Madonna del latte" (1478).

Museo dell'Opera di Santa Croce (Kloster von Santa Croce)

Öffnungszeiten
Mo., Di., Do.–So.
10.00–12.30,
14.30–18.30
(im Winter:
10.00–12.30,
15.00–17.00)

Rechts neben der Kirche befindet sich der Zugang zum Klosterkomplex von Santa Croce, besichtigt werden können zwei Kreuzgänge, die Pazzi-Kapelle sowie das im ehemaligen Refektorium und anderen Klosterräumen untergebrachte Museum der Bauhütte von Santa Croce (Museo dell'Opera di Santa Croce).
Vom Ende des 14./Anfang des 15. Jh.s errichteten Ersten Kreuzgang fällt der Blick zunächst auf die an seinem Ende stehende Cappella dei Pazzi.

Die Pazzi-Kapelle verdankt ihren Ruhm dem architektonischen Genie des Brunelleschi. Er errichtete von 1430 (oder 1443) bis zu seinem Tod 1446 im Auftrage von Andrea de'Pazzi diesen frühen und reinen Bau der Renaissance. Er sollte als Grabkapelle der Pazzi und zugleich als Kapitelsaal der Franziskanermönche von Santa Croce dienen.

Museo dell'Opera di Santa Croce (Fortsetzung) Cappella dei Pazzi

Die von Säulen getragene Vorhalle ist im Gebälk mit einem Fries aus kleinen Medaillons mit Engelköpfen (Desiderio da Settignano) und in der Halbkuppel des Portikus mit schönen Rosetten von Luca della Robbia geschmückt. Von ihm stammt auch das "Andreas-Relief" (1445) über den Holztüren; diese wiederum schuf Giuliano da Sangallo (1470–1478).

Das Innere wirkt als Einheit mit klaren Gliederungen durch Pilaster, angedeutete Nischen, Rundungen und Tonnengewölbe, obwohl die rechteckige Form der Kapelle durch den Altarraum aufgehoben ist. Die vier Terrakotta-Medaillons in den Zwickeln mit sitzenden Evangelisten sind Schöpfungen Luca della Robbias; ebenso die zwölf Apostel-Tondi (weiße Keramik auf blauem Grund in Rundfeldern).

Vom Ersten Kreuzgang führt ein Durchgang zum großen zweigeschossigen Kreuzgang, der um 1452 von Bernardo Rossellino errichtet wurde. Rossellino lehnte sich jedoch eng an den Stil Brunelleschis an.

Großer Kreuzgang

Das Museum ist im Refektorium und angrenzenden Räumen des Klosters Santa Croce untergebracht. Zu den bedeutendsten Kunstwerken gehören das riesige (120 m² große) "Letzte Abendmahl" von Taddeo Gaddi mit anderen Heiligendarstellungen und "Die Grablegung" von demselben Künstler.

Santa-Croce-Museum

Hervorzuheben sind ferner ein "Gekreuzigter" von Cimabue, ein meisterliches Spätwerk; ein Bronzestandbild von Donatello, "Der heilige Ludwig" (1423); ein Fresko des Domenico Veneziano, "Die Heiligen Johannes der Täufer und Franziskus"; "Krönung Mariens" von Maso di Banco sowie "Stigmata", eine Terrakottagruppe von Andrea della Robbia.

Santa Croce: Großer Kreuzgang

Santa Felicità (Kirche)   **J 6**

Lage
Piazza Santa
Felicità

Buslinien
3, 6, 11, 15, 31,
32, 36, 37

Die Kirche Santa Felicità wurde über einem frühchristlichen Friedhof errichtet, im 11. und 14. Jh. erneuert und im 18. Jh. gänzlich umgestaltet. Dabei wurden jedoch die Vorhalle und der "Korridor" des Vasari, der hier durchführende Laufgang, bewahrt, der den → Palazzo degli Uffizi und den → Palazzo Pitti miteinander verbindet.

Im Innern der Kirche befindet sich über der Eingangstür die Loge der Großherzöge, von der diese dem Gottesdienst beizuwohnen pflegten. Rechts vom Eingang die Cappella Capponi, die die bedeutendsten Kunstwerke der Kirche birgt: zwei Meisterwerke des Pontormo (1526–1528), "Grablegung Christi" und "Verkündigung". Die Kapelle wurde von Brunelleschi für die Familie der Barbadori errichtet.

Auch das zur Kirche gehörende Kloster ist architektonisch schön gestaltet (Kapitelsaal).

Santa Lucia dei Magnoli (Kirche)   **J/K 7**

Lage
Via dei Bardi

Buslinien
3, 13, 15, 23,
31, 32

Das Kirchlein Santa Lucia dei Magnoli trägt den Beinamen "fra le rovinate" (= inmitten der Ruinen), weil das Geröll des Hügels die umliegenden Häuser gefährdete. Das Majolika-Relief der hl. Lucia im Bogenfeld des Portals entstand um 1520.

Im Innern birgt das Gotteshaus ein schönes Tafelbild von Lorenzetti, "Santa Lucia", das auf Goldgrund gemalt wurde.

Santa Margherita a Montici (Kirche)

Lage
Via Pian dei Giulari

Buslinie
38

Die z. T. mittelalterliche Kirche Santa Margherita a Montici, etwa 4 km südlich von Florenz in den lieblichen Hügeln der Toskana gelegen (Richtung Pian dei Giulari), birgt einige schöne Kunstwerke: die Tafelgemälde "Madonna" und "Santa Margherita" vom Meister der heiligen Cäcilia (Anfang des 14. Jh.s), "Madonna della cintola" von Piero del Pollaiuolo (1450), einen Altaraufbau im Stil des Michelozzo und feingewirkte Meßgewänder des 15. Jh.s.

Santa Margherita de'Ricci (Kirche)   **K 6**

Lage
Via del Corso 6

Buslinien
13, 14, 15, 18,
19, 23

Mitten in der Stadt liegt die Kirche Santa Margherita in Santa Maria de'Ricci oder della Madonna de'Ricci, die ihren Namen und ihre Entstehung (1508) dem Gnadenbild der "Madonna de'Ricci" (um 1300) auf dem Hochaltar verdankt.

Santa Margherita diente bekannten florentinischen Familien als Pfarrkirche.

Santa Maria del Carmine (Kirche)   **G/H 6**

Lage
Piazza
del Carmine

Buslinien
6, 11, 36, 37

Der große Bau der Kirche erhebt sich an der gleichnamigen, heute als Parkplatz fungierenden Piazza in einem belebten und volkstümlichen Viertel von Florenz. Die Kirche, 1268 begonnen, wurde erst 1476 fertiggestellt, wovon an den Seiten sowohl romanische als auch gotische Bauteile zeugen. Im 16. und 17. Jh. umgestaltet, wurde sie 1771 bei einem Brand so schwer beschädigt, daß sie gänzlich neugestaltet werden mußte (von Ruggieri und Mannaioni, bis 1782). Der Grundriß der Kirche ist in Form eines lateinischen Kreuzes gehalten und besitzt nur ein Schiff, an dessen Seiten sich verschiedene Kapellen befinden. Neben der Brancacci-Kapelle (siehe unten) ist die Kirche vor allem berühmt wegen der barocken Cappella Corsini von Pierfrancesco Silvani (1675–1683; Querschiff links), deren Kuppelfresko "Apotheose des heiligen Andrea Corsini" von Luca Giordano (1682) stammt. In der Kapelle befinden sich die Gräber von Neri und Piero Corsini mit drei Marmorhochreliefs von Giovanni Battista Foggini.

Santa Maria del Carmine (Fortsetzung)

✳Cappella Brancacci

Der Zugang zur Cappella Brancacci ist rechts neben der Kirche. Man betritt zunächst den zu Beginn des 17. Jh.s an die Kirche angebauten Kreuzgang und gelangt dann zur der Kapelle, die Felice Brancacci, ein reicher florentinischer Kaufmann, 1428 mit Fresken (hauptsächlich von den beiden Künstlern Masaccio und Masolino) ausmalen ließ. Sie stellen eine wichtige Entwicklungsstufe in der europäischen Malerei dar. Masaccio führte die Malkunst in seinen Fresken über die Formen- und Farbenpracht des mittelalterlich-gotischen Stils hinaus und entwickelte die Ansätze des Malers Giotto fort. Der Tradition von Masaccio und Masolino folgend, malte Filippino Lippi die fünf Fresken in der unteren Zone.

Bedeutende Künstler der Renaissance studierten die Werke der Brancacci-Kapelle wegen ihrer perspektivischen Sicherheit, des strengen Realismus der dargestellten Personen, der feinen Charakterisierung der Gesichter, der malerischen Freiheit und der Konzentration des Ausdrucks. In den letzten Jahren wurden die durch verschiedene Restaurierungsbemühungen stark entstellten Fresken in ihrer ursprünglichen Farbgebung wiederhergestellt.

Im einzelnen sind dargestellt (von links nach rechts, oben): Vertreibung Adams und Evas aus dem Paradies, der Tribut (beides Meisterwerke des Masaccio); Predigt des Petrus; Petrus tauft neue Gläubige; Petrus mit Johannes hilft den Lahmen und erweckt Tabita; die Versuchung von Adam und Eva. Unten: Petrus wird von Paulus im Gefängnis besucht; Petrus erweckt den Sohn des Theophilus; Predigt des Petrus; Petrus (mit Johannes) heilt die Kranken; Petrus und Johannes verteilen die Güter der Gemeinde; Kreuzigung des Petrus; Petrus und Paulus disputieren mit Simon dem Magier vor "Nero"; der Engel befreit Petrus aus dem Gefängnis. Man erzählt sich, Michelangelo sei bei einer Diskussion vor diesen Bildern so sehr in Rage geraten, daß er bei dem sich daraus entwickelnden handfesten Streit im Gesicht verletzt und seine Nase dadurch entstellt wurde.

Lage
Piazza del Carmine

Öffnungszeiten
Mo., Mi.–Sa.
10.00–17.00; So.,
Fei. 13.00–17.00

✳**Santa Maria Maddalena dei Pazzi** (Kirche)   K 5

Ein Mitglied der berühmten Florentiner Familie der Pazzi, Maria Maddalena, war 1669 heiliggesprochen worden. Ihr zu Ehren erweiterte man den im 13. Jh. gegründeten Komplex von Kirche und Benediktiner-Kloster, den schon zwei Jahrhunderte zuvor Giuliano da Sangallo (1480–1492) umgestaltet hatte. Der Vorhof der Kirche zeigt daher den harmonischen Stil der zweiten Hälfte des 15. Jh.s, während andere Teile von Kirche und Kloster barocke Elemente tragen. In den Kapellen befinden sich wertvolle Gemälde von toskanischen Künstlern des 15. und 16. Jh.s (z. B. Portelli und Giordano). Das Refektorium des Klosters ist heute Teil einer Carabinieri-Kaserne; der Kreuzgang des Sangallo gehört zum Liceo Michelangelo.

Lage
Borgo Pinti 58

Buslinien
6, 8, 19

Crocifissione del Perugino

Im Kapitelsaal des der Kirche angeschlossenen Klosters haben sich Fresken des Perugino (Crocifissione del Perugino) erhalten, die zu seinen schönsten Werken zählen. Die zwischen 1493 und 1496, in Peruginos

Öffnungszeiten
Tgl. 9.00–12.00,
17.00–19.00

Santa Maria
Maddalena dei
Pazzi, Crocifis-
sione del Perugino
(Fortsetzung)

bester Schaffenszeit, entstandenen Wandbilder zeigen Christus am Kreuz
und Maria Magdalena, den hl. Bernhard und Maria, Sankt Johannes und
Benedikt, Christus am Kreuz hilft dem hl. Bernhard. Im Hintergrund der
Figuren erkennt man die umbrische Landschaft, aus der Perugino
stammte (Perugia).

Santa Maria Maggiore (Kirche)　　　　J 5

Lage
Via de'Cerretani

Buslinien
1, 6, 7, 11, 13, 14,
15, 17, 18, 23

Nicht weit vom Baptisterium (→ Battistero), in der Via de'Cerretani, steht
eine der ältesten Kirchen von Florenz, die sicher schon vor dem 11. Jh.
errichtet und in der zweiten Hälfte des 13. Jh.s erneuert wurde; 1912/1913
wurden umfangreiche Restaurierungsarbeiten vorgenommen. Der alte
Glockenturm zeigt noch das tiefere Niveau der romanischen Kirche; in ihm
ist hoch oben die 'Berta', eine spätromanische Frauenbüste, eingemauert.
Über dem Kirchenportal findet man die "Madonna mit Kind" der Pisanischen Schule aus dem 14. Jh. (Kopie).
Im Innern der dreischiffigen gotischen Halle mit quadratischen Pfeilern verdienen von der Ausstattung, schöne Gemälde und Statuen, die "Thronende Madonna mit Kind" (auch "Madonna del Carmelo" genannt) und ein
farbiges, vergoldetes Holzrelief die meiste Beachtung. Die "Thronende
Madonna mit Kind" wird Coppo di Marcovaldo zugeschrieben (1261). Der
originale Zustand dieser Tafel ist durch spätere Übermalungen erheblich
verfälscht worden, bei einer derzeit durchgeführten gründlichen Restaurierung sollen alle späteren Zusätze entfernt und gleichzeitig neue Erkenntnisse über die Maltechnik des 13. Jh.s gewonnen werden. Bei dem Relief
entfaltete der Künstler (vielleicht ebenfalls Coppo di Marcovaldo) seine
Fähigkeit als Bildschnitzer wie als Maler.

✳✳Santa Maria Novella (Kirche)　　　　H 5

Lage
Piazza di Santa
Maria Novella

Buslinien
1, 4, 7, 9, 13, 14,
16, 17, 18, 19, 22,
23, 28, 31, 32, 36,
37

Öffnungszeiten
Mo. – Sa.
7.00 – 11.30,
15.30 – 18.00;
So. 15.30 – 18.00

Zu den bedeutendsten Kirchen von Florenz gehört die Dominikaner-Kirche
Santa Maria Novella. Sie wurde 1246 an der Stelle eines Oratoriums des
10. Jh.s (Santa Maria della Vigne) errichtet, um 1300 war der Bau im
wesentlichen fertiggestellt. Verschiedene Architekten nahmen im 14./15.
Jh. leichte Veränderungen vor.
Wie bei der Franziskanerkirche → Santa Croce, geht man auch hier über
einen weiten Platz (→ Piazza di Santa Maria Novella) auf den Hauptbau
zu. Die Fassade schuf 1456 – 1470 Leon Battista Alberti im Auftrag des
Giovanni Rucellai (dessen Familienzeichen, die Segel, in der Mitte als tren-
nender Architrav zu sehen ist). Er gab ihr die entscheidende Form durch
die Harmonisierung des romanisch-gotischen mit dem Renaissance-Stil
(Portal, begrenzende Pfeiler, Entwurf des oberen Attikageschosses mit
Voluten). Auch sie ist durch verschiedenfarbigen Marmor gegliedert.
Rechts neben der Kirche befindet sich ein alter Friedhof.

**Kirchen-
innenraum**

Das Innere der Kirche zeigt ein harmonisches Gleichgewicht zwischen auf-
steigenden gotischen Formen und dem weit ausgedehnten einheitlichen
Raum, dessen Länge von 99,20 m durch die enger werdenden Wölbungen
der Pfeiler (von 15 m auf 11,40 m) perspektivisch noch gesteigert wird. Die
Breite beträgt 28,40 m, im Querschiff 61,54 m.

Innenfassade

Über dem Portal in der Lünette ein Fresko "Geburt Christi" (möglicherweise ein Frühwerk Botticellis); in der Rosette, der ältesten von Florenz, die
"Krönung Mariens".

Linkes Seitenschiff

Am zweiten Pfeiler befindet sich eine Marmorkanzel, die Brunelleschi 1443
entwarf und Buggiano ausführte. Am dritten Altar ist die "Dreifaltigkeit", ein
Fresko von Masaccio (1427), zu sehen, das wegen seines intensiven Aus-

drucks und der vollkommenen perspektivischen Darstellung einen Ehrenplatz unter den Werken des Künstlers einnimmt.

Linkes Seitenschiff (Fortsetzung)

Durch eine Tür gelangt man in die Sakristei, wo ein marmornes Waschbekken (Giovanni della Robbia) und über der Tür ein Kruzifix von Giotto (Frühwerk, um 1290) zu besichtigen sind.

Sakristei

Nardo di Cione schuf 1357 die Fresken (Themen aus Dantes "Göttliche Komödie") in der erhöht liegenden Cappella Strozzi, wo auch das Altarbild "Erlöser und Heilige" von Andrea Orcagna hängt.

Linkes Querschiff

In der Cappella Gaddi fällt u. a. das Gemälde über dem Altar "Jesus weckt die Tochter des Jairus" von Bronzino ins Auge. In der danebenliegenden Cappella Gondi befindet sich das berühmte Holzkruzifix von Brunelleschi (zwischen 1410 und 1425), die erste Christus-Darstellung ohne Lendentuch. Der Künstler schuf es als Gegenstück zu dem bäuerlich-realistischen Kruzifix von Donatello in → Santa Croce.

Die Hauptchorkapelle wurde von Domenico Ghirlandaio und Gehilfen 1486 bis 1490 im Auftrag von Giovanni Tornabuoni vollkommen mit Fresken ausgeschmückt (Szenen aus dem Leben Johannes des Täufers und der Maria). Dank umfassender Restaurierungen Ende der achtziger Jahre erstrahlt der letzte große Freskenzyklus des 15. Jh.s nun wieder in zarten leuchtenden Farben. Das Bronzekruzifix ist eine Arbeit von Giambologna.

Hauptchorkapelle

Hier befinden sich wiederum zwei Kapellen auf der linken Seite. Die Cappella di Filippo Strozzi ist mit Fresken von Filippino Lippi (1497 – 1502) ausgeschmückt; das Grab des Filippo Strozzi befindet sich hinter dem Altar, es wurde von Benedetto da Maiano gestaltet (1491 – 1493). Die danebenliegende Cappella Bardi beherbergt die "Rosenkranzmadonna" (1570) von Vasari.

Rechtes Querschiff

An der Stirnwand des Querschiffs befinden sich in der Cappella Rucellai eine Bronzegrabplatte für den Dominikaner-General Dati von Lorenzo

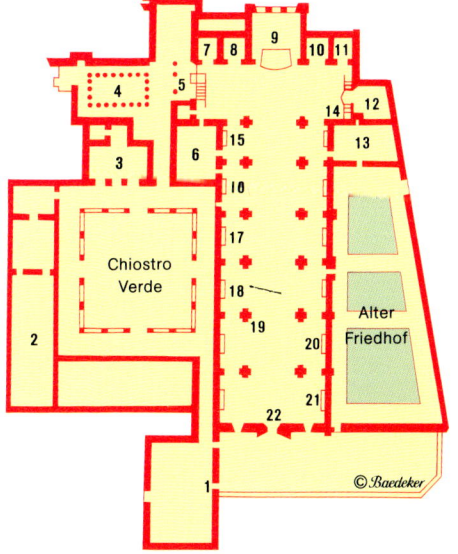

Santa Maria Novella

1 Zugang zum Museo di Santa Maria Novella
2 Refektorium
3 Cappellone degli Spagnoli
4 Chiostrino dei Morti (Grabkapelle der Strozzi)
5 Cappella Strozzi
6 Sakristei
7 Cappella Gaddi
8 Cappella Gondi
9 Hauptchorkapelle
10 Cappella di Filippo Strozzi
11 Cappella Bardi
12 Cappella Rucellai
13 Cappella della Pura
14 Grabmal des Joseph von Konstantinopel
15 "San Giacinto" (Alessandro Allori)
16 "Santa Caterina von Siena" (Poccetti)
17 "Auferstehung" (Vasari)
18 "Dreifaltigkeit" (Masaccio)
19 Marmorkanzel
20 Grabmal der Beate Villana
21 "Martyrium des Laurentius" (Macchietti)
22 "Geburt Christi" (Botticelli)

Santa Maria Novella

Santa Maria Novella: eine der bedeutendsten Florentiner Kirchen

Rechtes Querschiff (Fortsetzung)	Ghiberti (1423) und eine Marmorstatue "Madonna mit Kind" von Nini Pisano. Ganz in der Nähe schließlich das Grabmal des Patriarchen Joseph von Konstantinopel, der nach dem Konzil von Florenz hier 1440 starb.
Rechtes Seitenschiff	Eine Tür führt in die Cappella della Pura mit dem Gnadenbild der "Madonna mit Kind und der hl. Katharina". Um dieses Bild rankt sich die Legende, daß Maria 1472 aus dem Bild zwei schmutzigen Kindern zugerufen habe, sie sollten sich waschen (eine gern angewandte Erziehungshilfe florentinischer Mütter). Von der Kapelle aus gelangt man auch zum alten Friedhof. Zum Portal hin folgen das Grabmal der Beate Villana von Rossellino (1451) und der Seitenaltar mit dem "Martyrium des Laurentius" von Macchietti (1573).

Museo di Santa Maria Novella

Öffnungszeiten Mo.–Do., Sa. 9.00–14.00; So., Fei. 8.00–13.00	Die Besichtigung von Santa Maria Novella sollte auch die Kreuzgänge und die Kapellen des früheren Klosters Santa Maria Novella, heute bezeichnet als Museo di Santa Maria Novella, einschließen. Der Eingang befindet sich links der Kirchenfassade.
Chiostro Verde	Der Name "Grüner Kreuzgang" geht auf den grünen Farbton der von Paolo Uccello geschaffenen Fresken zurück. Die Erzählung beginnt mit der Schöpfung der Tiere und dem Sündenfall (um 1430); die erregende Darstellung der Sintflut entstand erst 20 Jahre später.
Refektorium	Die liturgischen Gefäße, silberbestickten Meßgewänder und die goldenen Reliquienbehälter stammen aus dem 14. und 17. Jahrhundert.
Cappellone degli Spagnoli	Zu den großartigsten Gemälden des 14. Jh.s in Italien gehören die Fresken der "Spanischen Kapelle", die nach 1340 von Jacopo Talenti als Kapitel-

saal des Dominikaner-Klosters erbaut und von Eleonora von Toledo, der Gemahlin Cosimos I., ihrem spanischen Gefolge (daher der Name) 1540 für Gottesdienste zugewiesen wurde.

Santa Maria Novella, Cappellone degli Spagnoli (Fortsetzung)

Andrea da Firenze (Bonaiuti) schuf die Malereien nach dem Thema, das ihm der Prior Jacopo Passavanti vorgab: "Der Dominikanerorden und der neue offene Weg zum Heil". Der Künstler verband Szenen aus der Heiligen Schrift, Heiligenlegenden und die allegorischen Darstellungen der mittelalterlichen Wissenschaften miteinander.

Den Rundgang beschließt ein Besuch des "Kleinen Kreuzgangs der Toten" mit der Grabkapelle der Strozzi (Cappella funeraria degli Strozzi).

Chiostrino dei Morti

✳Santa Trínita (Kirche)   J 6

Vor allem wegen ihres würdigen Alters lieben die Florentiner die Kirche Santa Trínita, am gleichnamigen Platz, nahe dem Arno. Schon im 11. Jh. stand hier eine Kirche, die im 13. Jh. als erste gotische Kirche von Florenz erneuert (vermutlich von Niccolò Pisano) und in der zweiten Hälfte des 14. Jh.s noch einmal von Neri di Fioravante umgestaltet wurde. Die Fassade wurde im ausgehenden 16. Jh. nach einem Entwurf von Buontalenti gestaltet.

Lage
Piazza Santa Trinita

Buslinien
6, 11, 15, 16, 31, 32, 36, 37

Öffnungszeiten
Tgl. 7.00 – 12.00, 16.00 – 19.00

Der Innenraum von Santa Trínita präsentiert sich im Stil der Florentiner Gotik des 14. Jh.s. Es handelt sich um einen dreischiffigen Kirchenbau mit Querschiff. An das Langhaus angefügt sind Seitenkapellen, die jeweils erhöht angelegt wurden.
Bei einem Rundgang durch die Kirche sind zahlreiche Kunstwerke beachtenswert (wenn man Münzen in dafür vorgesehene Kästen wirft, können einige der Kapellen beleuchtet werden):

In der dritten Kapelle eine "Verkündigung" auf Goldgrund von Neri di Bicci und das Grab des Giuliano Davanzati (gest. 1444), ein frühchristlicher Sarkophag mit Hochrelief, in der fünften Kapelle die Holzstatue der Magdalena von Desiderio da Settignano und Benedetto da Maiano (1464/1465).

Linkes Seitenschiff

Im linken Querschiff beeindruckt das Marmorgrabmal des Bischofs Benozzi Federighi (1455/1456). Luca della Robbia schuf damit eines seiner besten Werke.

Linkes Querschiff

Im rechten Querschiff befindet sich die Cappella Sassetti mit berühmten Fresken von Domenico Ghirlandaio (1483 – 1486) "Legenden des hl. Franz von Assisi" (u.a. die berühmte "Bestätigung der Ordensregel"). Hierin nahm der Künstler Personen und Bauwerke seiner Zeit auf, so Lorenzo de'Medici den Prächtigen und sich selbst mit der Hand auf der Hüfte, die Piazza della Signoria und della Trínita. Auch das Altarbild "Anbetung der Hirten" stammt von Ghirlandaio (1485).

Rechtes Querschiff

In der Sakristei findet man das Grabmal des Onofrio Strozzi von Piero di Niccolò Lamberti (1421).

Sakristei

In der Cappella Salimbeni sieht man einen Freskenzyklus von Lorenzo Monaco, in der ersten Kapelle am Eingang ein Holzkruzifix aus dem 14. Jahrhundert.

Rechtes Seitenschiff

✳Santi Apostoli (Kirche)   J 6

Eine lateinische Inschrift (links auf der Fassade) besagt, die "Kirche der hl. Apostel" sei bereits von Karl dem Großen gegründet und von Erzbischof Turpinus geweiht worden. Geschichtlich gesichert ist nur, daß die Kirche

Lage
Borgo Santi Apostoli

Santissima Annunziata

Santi Apostoli
(Fortsetzung)

Buslinien
3, 6, 11, 15, 31,
32, 36, 37

Ende des 11. Jh.s entstand und im 15. und 16. Jh. erneuert wurde (von 1930 bis 1938 restauriert). In die romanische Fassade baute Benedetto da Rovezzano Anfang des 16. Jh.s ein schönes Portal ein.

In der dreischiffigen Basilika fallen die Säulen (grüner Marmor aus Prato) mit Komposit-Kapitellen (die ersten beiden aus den nahegelegenen römischen Thermen) auf. Die Überschwemmung von 1966 hat der Kirche und ihren Kunstwerken schwere Schäden zugefügt.

Hervorzuheben sind: ein großer Terrakotta-Tabernakel von Giovanni della Robbia (Presbyterium) und das Grabmal des Oddo Altaviti von Benedetto da Rovezzano (1507; linkes Seitenschiff); ein Tafelgemälde von Vasari "Unbefleckte Empfängnis" (1541; rechtes Seitenschiff, dritte Kapelle).

✳✳Santissima Annunziata (Verkündigungskirche) K 5

Lage
Piazza della SS.
Annunziata

Buslinien
1, 6, 7, 10, 11, 15,
17, 20, 25

Öffnungszeiten
Tgl. 7.00 – 12.30,
16.00 – 19.00

Mit Recht wird dem kirchlich-religiösen Zentrum von Florenz um den Dom (→ Duomo Santa Maria del Fiore) und dem weltlich-politischen um den → Palazzo Vecchio (auch Palazzo della Signoria) das geistig-intellektuelle um Platz und Kirche der Santissima Annunziata gegenübergestellt (→ Piazza della Santissima Annunziata).

Die Kirche der Annunziata, um 1250 als Oratorium des Serviten-Ordens entstanden, zwischen 1444 und 1481 von Michelozzo völlig neu gestaltet, ist ein architektonisches Meisterwerk, gerade weil der Grundriß von Kirche und Kloster so unregelmäßig ausfällt (Langhaus mit Seitenkapellen, dem eine große runde Chorkapelle vorgelagert ist, jeweils mit Anbauten); zugleich enthält die Kirche in ihrem Inneren zahlreiche einzigartige Kunstwerke.

Man betritt zunächst einen siebenbogigen Portikus (erbaut 1559 – 1561), der von Säulen mit eleganten korinthischen Kapitellen getragen wird. Vier Tore öffnen sich: Das linke führt zum Chiostro dei Morti (Kreuzgang der

Die Kirche Santissima Annunziata an der gleichnamigen Piazza

Santissima Annunziata

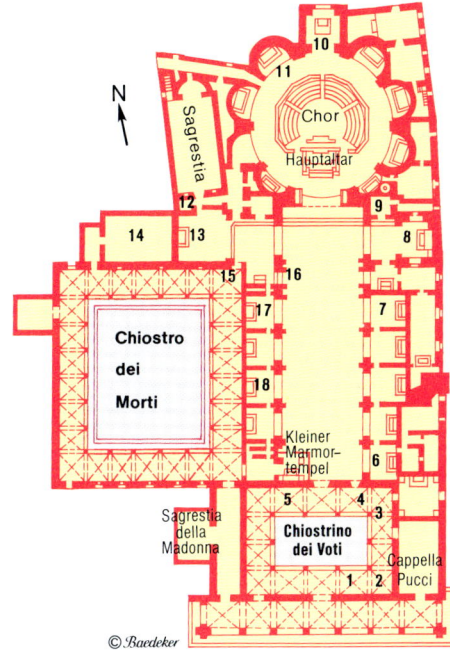

1 „Assunzione" von Rosso
Fiorentino
2 „Visitazione" von Pontormo
3 „Natività di Maria" von
Andrea del Sarto (1514)
4 „Arrivo dei Magi" von
Andrea del Sarto (1511)
5 „Natività" von A. Bal-
dovinetti (1460–62)
6 „Madonna in gloria, San
Nicolo e Santi" von Empoli
7 Denkmal des Orlando de'
Medici von B. Rossellino
8 Cappella del Sacramento
9 Pietà von B. Bandinelli (1559)
10 Cappella della Madonna del
Soccorso, teilweise von
Giambologna
11 „Resurrezione" von Bronzino,
in der Nische Holzstatue von
Veit Stoß
12 Cappellina delle Reliquie
13 Cappella del Crocifisso
14 Cappella della Confraternità
di San Luca
15 „Madonna del Sacco" von
Andrea del Sarto
16 Orgel von 1628
17 „Assunzione" von Perugino
18 „Santissima Trinità", Fresko
von A. del Castagno
(1454–55)

Toten) an der Sagrestia della Madonna vorbei. An den Chiostro dei Morti mit dem Fresko "Madonna del Sacco" (nach dem Sack, auf den sich der hl. Joseph stützt), das Andrea del Sarto (1525) ausführte und das als eines seiner Hauptwerke gilt, schließen sich an: der Kapitelsaal, die Cappella della Confraternità di San Luca, die "Kapelle der Gekreuzigten", die Reliquien-Kapelle und die Sakristei.

Das rechte Tor führt zur Cappella Pucci oder di San Sebastiano, die beiden mittleren zum Chiostrino dei Voti ("Kleiner Kreuzgang der Votivtafeln" nach den hier aufgehängten Votivtafeln der Gläubigen), errichtet von Manetti (1447) nach Entwürfen von Michelozzo.

Verkündigungs-
kirche
(Fortsetzung)

Die Fresken des Chiostrino dei Voti, so benannt nach den Votivgaben, die hier früher aufbewahrt wurden, sind berühmt. Man findet hier (von links beginnend) Meisterwerke von: Andrea del Sarto (Zyklus über den hl. Filippo Benizzi); Cosimo Rosselli ("Berufung und Einkleidung des hl. Filippo Benizzi", 1476); Alesso Baldovinetto ("Geburt Jesu", 1460–1462); nochmals Andrea del Sarto ("Ankunft der Drei Könige" und "Geburt Mariä", 1514, eine der besten Arbeiten des Künstlers); Franciabigi ("Vermählung Mariens", 1513). Den Kopf Mariens zerstörte der Künstler, weil die Mönche sich das Bild vor seiner Vollendung ansahen; niemand wollte den Schaden beheben. Schließlich folgen noch Meisterwerke von Pontormo ("Heimsuchung Mariens", 1516) und Rosso Fiorentino ("Himmelfahrt Mariens", 1517).

Chiostrino dei Voti

Der einschiffige Kircheninnenraum wird beidseits von Seitenkapellen flankiert; der Chor ist als Rotunde gestaltet. Im 17. und 18. Jh. wurde Santissima Annunziata innen mit Marmor verkleidet und völlig neu ausgeschmückt.

**Kirchen-
innenraum**

Santissima Annunziata, Kircheninnenraum (Fortsetzung)	Links neben dem Eingang steht ein Marmor-Tempelchen, das auf Geheiß Piero de'Medicis nach Entwürfen Michelozzos für das Gnadenbild der Verkündigung, von dem es viele Kopien in Italien gibt, errichtet wurde. Man sagt, als ein Mönch dieses Bild im 13. Jh. malte, sei er aus Verzweiflung über seine geringe Kunst, eine wunderschöne Madonna darzustellen, eingeschlafen, und ein Engel habe das Gesicht Mariens vollendet; noch heute kommen die Jungvermählten aus Florenz hierher, und die Braut läßt ihr Blumensträußchen bei der Madonna zurück.
Seitenkapellen	An der linken Seite des Langhauses liegt die Cappella Feroni, in der sich ein Fresko von Andrea del Castagno "Erlöser und hl. Julian" (1455) befindet. Auch in der zweiten Kapelle ist ein Fresko Castagnos zu sehen "Dreifaltigkeit", eines seiner letzten, stark realistischen Werke. In der vierten Kapelle ist eine Tafel von Perugino "Himmelfahrt Christi" beachtenswert.
Rotunde	Die Rotunde, die sich in neun Kapellen gliedert, wurde von Michelangelo begonnen (1444) und von Leon Battista Alberti in veränderter Ausführung beendet. Beeindruckend hier in der vierten Kapelle (von links) ein Gemälde von Angelo Bronzino "Auferstehung" (1550) und die Cappella della Madonna del Soccorso (Muttergottes der Zuflucht), ein Werk Giambolognas (1594–1598). Er entwarf sie als seine eigene Grabstätte. Sie ist reich ausgestattet mit Fresken, Statuen und Reliefs.
Kuppel	Die Kuppel ist mit einem Fresko ausgeschmückt, das die Krönung Mariens zum Inhalt hat und von Volterrano stammt (1681–1683).
Rechter Kreuzarm	Gleich in der ersten Kapelle, die das Grab Baccio Bandinellis und seiner Gemahlin beherbergt, eine sehenswerte "Pietà" des Künstlers.

❋❋Santo Spirito (Kirche) H 6

Lage Piazza Santo Spirito	Mehrere reiche Florentiner Familien schlossen sich in den ersten Jahrzehnten des 15. Jh.s zusammen, um an der Stelle einer durch Brand zerstörten Kirche eine neue errichten zu lassen. Als Architekten gewannen sie den berühmten Baumeister der Stadt, Brunelleschi. Bei dessen Tod (1446) war der Bau bis zur Einwölbung gediehen, dann geriet er jedoch unter verschiedenen Baumeistern (Glockenturm: Baccio d'Agnolo, 1503–1517) ins Stocken und wurde nie ganz nach den ursprünglichen Plänen vollendet. Deshalb läßt der äußerlich karge Bau nicht vermuten, daß Santo Spirito eine der reinsten Renaissance-Kirchen ist. Die Fassade der Kirche wurde im 18. Jh. ausgeführt und trägt keinerlei Schmuck, sondern ist nur verputzt. Ihr charakteristisches Merkmal bilden die Umrißlinie und das große mittlere Auge. In die Fassade sind vier Türen in verschiedenen Größen eingelassen, die den drei Schiffen im Inneren entsprechen. Die Kirche wurde 1481 geweiht.
Buslinien 3, 6, 11, 15, 31, 32, 36, 37	
Öffnungszeiten Tgl. 8.00–12.00, 15.30–18.30 (im Winter 16.00–18.00)	
Kirchen- innenraum	An das dreischiffige Innere – auf dem Grundriß eines lateinischen Kreuzes mit 97 m Länge, 32 m Breite im Langhaus und 58 m Breite im Querschiff – wurden vierzig halbrunde Seitenkapellen angebaut, die außen jedoch durch eine gerade Mauer abgeschlossen werden. Zahlreiche Kunstwerke, Grab- und Denkmäler machen Santo Spirito zu einem eindrucksvollen Museum.
	Gemälde und Statuen, Reliefs und sakrale Gegenstände schmücken die Nebenaltäre im Innern. Vor allem sind zu beachten (Rundgang im Uhrzeigersinn):
Innenfassade	Die Fensterrose der Fassade wurde nach einem Entwurf des Perugino ("Herabkunft des Heiligen Geistes") gefertigt.

Vom linken Seitenschiff gelangt man in eine schöne Vorhalle, errichtet von Cronaca (1492–1494), und von dort in die Sakristei. Sie erhebt sich über einem achteckigen Grundriß, wurde von Giuliano da Sangallo (1495/1496) entworfen und ist ein Meisterwerk der europäischen Baukunst. — Sakristei

Von der Vorhalle führt eine Tür in den ersten Kreuzgang, ein Werk Giulio und Alfonso Parigis (um 1600). Der Zugang zum zweiten Kreuzgang, von Ammanati zwischen 1564 und 1569 errichtet, ist meist gesperrt, weil dort eine militärische Verwaltung ihren Sitz hat. — Kreuzgänge

In der Vierung steht der frühbarocke, unter reicher Verwendung von Pietra dura geschaffene Baldachinaltar von Caccini. — Vierung

In der ersten Kapelle verdienen das Gemälde "Aufstieg auf den Kalvarienberg" von Michele Ghirlandaio und die Glasfenster Beachtung. In der danebenliegenden Kapelle beeindruckt die Tafel "Thronende Madonna mit Kind" von Raffaele di Carli (1505). Am Kopfende (links) befindet sich eine weitere Tafel "Dreifaltigkeit, angebetet von den Heiligen Katharina und Magdalena", die Francesco Granacci zugeschrieben wird. — Linkes Querschiff
Daneben liegt die mit erlesenem künstlerischem Geschmack gestaltete Cappella Corbinelli (Sakramentskapelle), ein Werk von Andrea Sansovino (1492), der auch die Skulpturen geschaffen hat.

Hier beeindruckt das Altarbild "Madonna mit Kind, Heiligen und Stiftern", das bedeutendste Werk der Kirche, von Filippino Lippi (1490). — Rechtes Querschiff

In der Apsis links eine "Verkündigung" (Florentinische Schule des 15. Jh.s) und eine Krippendarstellung aus der Schule des Ghirlandaio, rechts ein Polyptychon von Maso di Banco (um 1340). — Apsis

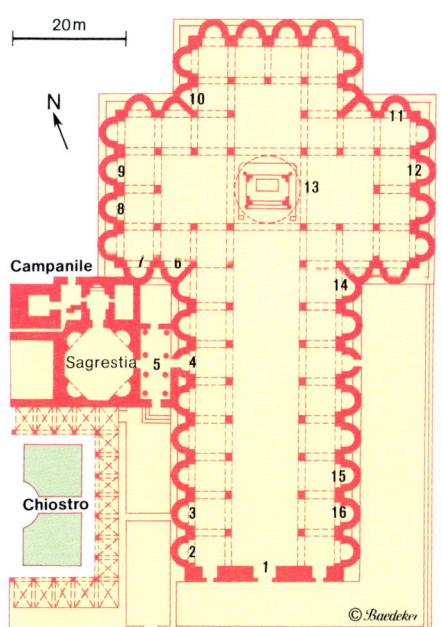

20m

N

Campanile

Sagrestia

Chiostro

© Baedeker

Santo Spirito

1 Fenster „Discesa dello Spirito Santo" nach Perugino
2 „Resurrezione" von di Jacopo
3 „Cristo Risorto" von Landini, Kopie nach Michelangelo
4 Zugang zur Sakristei
5 Vestibül des Cronaca, nach Entwurf von G. da Sangallo
6 „Andata al Calvario" von M. Ghirlandaio
7 „Madonna col Bambino in trono e Santi" von dei Carli
8 „La Santissima Trinità adorata dalle Sante Caterina e Maddalena" von Granacci
9 Cappella Corbinelli, Architektur und Skulpturen von Sansovino
10 „Presepio" aus der Schule des Ghirlandaio
11 „Sposalizio della Vergine" von Sagrestani und Marmorgrab des Neri di Gino Capponi
12 „Madonna col Bambino e San Giovannino" von F. Lippi
13 Hauptaltar von Caccini
14 „Raffaele e Tobiolo", Marmortafel von Baratta (um 1690)
15 San Nicola da Tolentino, Holzstatue von N. Unghero
16 Kopie der Pietà des Michelangelo in Rom, von di Baccio Bigio (1549)

Santo Spirito: von außen ein schlichter Bau

Cenacolo di Santo Spirito

Öffnungszeiten
Di. – Sa.
9.00 – 14.00; So.,
Fei. 8.00 – 13.00

Links von der Kirche befindet sich der Eingang zum Cenacolo di Santo Spirito. Von dem alten Augustiner-Kloster steht nur noch das Refektorium, dessen großes Fresko "Das Abendmahl" Andrea Orcagna (um 1360) zugeschrieben wird. Bereits Ghiberti war dieser Meinung, die nach gründlichen Forschungen und Restaurierungen bestätigt wurde. Das schwer beschädigte Fresko ist eines der großartigsten Werke des 14. Jh.s in Florenz.
In dem Refektorium befinden sich schöne Skulpturen der Fondazione Salvatore Romano (Stiftung des Salvatore Romano).

---

*Santo Stefano al Ponte (Kirche)   J 6

Lage
Piazzetta Santo
Stefano

Buslinien
3, 13, 15, 18, 19,
23, 31, 32

An einem kleinen Platz, der vom Durchgangsverkehr nicht berührt wird und schon 1116 urkundlich erwähnt ist, liegt die Kirche Santo Stefano al Ponte (auch "Santi Stefano e Cecilia") mit Bauelementen der verschiedenen Jahrhunderte (Fassade des 13., Altäre des 16., Umbauten zu einem Hauptschiff des 17. Jh.s).
Ferdinando Tocca schuf das Bronzerelief "Die Steinigung des hl. Stephanus" (1656). Die eindrucksvolle Marmortreppe zum Presbyterium von Buontalenti (1574) war früher in der Kirche → Santa Trínita.

Settignano

Lage
8 km östlich von
Florenz

Ein reizvolles Ausflugsziel ist das wenige Kilometer östlich von Florenz gelegene Städtchen Settignano. Im Ortskern erhebt sich die Pfarrkirche der "Assunta"; der Bau aus dem 15. Jh. wurde mehrmals erneuert.

Rund um Settignano liegen eingebettet in die toskanische Hügelland-schaft zahlreiche prächtige Villen mit großzügigen Gärten. Hierzu gehört bei Ponte a Ménsola die Villa "I Tatti", die nach dem Tod des amerikanischen Kunstkritikers Bernard Berenson (1865 – 1959) Sitz des "Centro per la Storia del Rinascimento" (Zentrum für die Geschichte der Renaissance) der amerikanischen Harvard-Universität wurde. Die "Collezione Berenson" bewahrt wertvolle Kunstwerke.

Settignano
(Fortsetzung)
Villa "I Tatti"

Ebenfalls unweit von Settignano liegt die berühmte Villa Gameraia (Via del Rossellino 72), eine der schönsten Villen-Anlagen des 16. Jh.s, die im Zweiten Weltkrieg erheblich beschädigt wurde, danach jedoch nach alten Plänen wieder errichtet wurde. So präsentiert sich der Park noch heute als typischer Renaissancegarten mit geometrisch geschnittenen Buchsbaumhecken, einem 'Parterregarten' mit klassischer Vierteilung und einem Brunnen in der Mitte sowie einer großen Achse von einem Gartenende zum anderen (Besichtigung nach Voranmeldung, Tel. 055/697205).

Villa Gameraia

---

*Spedale degli Innocenti (Findelhaus) **K 5**

Die Zunft der Seidenhändler und Seidenschneider beauftragte 1419 den Architekten Filippo Brunelleschi, Schöpfer der Domkuppel (→ Duomo Santa Maria del Fiore), ein Findelhaus zu errichten: Innocenti (Unschuldige) wurden die ausgesetzten Kinder in Erinnerung an die ermordeten Kinder von Bethlehem genannt. Mütter, die unerkannt ihre Neugeborenen ins Waisenhaus bringen wollten, konnten sie (bis 1875) in einen drehbaren Holzzylinder (Ruota) am Ende der Säulenhalle legen.
Das Spedale degli Innocenti markiert den Beginn der Renaissancearchitektur in Florenz.

Lage
Piazza della SS.
Annunziata

Buslinien
1, 6, 7, 10, 11, 15,
17, 20, 25

Die Loggia mit ihren harmonischen, von Säulen getragenen Bögen macht den Ruhm des Spedale aus. Die vollendete Architektur wird ergänzt durch Fresken unter den Arkaden und in den Lünetten über den Türen sowie durch zehn farbige Medaillons in glasierter Terrakotta (Darstellung von Wickelkindern), die Andrea della Robbia (um 1463) schuf.

Loggia

Von der Vorhalle aus gelangt man zur Kirche Santa Maria degli Innocenti, weiterhin zu einem von Brunelleschi entworfenen Kreuzgang mit Verbindungstür zur Kirche. In ihrer Lünette sehenswert: eine glasierte Terrakotta von Andrea della Robbia, "Verkündigung Mariens".

Santa Maria degli
Innocenti

Im ersten Stock ist neben der Gemäldesammlung, der Galleria dello Spedale dogli Innocenti, eine Sammlung abgelöster Fresken zu besichtigen, die man von ihrem ursprünglichen Ort entfernt hat: Werke Florentiner Künstler, u. a. von Poccetti, Bicci di Lorenzo, Lorenzo Monaco, Allori, Rosselli, Ghirlandaio, Fra Bartolomeo, Perugino und della Robbia.

Freskensammlung

Galleria dello Spedale degli Innocenti (Gemäldesammlung)

In der Galleria dello Spedale degli Innocenti sind Bilder, Skulpturen, Miniaturen und Möbel aus dem 14. – 18. Jh. ausgestellt. Hervorzuheben sind die Werke von Giovanni del Biondo, Rossellino, Benedetto da Maiano und vor allem die Arbeiten von Domenico Ghirlandaio und Andrea del Sarto sowie die Terrakotta-Madonna von Luca della Robbia.

Öffnungszeiten
Mo., Di., Do.–Sa.
9.00 – 13.00; So.,
Fei. 8.00 – 12.00

Uffizien

→ Palazzo degli Uffizi

Via Tornabuoni   J 6

Lage
zwischen Ponte
Santa Trinita und
Piazza Antinori

Die Via Tornabuoni ist eine der elegantesten (wegen der Geschäfte), der schönsten (wegen der Regulierung des vergangenen Jahrhunderts) und interessantesten (wegen der Paläste, vom 15. bis 19. Jh.) Straßen von Florenz, ein lebendiges Geschichtsbuch gleichsam, wo die Geschichte der Stadt sich in den prachtvollen Bauwerken manifestiert. Besonders zu beachten sind die Palazzi Larderel-Giacomini (Beginn 16. Jh.), Corsi-Tornabuoni (1875, von Michelozzo auf der Fläche des Palazzo Tornabuoni erbaut, von dem der Hof erhalten geblieben ist), die Logetta dei Tornaquinci (Beginn 16. Jh.) und der → Palazzo Strozzi (17. Jh.).

Villa Romana   G 8

Lage
Via Senese 68

Buslinien
11, 36

Auf der südlichen Arnoseite, außerhalb der mittelalterlichen Stadtmauern erwarb Max Klinger 1905 mit Unterstützung des Deutschen Künstlerbundes die Villa Romana. Sie war und ist dazu bestimmt, drei (heute sind es vier) bildenden Künstlern als Wohn- und Atelierhaus zu dienen. Zudem werden die Räumlichkeiten für wechselnde Ausstellungen genutzt.

Ville Medicee

Einzelne Mitglieder der großen, weitverzweigten Familie der Medici bauten sich in der näheren Umgebung der Stadt, in der schönen Hügellandschaft der Toskana, ansehnliche Villen mit ausgedehnten Parkanlagen als Sommerresidenzen. Das Geschick und die Phantasie der Architekten durften

In Poggio a Caiano befindet sich eine der schönsten Medici-Villen

sich hier an Gebäuden und Gärten frei – wenn auch zunächst im Rahmen der Renaissance-Architektur – entfalten: Die Künstler, Maler und Bildhauer fanden Gelegenheit, die heiteren Seiten ihrer Kunst in vielfältigen Darstellungen zu präsentieren. Die schönsten (zugänglichen) Villenanlagen sind im folgenden aufgeführt.

Medici-Villen
(Fortsetzung)

✽Villa di Poggio a Caiano

Etwa 18 km nordwestlich von Florenz liegt in dem Ort Poggio a Caiano (an der von Florenz nach Pistoia führenden Hauptstraße) die – nach weitverbreiteter Meinung – schönste und prächtigste Sommerresidenz der Medici. Lorenzo der Prächtige ließ sie von Giuliano da Sangallo errichten. In späteren Jahren ließen die Medici Umbauten und Erweiterungen vornehmen. Einzelheiten wie die Loggia des Eingangs, die Terrakotta-Reliefs in der Vorhalle, der große Salon mit Fresken von Andrea del Sarto, Pontormo, Franciabigio und Allori ("Rückkehr Ciceros aus dem Exil", "Caesar empfängt die ägyptischen Tributzahlungen", "Vertunno und Pomona") zeugen vom Kunstsinn der Medici. Daneben hinterließ König Viktor Emanuel II., der hier mit seiner morganatischen Frau, der Contessa di Mirafiori, lebte, schöne Möbel und Dekorationen.
Doch lohnt nicht nur die Villa selbst eine Besichtigung, reizvoll ist auch ein Bummel durch den Park mit seinem alten Baumbestand.
Geöffnet ist der Park Di. – So. 9.00 – 19.30 (im Winter verkürzte Öffnungszeiten); die Villa Di. – Sa. 9.00 – 13.30, So. 9.00 – 12.30.

Lage
Poggio a Caiano

✽Villa la Petraia

Wegen mangelnder Beschilderung nicht leicht zu finden ist die rechts oberhalb der Verbindungsstraße Florenz – Sesto gelegene Villa la Petraia. Ferdinando de' Medici erwarb das Anwesen 1575 und ließ es durch Buontalenti umgestalten, erhalten blieb jedoch der alte Verteidigungsturm. Im 19. Jh. diente die Villa den italienischen Königen als Sommersitz, auch heute befindet sie sich in Staatsbesitz und kann besichtigt werden. Reizvoll ist auch der schön angelegte Park, von dem aus man eine gute Sicht bis nach Florenz hat.
Geöffnet ist der Park Di. – So. 9.00 – 19.30 (im Winter bis 16.30, im Frühjahr und Herbst bis 17.30 bzw. 18.30); die Villa schließt jeweils eine halbe Stunde früher.

Lage
Via della
Petraia 40

Villa di Castello

Nur wenige hundert Meter westlich der Villa la Petraia erreicht man die Villa Medicea di Castello, die in ihrer heutigen Anlage auf das 16. Jh. zurückgeht. Die Villa ist Sitz der Accademia della Crusca und daher nicht zugänglich, wohl aber der ausgedehnte Park mit seinen prächtigen Wasserspielen, Grotten und Statuen. Die Figurengruppe des zentralen Brunnens zeigt Herkules im Kampf mit dem Riesen Antäus (Tribolo).
Geöffnet ist der Park Di. – So. 9.00 – 19.30 (im Winter bis 16.30, im Frühjahr und Herbst bis 17.30 bzw. 18.30).

Lage
Via Castello 47

Villa di Careggi

Nördlich des Stadtzentrums von Florenz findet man in Careggi eine weitere Medici-Villa. Sie wurde 1433 im Auftrag Cosimos des Älteren von Michelozzo zum Landsitz ausgebaut. In dieser Villa starb Lorenzo der Prächtige am 8. April 1492.
Besichtigt werden kann das Anwesen nur nach Voranmeldung (Tel. 4 27 75 01).

Lage
Viale Pieraccini 17

Praktische Informationen von A bis Z

Teile der Innenstadt von Florenz sind für den privaten Autoverkehr gesperrt bzw. nur eingeschränkt befahrbar (→ Parkplätze).

Hinweis

Anreise

Für die Anreise nach Florenz empfehlen sich die Autobahnen und Hauptstraßen. Am zügigsten erreicht man Florenz vom Grenzübergang Chiasso aus über Mailand und Bologna. Ca. 70 km länger, dafür landschaftlich aber erheblich abwechslungsreicher ist die Autobahnstrecke Chiasso – Mailand – Genua – Pisa – Florenz.
Die Benutzung der italienischen Autobahnen ist gebührenpflichtig. Die Autobahngebühr richtet sich nach der Höhe im Bereich der Vorderachse des Wagens. Für Wohnmobile und Pkw mit Wohnwagen muß fast das Doppelte des Pkw-Tarifes bezahlt werden. Mit einer speziellen Kreditkarte, erhältlich bei den deutschen Geschäftsstellen des ADAC, kann man an den Mautstellen bargeldlos bezahlen.

Mit dem Auto

Von einer großen Anzahl von Veranstaltern werden Autobusreisen angeboten, die entweder Florenz direkt als Ziel haben oder einen Florenzaufenthalt innerhalb einer Rundreise vorsehen. Zumeist handelt es sich dabei um Gruppenreisen.
Für Einzelreisende kommen die Touring-Busse in Frage, die im Linienverkehr von vielen Städten Deutschlands, Österreichs und der Schweiz verkehren. Mitunter handelt es sich um Fahrten mit Umsteigen, auch mit Übernachtungen. Touring-Busse verkehren auf der Strecke München – Abano Terme/Montegrotto (nahe Padua).
Auskunft: Deutsche Touring GmbH, Am Römerhof 17, D(W)-6000 Frankfurt am Main 90, Tel. (069) 79030.

Mit dem Autobus

Direktverbindungen bestehen von allen wichtigen Städten Deutschlands, Österreichs und der Schweiz.

Mit der Eisenbahn

Der Flughafen Peretola (5 km nordwestlich von Florenz) wird ohne Zwischenlandung von München aus täglich von der Lufthansa und der Alitalia angeflogen. (Die Flugzeit beträgt ca. 1 1/2 Stunden.) Direktverbindungen von anderen deutschen, österreichischen oder schweizerischen Flughäfen bestehen nicht.
Gut an das internationale Liniennetz angeschlossen ist Mailand, von dort fliegt die Alitalia mehrmals täglich nach Florenz.

Mit dem Flugzeug

Antiquitäten

→ Shopping

Apotheken

Mo. – Fr. 8.30 – 12.30 und 15.30 – 19.30 Uhr (im Sommer 16.00 bis 20.00 Uhr).

Öffnungszeiten

◄ *Pferdekutschen warten vor dem Palazzo Vecchio auf Kundschaft*

Apotheken (Fortsetzung) Durchgehend geöffnet	Farmacia Comunale Nr. 13 im Bahnhof Santa Maria Novella Tel. 28 94 35
	Farmacia Molteni Via Calzaiuoli 7 r Tel. 28 94 90
	Farmacia Taverna Piazza S. Giovanni 20 r Tel. 28 40 13
Nachtdienst	In jedem Stadtbezirk gibt es eine Apotheke, die Tag und Nacht geöffnet hat. Die diensttuenden Apotheken sind in den Tageszeitungen verzeichnet bzw. unter Tel. 192 zu erfragen.

Ärztliche Hilfe

Notruf	Einheitlicher Notruf in ganz Italien: Tel. 113
Erste Hilfe	Croce Rossa Italiana (Rotes Kreuz) Lungarno Soderini 11 Tel. 21 53 81
	Pubblica Assistenza Humanitas Viale Talenti 160 Tel. 71 39 61
Ärztenotdienst	Notdienst für Touristen (Hausbesuche) rund um die Uhr: Tel. 47 54 11 Feiertags- und Nachtdienst: Tel. 47 78 91
Unfallhilfe	Tel. 21 22 22
Krankenhäuser	Generale di Careggi Viale Morgagni, Tel. 43 99 1
	Ospedale Nuovo di S. Giovanni di Dio Via Torregalli 3, Tel. 2 76 61
	Ospedale di Santa Maria Nuova Piazza Santa Maria Nuova 1, Tel. 2 75 81
	Policlinico Universitario Viale Morgagni, Tel. 43 99 1
	Pediatrico Meyer (Kinderhospital) Via Luca Giordano 14, Tel. 43 99 1
	Istituto Ortopedico Toscana "Piero Palagi" (Orthopädische Klinik) Viale Michelangelo 41, Tel. 2 76 91
	Ospedale Oftalmico Fiorentino (Augenklinik) Via Masaccio 213, Tel. 57 84 44
Krankenversiche- rungsschutz	Nach den Verordnungen der EG haben Versicherte deutscher Kranken-kassen Anspruch auf Leistungen, wenn sie während eines Italienaufent-haltes erkranken. Voraussetzung ist, daß man sich vor Reiseantritt einen

'Anspruchsausweis' (Vordruck E 111) besorgt hat. Im Bedarfsfall (Ausnahme Notfall) muß man sich an die Unitá Sanitaria Locale (u. a. im Ospedale di Santa Maria Nuova und im Ospedale Nuovo di S. Giovanni di Dio) wenden. Die Behandlung ist dann kostenfrei.

Ärztliche Hilfe, Krankenversicherungsschutz (Fortsetzung)

Ausflüge

Ausflüge in die nähere Umgebung von Florenz (Führungen in allen Sprachen) sind bei fast allen Reisebüros und auch bei der staatlichen Reiseagentur C.I.T. (Via Cavour 54r, Tel. 29 43 06 und Piazza Stazione 51r, Tel. 28 41 45) zu buchen.

Organisierte Bustouren

In der Umgebung von Florenz gibt es zahlreiche Medici-Villen mit prächtigen Parkanlagen; die schönsten dieser Landsitze sind bei den Sehenswürdigkeiten von A bis Z unter dem Stichwort Ville Medicee aufgeführt.

Medici-Villen

Gut verbinden läßt sich eine Besichtigung des Klosters Certosa del Galluzzo und des Städtchens Impruneta (→ Sehenswürdigkeiten von A bis Z, Certosa del Galluzzo und Impruneta) mit einer Fahrt durch das Chianti-Gebiet (→ Monti del Chianti).

Certosa del Galluzzo, Chianti

In der unmittelbaren Umgebung von Florenz ist das Städtchen Fiesole (→ Sehenswürdigkeiten von A bis Z, Fiesole) wegen seiner Sehenswürdigkeiten und der schönen Aussicht, die man von hier genießt, ein lohnendes Ausflugsziel, das auch mit öffentlichen Verkehrsmitteln gut zu erreichen ist.
Wer mit dem eigenen Auto bzw. einem Mietwagen unterwegs ist, kann für den Rückweg nach Florenz die landschaftlich schöne Strecke über Settignano (→ Sehenswürdigkeiten von A bis Z, Settignano) wählen.

Fiesole, Settignano

Eine der schönsten Medici-Villen: La Petraia

Ausflüge
(Fortsetzung)
Barberino
Val d'Elsa

Das an der alten Römerstraße, 35 km südlich von Florenz gelegene Barberino Val d'Elsa ist von Festungsmauern umgeben, welche den Florentinern im Kampf gegen Siena dienten. Das einzige Tor im Mauerring, die Porta Senese, stammt aus dem 14. Jahrhundert. Sehenswert sind ferner der Palazzo Pretorio und die Pfarrkirche San Bartolomeo.

Certaldo

Certaldo, 30 km südwestlich von Florenz, kann mit recht gut erhaltenen mittelalterlichen Häusern und Palästen aufwarten.

Castelfiorentino

Castelfiorentino liegt 40 km südwestlich von Florenz im Tal des Flusses Elsa. Die Stadt – einst als Bollwerk gegen die Sienesen gegründet – besitzt zwei hübsche Kirchen und eine kleine Gemäldegalerie.

Empoli, Vinci

Verläßt man Florenz in Richtung Pisa, so erreicht man nach 35 km die moderne Industriestadt Empoli. Sehenswert sind die Kollegiatskirche St. Andreas, die Kirche Santo Stefano und das Kollegiatsmuseum.
Gut 10 km nördlich von Empoli liegt Vinci, der Geburtsort des genialen Künstlers Leonardo da Vinci (Geburtshaus und Museum).

Borgo San
Lorenzo, Scarperia

Borgo San Lorenzo, 30 km nördlich von Florenz, lohnt wegen der dem Stadtpatron Laurentius geweihten Kirche einen Besuch.
In dem 10 km nordwestlich von Borgo San Lorenzo gelegenen Scarperia sollte man sich den Palazzo Pretorio sowie die Propsteikirche anschauen.

Hinweis

Genauere Informationen zu den oben genannten sowie zu weiterer Sehenswürdigkeiten in der näheren und weiteren Umgebung von Florenz gibt Baedekers Allianz-Reiseführer "Toskana".

Auskunft

Auslands-
vertretungen
der ENIT

Erste Adresse für Auskünfte, die eine geplante Florenzreise betreffen sind die Staatlichen Italienischen Fremdenverkehrsämter (ENIT):

In Deutschland
D(W)-4000 Düsseldorf, Berliner Allee 26, Tel. (0211) 132231/2
D(W)-6000 Frankfurt am Main, Kaiserstraße 65, Tel. (069) 237109, 237430
D(W)-8000 München 2, Goethestraße 20, Tel. (089) 530369

In Österreich
A-1010 Wien, Kärntner Ring 4, Tel. (0222) 5051639, 5054374

In der Schweiz
CH-1204 Genève (Genf) 3, Rue du Marché, Tel. (022) 282922
CH-8001 Zürich, Uraniastr. 32, Tel. (01) 2113633/4

Auskunftsstellen
in Florenz

Azienda di Promozione Turistica
Via Manzoni 16, Tel. 2478141
Geöffnet: Mo. – Sa. 8.30 – 13.30 Uhr

Provincia e Comune di Firenze
Via Cavour 1r (neben dem Palazzo Medici-Riccardi), Tel. 2760382
Geöffnet: Mo. – Sa. 8.00 – 14.00 Uhr

Comune di Firenze
Chiasso Baroncelli 17e (beim Palazzo degli Uffizi), Tel. 2302124
Geöffnet: Mo. – Sa. 8.15 – 13.45 Uhr

Comune di Firenze
Piazza Stazione, Tel. 212245
Geöffnet: Mo. – Sa. 8.15 – 13.45 Uhr

Praktische Informationen

Consorzio Informazioni Turistiche Alberghiere (I.T.A.)
Stazione Santa Maria Novella (in der Bahnhofshalle), Tel. 282893
Nur Vermittlung von Hotelzimmern!
Geöffnet: Tgl. 8.30 – 21.00 Uhr

Auskunftsstellen
in Florenz
(Fortsetzung)

Unter der Rufnummer 116 erhält man in ganz Italien jederzeit Auskunft und
Beratung (mehrsprachiges Personal).

Telefonauskunft

Aussichtspunkte

Ein Blick von einem der im folgenden genannten Aussichtspunkte über die
in die toskanische Hügellandschaft eingebettete Arnostadt gehört zu den
reizvollsten Eindrücken eines Florenzaufenthaltes.

Campanile
Umfassender Blick in alle Himmelsrichtungen; kein Aufzug!
(Eintrittsgebühr).
⟶ Sehenswürdigkeiten von A bis Z, Duomo Santa Maria del Fiore

Duomo Santa Maria del Fiore
Ein herrlicher Blick bietet sich auch von der Kuppel des Domes, will man
von hier oben den Campanile fotografieren, so sollte man für den Aufstieg
die Morgenstunden wählen; kein Aufzug! (Eintrittsgebühr).
⟶ Sehenswürdigkeiten von A bis Z, Duomo Santa Maria del Fiore

Fiesole
Von der Aussichtsterrasse unterhalb der Kirche Sant'Alessandro in Fiesole
hat man bei klarem Wetter aus der Ferne eine gute Sicht auf Florenz.
⟶ Sehenswürdigkeiten von A bis Z, Fiesole

Forte di Belvedere
Ein ähnlicher Blick wie vom Piazzale Michelangelo ergibt sich auch vom
Mauerring des Forte di Belvedere, nur hat man hier die Aussicht (fast) für
sich allein (erhebliches Eintrittsgeld, wenn im Palast innerhalb des Forte di
Belvedere Ausstellungen stattfinden!).
⟶ Sehenswürdigkeiten von A bis Z, Forte di Belvedere

Giardino di Boboli
Es gibt zwar spektakulärere Aussichtspunkte, doch kann man von der Ter-
rasse des Kaffeehauses im Boboli-Garten häufig ohne jegliche Hektik den
Blick auf Florenz genießen.
⟶ Sehenswürdigkeiten von A bis Z, Giardino di Boboli

Piazza di Bellosguardo
Mit einer schönen Aussicht kann auch die etwas außerhalb des Zentrums
gelegene Piazza di Bellosguardo aufwarten.
⟶ Sehenswürdigkeiten von A bis Z, Piazza di Bellosguardo

Piazzale Michelangelo
Vom Piazzale Michelangelo hat man den 'klassischen' Blick über die Stadt
am Arno, meist muß man die Aussicht allerdings mit Hunderten von Touristen teilen. Etwas geruhsamer geht es in den Gartenanlagen unterhalb der
Piazzale zu. Will man fotografieren, so empfehlen sich wegen der Lichtver-
hältnisse die Morgenstunden.
⟶ Sehenswürdigkeiten von A bis Z, Piazzale Michelangelo

San Miniato al Monte
Von dem Vorplatz der Kirche San Miniato al Monte bietet sich aus der
Ferne eine gute Sicht auf Florenz.
⟶ Sehenswürdigkeiten von A bis Z, San Miniato al Monte

Autohilfe

Hinweis	Nimmt man in Italien die Hilfe eines Pannendienstwagens in Anspruch, so ist dies gebührenfrei, wenn man einen ADAC-Auslands- bzw. Euroschutzbrief vorweisen kann.
	Das Abschleppen von liegengebliebenen Fahrzeugen auf italienischen Autobahnen ist ausschließlich den italienischen Pannenhilfswagen vorbehalten. Bei Übertretung des Verbots kassiert die Polizei Bußgeld.
Automobilclub	Automobil Club d'Italia (ACI) Viale Amendola 36, Tel. 2 48 61
Pannenhilfe	ACI in ganz Italien: Tel. 116 ACI in Florenz auch unter: Tel. 67 81 56
Ambulanz	In ganz Italien: Tel. 113
Straßenzustandsbericht	Einen Bericht über den Straßenzustand in der Toskana erhält man unter: Tel. 19 41
Unglücks- und Schadensfälle	Bei Unfällen sollte man Kennzeichen, Name und Anschrift von den Fahrern aller beteiligten Fahrzeuge sowie deren Haftpflichtversicherung und Versicherungsnummer notieren; diese Daten können der rechteckigen Plakette hinter der Windschutzscheibe von italienischen Fahrzeugen entnommen werden. Zudem ist es sinnvoll, Name und Anschrift von Unfallzeugen festzuhalten und die Unfallstelle zu fotografieren. Bei Personenschäden ist auf jeden Fall die Straßenpolizei hinzuzuziehen. Außerdem muß unverzüglich die eigene Versicherungsgesellschaft bzw. bei eigenem Mitverschulden die auf der Grünen Versicherungskarte genannte italienische Versicherungsgesellschaft informiert werden. Letztere hilft durch Beratung und durch Nennung eines Anwalts, falls der ausländische Fahrzeuglenker mit Strafmaßnahmen zu rechnen hat.
Totalschaden	Bei Totalschaden ist unverzüglich die italienische Zollbehörde zu unterrichten, da sonst möglicherweise für das Schadensfahrzeug der gesamte Einfuhrzoll bezahlt werden muß.
Verkehrsregeln	→ Verkehrsvorschriften
Kraftstoff	→ dort
Notdienste	→ dort

Autovermietung

	→ Mietwagen

Bahnhof

	Der Bahnhof für den nationalen und internationalen Personenverkehr ist die Stazione Centrale Santa Maria Novella.
Zugauskunft	Tel. 27 87 85 (9.00 – 17.00 Uhr)
Fundbüro	Ufficio Oggetti Rinvenuti, Zentrale Tel. 27 67
Bahnpolizei	Tel. 21 22 96

Bahnreisen

Das italienische Eisenbahnnetz umfaßt derzeit ca. 16 000 km. Der überwie-
gende Teil der Verbindungen wird von den italienischen Staatsbahnen
(Ferrovie dello Stato, FS) unterhalten.

Ferrovie dello
Stato (FS)

Die Fahrkarten innerhalb des italienischen Bahnnetzes haben beschränkte
Gültigkeit, diese schwankt je nach Streckenlänge von einem Tag (für Strek-
ken bis zu 250 km) bis zu sechs Tagen (mehr als 1000 km).
Kinder haben bis zum vollendeten vierten Lebensjahr in Begleitung
Erwachsener freie Fahrt. Kinder vom vollendeten vierten bis zum vollende-
ten elften Lebensjahr zahlen den halben Preis.

Fahrkarten

Die Touristenkarte ermöglicht eine unbegrenzte Anzahl von Reisen in der
Ersten sowie in der Zweiten Klasse auf dem gesamten italienischen Bahn-
netz innerhalb einer Gültigkeitsdauer von 7, 14, 21 oder 30 Tagen. Der
Preis für eine Touristenkarte mit einer Gültigkeitsdauer von acht Tagen
beträgt in der Zweiten Klasse 212 DM (für 30 Tage 372 DM) und in der
Ersten Klasse 320 DM (für 30 Tage 558 DM).

Touristenkarte

Weitere detaillierte Auskünfte und die Fahrkarten erhält man bei DER-Rei-
sebüros sowie direkt bei den Amtlichen Italienischen Reisebüros (CIT).

Auskunft und
Buchung

CIT-Reisebüros:
Stiftstr. 2, D(W)-6000 Frankfurt am Main, Tel. (069) 2 09 46
Komödienstr. 49, D(W)-5000 Köln, Tel. (02 21) 20 70 90

Banken

→ Geld

Besichtigungsprogramm

Die nachstehenden Empfehlungen sollen dem Reisenden, der zum ersten
Mal nach Florenz kommt und nur wenig Zeit zur Verfügung hat, als Leit-
faden dienen, um den Aufenthalt in der Stadt möglichst eindrucksvoll zu
gestalten. Die Verweiszeichen (→) im Text beziehen sich – sofern nicht
anders vermerkt – auf die Beschreibungen der 'Sehenswürdigkeiten von A
bis Z' im Hauptteil dieses Reiseführers.

Hinweis

Einen ersten Eindruck von der grandiosen Lage und den vielen prachtvollen Bauten der Stadt verschafft man sich am besten vom → Piazzale
Michelangelo, wo sich der schönste Ausblick auf die Metropole am Arno
bietet. Von hier fällt es leicht, die berühmtesten Sehenswürdigkeiten aufzu-
finden und zu benennen. Einen ähnlich großartigen Blick genießt man von
der etwas oberhalb des Piazzale Michelangelo stehenden Kirche → San
Miniato al Monte.
Hat man sich an den Schönheiten von Florenz aus der Ferne sattgesehen,
gilt es, sie bei einem Stadtrundgang etwas näher kennenzulernen. (Die folgende Besichtigungstour kann mit Hilfe des Stadtplans am Ende des
Buches leicht nachvollzogen werden.)
Als Ausgangspunkt eignet sich die in Bahnhofsnähe gelegene → Piazza di
Santa Maria Novella. An der Nordseite des belebten Platzes ragt eine der
bedeutendsten Florentiner Kirchen, die → Santa Maria Novella, auf; an der
Südseite erstreckt sich die → Loggia di San Paolo. Nordöstlich der Piazza
di Santa Maria Novella befindet sich → San Lorenzo. Sowohl die Kirche
des hl. Laurentius selbst als auch die Laurenzianische Bibliothek und die

Ein Tag

Medici-Kapellen sind architektonische Kunstwerke von höchstem Rang. Schräg gegenüber der San-Lorenzo-Kirche erhebt sich der wuchtige Bau des → Palazzo Medici-Riccardi. In südlicher Richtung der Via Martelli folgend, wird nach ca. 300 m die → Piazza del Duomo erreicht. Diesen Platz und die westlich anschließende Piazza San Giovanni begrenzen neben dem → Duomo Santa Maria del Fiore, dessen Kuppel als Wahrzeichen von Florenz gilt, neben dem → Battistero San Giovanni auch der → Palazzo Arcivescovile, die → Loggia del Bigallo sowie das → Museo dell'Opera del Duomo. Der Via Roma südwärts folgend, gelangt man in kürze zur → Piazza della Repubblica. Hier laden die zahlreichen Straßencafés zum Verweilen ein.

Um den Stadtrundgang fortzusetzen, geht man durch die Via Speziali bis zur Via Calzaiuoli, die ausschließlich Fußgängern vorbehalten und eine der bedeutendsten Einkaufsstraßen der Stadt ist. Nach wenigen hundert Metern erhebt sich rechts die aus dem 14. Jh. stammende Kirche → Orsanmichele. Von hier sind es nur wenige Schritte bis zur → Piazza della Signoria, die mit dem → Palazzo Vecchio, dem → Palazzo degli Uffizi und der → Loggia dei Lanzi herausragende Sehenswürdigkeiten der Stadt prägen. Der Stadtrundgang führt weiter ostwärts durch die Via Gondi zur Piazza San Firenze. Hier erfordern die Kirche → Badia Fiorentina und der → Palazzo del Bargello, in dem das Nationalmuseum mit Skulpturen der bedeutendsten toskanischen Künstler des 14. – 16. Jh.s untergebracht ist, sowie der → Palazzo Gondi und die Kirche → San Firenze Aufmerksamkeit. Noch weiter östlich, jenseits der Piazza Santa Croce ragt die Franziskanerkirche → Santa Croce auf, die zu den bedeutendsten Sehenswürdigkeiten Italiens gehört. Nunmehr an der → Biblioteca Nazionale Centrale vorbei, schlendert man zum Arnoufer und folgt ihm in westlicher Richtung an der Rückfront der Uffizien vorbei bis zum malerischen → Ponte Vecchio und dann weiter zur → Ponte Santa Trínita, der angeblich elegantesten Brücke von Florenz. Den unmittelbar nördlich der Brücke gelegenen gleichnamigen Platz säumen der → Palazzo Spini-Ferroni und die Kirche → Santa Trínita sowie der Palazzo Bartolini Salimbeni. Durch die vornehme → Via Tornabuoni gelangt man zum → Palazzo Strozzi, der als einer der schönsten Renaissancepaläste von Florenz gilt. Hat man danach noch den unweit westlich gelegenen → Palazzo Rucellai bewundert, erreicht man wenige Minuten später wieder die Piazza di Santa Maria Novella, den Ausgangs- und Endpunkt des Stadtrundgangs.

Falls man bei den einzelnen Sehenswürdigkeiten nicht länger verweilt, und die Besichtigungstour so keinen ganzen Tag in Anspruch nimmt, ist am Nachmittag der Besuch der Uffizien (→ Palazzo degli Uffizi) beinahe schon obligatorisch (da sich die Öffnungszeiten oft ändern, sollte man sich vor Ort vergewissern, ob die Gemäldegalerie tatsächlich bis zum Abend zugänglich ist!).

Die Restaurantauswahl in Florenz ist groß und gut (→ Praktische Informationen, Restaurants), so daß sich für jeden Geschmack ein geeignetes Restaurant finden lassen müßte. Wer ein kleines Lokal abseits der großen Touristenströme sucht, ist am besten beraten, das Viertel südlich des Arno rund um die Piazza Santo Spirito aufzusuchen. Ausklingen lassen kann man den Tag auf der Piazza della Repubblica, die hier ansässigen Cafés/Bars haben bis in die späten Abendstunden geöffnet.

Hat man zwei Tage für den Florenz-Aufenthalt zur Verfügung, könnte am zweiten Vormittag die Besichtigung des jenseits des südlichen Arnoufers gelegenen → Palazzo Pitti auf dem Programm stehen. Die Besichtigung der Gemäldegalerie, der ehemaligen Königsgemächer und weiterer in dem Palast untergebrachter Museen gehört zu den Höhepunkten einer Florenz-Reise. Danach sollte man es nicht versäumen, den sich hinter dem Palazzo Pitti erstreckenden → Giardino di Boboli aufzusuchen (zur Ruhepause, verbunden mit einem schönen Blick über Florenz, lädt hier das Kaffeehaus ein). Durch den nahe dem Kaffeehaus gelegenen Parkausgang kommt man zum → Forte di Belvedere, von wo sich wiederum ein prächtiger Blick auf Florenz ergibt.

Besichtigungs-
programm,
Zwei Tage
(Fortsetzung)

Der Nachmittag ist einem Rundgang durch den nördlichen Innenstadt-
bereich von Florenz vorbehalten. Sehenswert sind hier die Kirche und das
Museum von → San Marco (Museum nur bis 14.00 Uhr geöffnet!).
Anschließend schlendert man in südöstlicher Richtung vorbei an den Bauten der Universität zur Kirche → Santissima Annunziata. Sie ist, gerade
weil der Grundriß von Kirche und Kloster so unregelmäßig ausfällt, ein
architektonisches Meisterwerk und verfügt in ihrem Innern über einzigartige Kunstschätze. Vor der Kirche erstreckt sich die → Piazza della Santissima Annunziata mit den bedeutenden Bauten des → Spedale degli
Innocenti und dem → Palazzo Riccardi-Manelli.
Am Abend ist der Besuch eines Konzerts oder einer Ballettaufführung in
Florenz fast immer ein Erlebnis – besonders umfangreich ist das kulturelle
Angebot in den Sommermonaten (→ Praktische Informationen, Veranstaltungskalender und Theater, Konzerte).

Drei Tage

Als fast gleichrangig mit der Gemäldegalerie der Uffizien ist die Kunstsammlung der → Galleria dell'Accademia zu bewerten. Nicht minder interessant ist eine Besichtigung der Kirche → Santo Spirito, die in ihrem Inneren Kunstschätze von unermeßlichem Wert besitzt, oder aber ein Besuch
der → Casa Buonarroti, in der etliche Exponate an Leben und Wirken
Michelangelos erinnern.
Ganz neue Eindrücke vermittelt am Nachmittag eine Fahrt nach → Fiesole. Das knapp 10 km nordöstlich von Florenz gelegene Städtchen lohnt
um seiner selbst willen einen Besuch sowie wegen des herrlichen Rundblicks, der sich von hier über Florenz ergibt.

Cafés

Etliche traditionsreiche Cafés säumen die Piazza della Repubblica. So
wird der großzügige Platz im Sommerhalbjahr zu einem einzigen Straßen-
café. Man sitzt unter Markisen und großen Sonnenschirmen in durch Blu-
menkübel voneinander abgegrenzten Arealen. Die meisten Cafés sind bis
weit in die Nacht hinein geöffnet und daher auch nach dem Abendessen
oder einem Konzert- oder Theaterbesuch noch ein beliebter Treffpunkt.

Piazza della
Repubblica

Cibreo
Via Verrocchio 52
Das gemütliche Café liegt gegenüber dem bekannten gleichnamigen
→ Restaurant.

Auswahl von
Cafés

Dolce Vita
Piazza del Carmine

Gilli
Piazza della Repubblica 39r
Die Räumlichkeiten des Cafés leben noch immer vom Charme der Jahr-
hundertwende (Di. geschl.).

Giubbe Rosse
Piazza della Repubblica 13r
Auf eine lange Geschichte blickt auch das Giubbe Rosse zurück, um die
Jahrhundertwende war es Treffpunkt von Künstlern und Literaten (Do.
geschl.).

Il Caffè
Piazza Pitti

Kaffeehaus
im Giardino di Boboli
→ Sehenswürdigkeiten von A bis Z, Giardino di Boboli

Café Rivoire auf der Piazza della Signoria

Kaffeehaus
(Fortsetzung)

Von der Terrasse des 'Kaffeehauses' (auch die Italiener bezeichnen es so!) genießt man abseits aller Hektik eine unvergleichliche Aussicht auf die Arnostadt.

Paszkowski
Piazza della Repubblica 6
Auch das Paszkowski gehört zu den altbekannten Cafés von Florenz, es besteht seit 1909 (Mo. geschl.)!

Rivoire
Piazza della Signoria 5r
Traditionsreiches Café beim Palazzo Vecchio, berühmt ist es für seine Schokolade (Mo. geschl.).

Eisdielen

Cavini
Piazza delle Cure 22r

Duomo
Via dell'Oriuolo 57r

Florence
Via Martelli 13r

Gelatino
Via de'Neri 20r

Ricchi Alfredo
Piazza Santo Spirito 9r

Vivoli
Via Isola delle Stinche 7r

Camping

Die Campingplätze sind in Italien – wie auch die Hotels – mit ein bis fünf   Hinweis
Sternen gekennzeichnet: Ausstattung, Leistungen und Tarife steigen mit
der Anzahl der Sterne.
Detaillierte Informationen über Campingmöglichkeiten in und um Florenz
enthalten u. a. der ADAC-Campingführer und der offizielle Campingführer
des DCC.

✳✳Camping Michelangelo   Florenz
Viale Michelangelo 80, Tel. (055) 6 81 19 77
Geschlossen: November bis März
380 Standplätze

✳Camping Villa di Camerata
Viale A. Righi 2/4, Tel. (055) 61 03 00
Geschlossen: November bis März
55 Standplätze

✳✳Camping Sergente   Barberino di
Via S. Lucia 26, Monte di Fò, Tel. (055) 8 42 30 18   Mugello
80 Standplätze

✳✳Camping Semifonte   Barberino
Ortschaft Bustecca, Tel. (055) 8 07 54 54   Val d'Elsa
Geschlossen: November bis Mitte März
90 Standplätze

✳✳Parco di Campeggio Autosole   Calenzano
Ortschaft Spazzavento, Tel. (055) 88 23 91
Geschlossen: November bis Mitte März
70 Standplätze

✳✳✳Camping Panoramico Fiesole   Fiesole
Via Peramonda, Tel. (055) 5 99 0 69
190 Standplätze

✳✳✳Camping Norcenni Girasole Club   Figline Valdarno
Via di Norcenni 7, Tel. (0 55) 9 59 6 66
285 Standplätze

✳✳Camping Internazionale   Impruneta
Via San Cristofano 2, Bottai, Tel. (055) 2 03 47 04
Geschlossen: November bis März
360 Standplätze

✳✳✳Camping Mugello Verde   San Piero a Sieve
Ortschaft La Fortezza, Tel. (055) 8 48 5 11
120 Standplätze

Devisen

→ Geld

Diplomatische Vertretungen

→ Konsulate

Einkäufe

→ Shopping

Elekrizität

→ Das Stromnetz führt 220 Volt Wechselspannung; Europanorm-Geräte-stecker sind im allgemeinen verwendbar.

Essen und Trinken

Eßgewohnheiten

Die italienischen Eßgewohnheiten unterscheiden sich zum Teil erheblich von den deutschen. Das beginnt schon am Morgen: Zwar bieten heutzu-tage die meisten Hotels ein Frühstück, das mit Brötchen, Butter und Konfi-türe nordeuropäischen Gepflogenheiten entspricht, Italiener begnügen sich jedoch mit einem schnellen Espresso in der Bar und höchstens einem Hörnchen (cornetto) dazu. Dafür wird mittags und abends um so üppiger gespeist. Ein typisches Mittag- bzw. Abendessen besteht meistens aus einer kalten oder warmen Vorspeise (antipasto), einem ersten (primo) Gang mit Nudeln (pasta), einem zweiten (secundo) Gang mit einem Fleisch- oder Fischgericht und zum Abschluß Käse (formaggio) und ein Dessert (dolce). Das Mittagessen (pranzo oder colazione) nimmt man zwischen 13.00 und 15.00 Uhr ein, das Abendessen zwischen 19.00 und 22.00 Uhr.

Italienische/
Toskanische
Küche

Neben der französischen wird die italienische Küche im allgemeinen als führend in Europa angesehen. Im Gegensatz zu der Kochkunst in Frank-reich legt man in Italien jedoch keinen gesteigerten Wert auf Extravaganz und Verfeinerung, raffinierte 'fonds' oder 'mousses' fehlen.
Insbesondere in der Toskana hat sich die Küche bis heute den Charakter ländlicher Hausmannskost bewahrt, die sich durch Reinheit und Güte der Zutaten sowie durch sorgfältige Zubereitung nach einfachen altherge-brachten Rezepten auszeichnet. Weniger Aufmerksamkeit als sonst in Ita-lien üblich wird Nudelgerichten geschenkt, statt dessen ißt man zu den lek-keren Vorspeisen vielfach nicht gesalzenes Bauernbrot, mitunter wird es auch den Suppen beigegeben. Fleisch und Fisch werden meist in toskani-schem Olivenöl gebraten bzw. fritiert, auch deftige Eintöpfe werden damit gewürzt. Wesentlicher Bestandteil einer Mahlzeit sind die verschiedensten Gemüsearten und vor allem aromatische Kräuter.

Suppen

Während man im übrigen Italien die Suppe in der Regel vor dem ersten Hauptgang serviert, ißt man sie in der Toskana häufig vor den 'Antipasti'. Fast überall in Italien steht auf der Speisekarte eine 'Minestrone'. Sie besteht aus weißen Bohnen, Sellerie, Zwiebeln, Erbsen, Schinken, Toma-tenpüree, Knoblauch und etwas Wein. Typisch toskanische Suppen sind 'Zuppa di pane', eine Kohlsuppe mit Brot und weiteren Gemüsearten, sowie 'Ribollita', deren wichtigste Bestandteile weiße Bohnen, Olivenöl, Brot und Käse sind. Noch besser schmeckt sie, wenn sie wieder aufge-wärmt wurde. Für die 'Zuppa di fagioli alla fiorentina' werden weiße Boh-nen in Olivenöl geschmort und mit Zwiebeln, Knoblauch, Kohl, Lauch, Brot und Kräutern gekocht.

Vorspeisen

Ganz fehlen die Nudelgerichte auch in der toskanischen Küche natürlich nicht: 'Cannelloni ripieni alla toscana' sind mit Fleisch, Hühnerleber, Trüf-feln, Eiern und Parmesankäse gefüllte Rohrnudeln, bei 'Agnolotti alla tos-cana' handelt es sich um Ravioli, die mit Fleisch, Spinat, Parmesankäse und Gewürzen gefüllt sind. Gern gegessen wird auch 'Pappardelle alla lepre', das sind Eierbandnudeln mit Hasenragout.

Toskanische Spezialitäten

Wer keine Vorliebe für Nudeln hat, könnte ja einmal 'Tortino di carciofi', gebackene Artischocken mit geschlagenem Ei und duftenden Kräutern, oder aber 'Crostini di fegatini', eine Hühnerleberpastete mit Kapern und Sardinen auf Weißbrot, probieren.

Vorspeisen
(Fortsetzung)

Auch bei den Fischgerichten kann die toskanische Küche mit einigen Besonderheiten aufwarten. Hierzu gehört 'Baccalà alla Livornese', das ist mit Tomaten gesottener Stockfisch, der mit Kartoffelstücken serviert wird. Für die 'Triglie alla Livornese' werden frische Seebarben gekocht und mit einer leichten Sauce aus Tomaten und feinem Öl angerichtet. Nicht spezifisch toskanisch, aber fast auf jeder Speisekarte zu finden, sind 'Calamari fritti', fritierte Tintenfischringe, oder 'Orate ai ferri', Goldbarsch vom Rost.

Fischgerichte

Das bekannteste toskanische Fleischgericht überhaupt ist wohl 'Bistecca alla fiorentina'; dabei handelt es sich um ein T-bone Steak, das ohne Fettzugabe auf dem Holzkohlengrill gegart und dann mit Olivenöl beträufelt wird. Geschickte Zusammenstellungen von Kräutern, Wildbeeren, Knoblauch, Öl, Wein und Essig sind für eine Vielzahl von toskanischen Gerichten entscheidend. Hierzu gehört 'Artista alla Fiorentina', ein mit Rosmarin und Nelken gewürztes Stück Schweinslende, oder 'Pollo alla diavola', Hühnchen, das u. a. mit Salbei gewürzt ist und über dem Holzkohlengrill gegart wird. Charakteristisch für die toskanische Küche sind ferner Innereien. Unter 'Trippa alla fiorentina' versteht man Kutteln, die in einer Sauce aus geschälten Tomaten und Parmesankäse gekocht wurden, unter 'Fegatini di maiale', mit Lorbeerblättern umwickelte und am Spieß gebratene Schweinsleberstücke.

Fleischspeisen

Schon seit Jahrhunderten werden in der Toskana die besten Süßigkeiten Italiens produziert. Der 'Panforte di Siena', eine Art Pfefferkuchen aus Mandeln, kandierten Früchten, Mehl, Butter und Eiern, wird in die ganze Welt versandt. Florenz ist bekannt für seinen 'Zuccotto', eine halbge-

Desserts

Essen und
Trinken, Desserts
(Fortsetzung)

frorene Süßspeise aus Biskuitteig, Schokoladencreme und Sahnefüllung. Verführerisch sind ferner 'Castagnaccio', ein Kuchen aus Kastanienpüree mit Pinienkernen und kandierten Früchten, und 'Schiacciata alla fiorentina', ein Blechkuchen aus Mehl, Olivenöl, Eiern und Schmalz. Werden dem Kuchen noch blaue Trauben zugefügt, heißt er 'Schiacciata con l'uva'.

Getränke

Meist wird zum Essen → Wein und Wasser getrunken, doch erhält man überall auch Bier, das aber im Vergleich zum Wein oft erheblich teurer ist. Die Italiener beschließen eine Mahlzeit fast immer mit einem Kaffee. Man trinkt den auch nördlich der Alpen bekannten Espresso (ein kleiner, schwarzer, starker Kaffee). Doch nur ein Ausländer bestellt auch einen 'Espresso', in Italien heißt er schlicht 'Caffè', den es wiederum doppelt (doppio), korrigiert (corretto) mit Grappa, Cognac oder Bitter, kalt (freddo) im Sommer oder schwach und verlängert (ristretto) gibt. Noch variantenreicher ist der Cappuccino (mit heißem Milchschaum gekrönter Caffè): man kann ihn hell (chiaro) oder dunkel (scuro), in verschiedenen Temperaturen und mit mehr oder weniger Schaum zu sich nehmen. Ein einfacher Milchkaffee ist ein 'Caffelatte' oder 'Macchiato' (gefleckt), wer aber Milch mit wenig Kaffee vorzieht, der bestelle sich eine 'Latte Macchiato'.

Wein

→ dort

Restaurants

→ dort

Feiertage

1. Januar	Neujahr
6. Januar	Erscheinungsfest (Hl. Drei Könige)
März/April	Ostermontag
25. April	Tag der Befreiung (1945)
1. Mai	Tag der Arbeit
15. August	Ferragosto (Mariä Himmelfahrt)
1. November	Allerheiligen
8. Dezember	Mariä Empfängnis
25./26. Dezember	Weihnachten

Flugverkehr

Flughafen

Der Flughafen von Florenz, Peretola, liegt 5 km nordwestlich der Innenstadt. Er wird u.a. von der Alitalia und der Lufthansa (→ Anreise) regelmäßig angeflogen. Vom Hauptbahnhof besteht alle 15 Min. ein Buszubringerdienst zum Flughafen.

Fluggesellschaften

Alitalia
Lungarno Acciaiuoli 10/12r, Tel. 27889 (Flugreservierung: Tel. 27888)

Lufthansa
Via Pellicceria 6, Tel. 2382890

Swissair
Via del Parione 1, Tel. 295055

Fundbüro

Städtisches
Fundbüro

Ufficio Oggetti smarriti
Via Circondaria 19, Tel. 367943

Galerien (Kunsthandlungen)

Centro Tornabuoni   Verkaufs-
(Internationale moderne Kunst)   ausstellungen
Via Tornabuoni 5

Galleria Bellini
(Antiquariat)
Lungarno Soderini 5

Galleria dei Benci
(Moderne und zeitgenössische Kunst)
Via dei Benci 30r

Galleria Pananti
(häufig Einzelausstellungen junger Künstler)
Piazza Santa Croce 8

Galleria Orlando
(Moderne Kunst)
Via Romano 12

→ Museen   Kunstsammlungen

Gastronomie

→ Restaurants

Geld

Währungseinheit ist die italienische Lira (Lit; Mehrzahl Lire). Es gibt Bank-   Währung
noten zu 1000, 2000, 5000, 10000, 50000 und 100000 Lit; Münzen zu 50,
100, 200 und 500 Lit.

100 Lit = 0,14 DM	1 DM = 735 Lit	Wechselkurse
100 Lit = 0,86 öS	1 öS = 104 Lit	(schwankend)
100 Lit = 0,11 sfr	1 sfr = 870 Lit	

Die Einfuhr von Liren und ausländischen Zahlungsmitteln nach Italien ist   Ein- und Ausfuhr
frei; jedoch empfiehlt es sich wegen der mitunter strengen Devisenkontrol-   von Geld und Devi-
len bei der Ausreise, die mitgeführten Beträge auf dem an der Grenze   sen
erhältlichen Formblatt 'Modulo V2' zu deklarieren.
Die Ausfuhr von Devisen ist ohne Einreise-Deklaration bis zum Gegenwert
von 5000000 Lit pro Person gestattet; in italienischer Währung dürfen bis
1000000 Lit ausgeführt werden.

Eurocheques können bis zu einem Betrag von 300000 Liren ausgestellt   Eurocheques
werden.
Bei dem Verlust der Eurocheque-Karte wende man sich umgehend an den
Zentralen Annahmedienst für Verlustmeldungen von Eurocheque-Karten in
Frankfurt am Main (Tel. von Italien: 0049/69/740987; Tag und Nacht
besetzt); die Karte wird dann sofort gesperrt.

Banken, größere Hotels, Restaurants der gehobenen Kategorien, Autover-   Kreditkarten
mieter sowie viele Einzelhandelsgeschäfte akzeptieren die meisten internationalen Kreditkarten. Am verbreitetsten ist in Italien Visa, gefolgt von
American Express, Eurocard und Diners Club.

Geld, Kreditkarten
(Fortsetzung)

Auch bei Verlust von Kreditkarten benachrichtige man unverzüglich die jeweilige Organisation: American Express (Tel. 0049/69/720016), Diners Club (Tel. 0049/69/260350), Eurocard (Tel. 0049/69/79331910), Visa (Tel. 0049/69/79201333).

Banken,
Geldwechsel

Öffnungszeiten der Banken: Mo.–Fr. 8.20–13.20; die meisten Banken haben auch am Nachmittag eine Stunde geöffnet (meist 14.45–15.45). Außerhalb der üblichen Kassenstunden ist Geldwechsel bei der Bank im Bahnhof Santa Maria Novella möglich (keine Annahme von Eurocheques!), sie hat Mo.–Sa. 8.20–18.20 Uhr geöffnet. An verschiedenen Bancomaten in der Innenstadt kann rund um die Uhr Geld gewechselt werden.

Postsparkasse

Inhaber von Sparbüchern der Deutschen Bundespost können mit Rückzahlungskarten (vor Reiseantritt beim Heimatpostamt beantragen) bei italienischen Postämtern Geld abheben.

Geschäftszeiten

→ Öffnungszeiten

Getränke

→ Essen und Trinken

Hotels

Kategorien

Die Hotels sind amtlich in fünf Kategorien eingeteilt. Die Skala reicht vom Luxushotel (5 Sterne) bis zum Hotel bzw. bis zur Pension für bescheidene Ansprüche (1 Stern).
Die folgende Hotelliste richtet sich nach diesem Klassifizierungssystem. Neben der Anschrift und der Telefonnummer der Hotels ist jeweils die Zimmerzahl angegeben; die Häuser, die über eine Garage bzw. einen hoteleigenen Parkplatz verfügen sind mit 'P.' gekennzeichnet, ist ein Schwimmbad vorhanden, so wird mit 'Sb.' darauf hingewiesen.

Preise

Die Hotelpreise variieren je nach Jahreszeit erheblich. Die in der nachstehenden Tabelle aufgeführten Preise (in Lire) gelten für ein Einzel- bzw. Doppelzimmer mit Bad in der Hochsaison. Die Angaben entsprechen etwa denen des von der A.P.T. herausgegebenen Hotelverzeichnisses für Florenz (1991). Der Inflationsrate folgende Erhöhungen sind wahrscheinlich.

	Einzelzimmer	Doppelzimmer
*****	350000–420000	550000–630000
****	130000–250000	170000–370000
***	60000– 80000	80000–120000
**	40000– 52000	55000– 72000
*	30000– 38000	40000– 55000

Hinweis

Zahlungsbelege für Übernachtung und Bewirtung in italienischen Beherbergungsbetrieben sind aufzubewahren und der Steuerfahndung auf Verlangen vorzuweisen (widrigenfalls Geldstrafe!).

Hotels*****

Excelsior, Piazza Ognissanti 3, Tel. 264201, 206 Z., P.
Grand Hotel, Piazza Ognissanti 1, Tel. 288781, 122 Z.
Helvetia & Bristol, Via dei Pescioni 2, Tel. 287814, 55 Z., P.
Regency, Piazza d'Azeglio 32, Tel. 245247,. 38 Z., P.

Praktische Informationen

Savoy, Piazza della Repubblica 7, Tel. 283313, 105 Z.
Villa Cora, Viale Machiavelli 18, Tel. 229 8451, 54 Z., P., Sb.
Villa Medici, Via il Prato 42, Tel. 2381331, 112 Z., P., Sb.

Hotels✳✳✳✳✳
(Fortsetzung)

Adriatico, Via Maso Finiguerra 9, Tel. 2381781, 114 Z.
Alexander, Viale Guidoni 101, Tel. 4378951, 88 Z., P.
Anglo American, Via Garibaldi 9, Tel. 282114, 114 Z.
Astoria Pullman, Via del Giglio 9, Tel. 2398095, 88 Z.
Atlantic Palace, Via Nazionale 12, Tel. 294234, 47 Z.
Augustus & Dei Congressi, Vicolo dell'Oro 5, Tel. 283054, 71 Z.
Berchielli, Lungarno Acciaiuoli 14, Tel. 264061, 78 Z.
Bernini Palace, Piazza S. Firenze 29, Tel. 288621, 86 Z., P.
Brunelleschi, Piazza S. Elisabetta 3, Tel. 562068, 94 Z., P.
Croce di Malta, Via della Scala 7, Tel. 218351, 100 Z., P., Sb.
De la Ville, Piazza Antinori 1, Tel. 2381805, 73 Z.
Della Signoria, Via delle Terme 1, Tel. 214530, 28 Z.
Executive, Via Curtatone 5, Tel. 217451, 42 Z., P.
Fenice Palace, Via Martelli 10, Tel. 289942, 94 Z., P.
Grand Hotel Baglioni, Piazza Unità Italiana 6, Tel. 218441, 210 Z., P.
Holiday Inn, Viale Europa 205, Tel. 6531841, 92 Z., P., Sb.
J and J, Via di Mezzo 20, Tel. 240951, 19 Z., P.
Jolly Carlton, Piazza V. Veneto 4A, Tel. 2770, 167 Z., P., Sb.
Kraft, Via Solferino 2, Tel. 284273, 75 Z., Sb.
Laurus, Via Cerretani 8, Tel. 2381752, 55 Z., P.
Londra, Via Jacopo da Diacceto 18/20, Tel. 2382791, 101 Z., P.
Lungarno, Borgo San Jacopo 14, Tel. 264211, 66 Z., P.
Majestic, Via del Melarancio 1, Tel. 264021, 102 Z., P.
Martelli, Via Panzani 8, Tel. 217151, 49 Z.
Michelangelo, Viale Fratelli Rosselli 2, Tel. 278711, 140 Z., P.
Minerva, Piazza Santa Maria Novella 16, Tel. 284555, 96 Z., P., Sb.
Mirage, Via Baracca 231, Tel. 352011, 95 Z.

Hotels✳✳✳✳

Hotel Excelsior

Grand Hotel: Zimmer mit Blick zum Arno

Hotels★★★★
(Fortsetzung)

Monginevro, Via di Novoli 59, Tel. 43 14 41, 127 Z.
Monna Lisa, Borgo Pinti 27, Tel. 2 47 97 51, 21 Z.
Montebello Splendid, Via Montebello 60, Tel. 2 39 80 51, 41 Z.
Nord Florence, Via Baracca 199 A, Tel. 43 11 51, 75 Z., P.
Park Palace, Piazzale Galileo 5, Tel. 22 24 31, 26 Z., P., Sb.
Pierre, Via Lamberti 5, Tel. 2 17 512, 44 Z.
Plaza Hotel Lucchesi, Lungarno della Zecca Vecchia 38, Tel. 26 41 41, 99 Z., P.
President, Via della Piazzola 36, Tel. 58 76 03, 56 Z., P.
Principe, Lungarno Vespucci 34, Tel. 28 48 48, 21 Z.
Queen Palace Hotel, Via Solferino 5, Tel. 2 39 68 18, 20 Z., P.
Raffaello, Viale Morgagni 19, Tel. 43 98 71, 144 Z., P.
Relais Certosa, Via di Colle Ramole 2, Tel. 2 04 71 71, 69 Z., P.
Ritz, Lungarno Zecca Vecchia 24, Tel. 2 34 06 50, 32 Z.
Rivoli, Via della Scala 33, Tel. 28 28 53, 65 Z., P.
Roma, Piazza Santa Maria Novella 8, Tel. 21 03 66, 51 Z.
Sheraton, Via G. Agnelli, Tel. 6 49 01, 342 Z., P., Sb.
Torre di Bellosguardo, Via Roti Michelozzi 2, Tel. 2 29 81 45, 14 Z., P., Sb.
Villa Belvedere, Via Castelli 3, Tel. 22 25 01, 27 Z., P., Sb.
Villa Carlotta, Via Michele di Lando 3, Tel. 22 05 30, 27 Z., P.
Ville Sull'Arno, Lungarno C. Colombo 1, Tel. 67 09 71, 48 Z., P., Sb.

Hotels★★★

Alba, Via della Scala 22, Tel. 28 26 10, 24 Z., P.
Ambasciatori, Via Alamanni 3, Tel. 28 74 21, 96 Z.
Aprile, Via della Scala 6, Tel. 21 62 37, 25 Z.
Ariele, Via Magenta 11, Tel. 21 15 09, 41 Z., P.
Auto Park Hotel, Via Valdegola 1, Tel. 43 17 71, 116 Z.
Balestri, Piazza Mentana 7, Tel. 21 47 43, 51 Z.
Bonciani, Via Panzani 17, Tel. 2 38 23 41, 65 Z., P.
Byron, Via della Scala 49, Tel. 21 67 00, 48 Z., P.
Capitol, Viale Amendola 34, Tel. 2 34 32 01, 92 Z.

Praktische Informationen

Castri, Piazza Indipendenza 7, Tel. 496412, 72 Z., P.
Cavour, Via del Proconsolo 3, Tel. 210907, 91 Z.
Claridge, Piazza Piave 3, Tel. 268533, 32 Z.
Columbus, Lungarno C. Colombo 22A, Tel. 677251, 100 Z.
Concorde, Viale Luigi Gori 10, Tel. 373551, 96 Z.
Corona, Via Nazionale 14, Tel. 288631, 83 Z.
Dante, Via San Cristofano 2, Tel. 241772, 14 Z., P.
David, Viale Michelangelo 1, Tel. 6811695, 26 Z., P.
Duomo, Piazza Duomo 1, Tel. 219922, 26 Z.
Firenze Nova, Via Panciatichi 51, Tel. 477851, 118 Z., P.
Fleming, Viale Guidoni 87, Tel. 4376773, 120 Z., P.
Franchi, Via Sgambati 28, Tel. 315425, 35 Z., P.
Goldoni, Via Borgognissanti 8, Tel. 284080, 21 Z.
Golf, Viale Fratelli Rosselli 56, Tel. 293088, 40 Z.
Jennings Riccioli, Corso Tintori 7, Tel. 244751, 54 Z., P.
Le Due Fontane, Piazza SS. Annunziata 14, Tel. 280086, 53 Z., P.
Machiavelli Palace, Via Nazionale 10, Tel. 216622, 91 Z.
Mediterraneo, Lungarno del Tempio 44, Tel. 660241, 332 Z., P.
Olimpia, Piazza della Repubblica 2, Tel. 2382860, 26 Z.
Paris, Via dei Banchi 2, Tel. 280281, 52 Z.
Porta Rossa, Via Porta Rossa 19, Tel. 287551, 74 Z., P.
River, Lungarno della Zecca Vecchia 18, Tel. 2343529, 42 Z.
Royal, Via delle Ruote 52, Tel. 490648, 29 Z., P.
San Remo, Lungarno Serristori 13, Tel. 2342823, 23 Z.
Silla, Via dei Renai 5, Tel. 2342888, 32 Z., P.
Victoria, Via Nazionale 102r, Tel. 287019, 29 Z., P.
Villa Le Rondini, Via Bolognese Vecchia 224, Tel. 400081, 33 Z., P., Sb.
Villa Liberty, Viale Michelangelo 40, Tel. 6810581, 16 Z., P.

Alessandra, Borgo SS. Apostoli 17, Tel. 283438, 18 Z.
Arno, Lungarno del Tempio 16, Tel. 666342, 32 Z., P.

Grand Hotel Baglioni

Hotels**
(Fortsetzung)

Autostrada, Viale L. Gori 31, Tel. 316856, 49 Z., P.
Bellettini, Via dei Conti 7, Tel. 213561, 28 Z.
Boboli, Via Romana 63, Tel. 2337169, 21 Z.
Capri, Via XXVII Aprile 3, Tel. 215441, 45 Z.
Careggi, Via T. Alderotti 43, Tel. 4360262, 30 Z.
Cordova, Via Cavour 96, Tel. 587948, 18 Z.
De Lanzi, Via delle Oche 11, Tel. 2396377, 29 Z.
Delle Nazioni, Via Alamanni 15, Tel. 283575, 73 Z.
La Terrazza, Via Taddea 8, Tel. 294322, 26 Z.
Medici, Via de'Medici 6, Tel. 284818, 21 Z.
Nuova Italia, Via Faenza 26, Tel. 268430, 20 Z.
Patrizia, Via Montebello 7, Tel. 282314, 23 Z.
Romagna, Via Panzani 4, Tel. 211005, 23 Z.
Sempione, Via Nazionale 15, Tel. 212463, 25 Z.
Splendor, Via San Gallo 30, Tel. 483427, 27 Z.
Stella Mary, Via Fiume 17, Tel. 215694, 6 Z.
Veneto, Via Santa Reparata 33, Tel. 294816, 24 Z.

Hotels*

Casci, Via Cavour 13, Tel. 211686, 25 Z.
Firenze, Piazza Donati 4, Tel. 214203, 14 Z.
Il Perseo, Via Cerretani 1, Tel. 212504, 12 Z.
La Romagnola, Via della Scala 40, Tel. 211597, 10 Z.
Lombardi, Via Fiume 8, Tel. 283151, 16 Z.
Residenza Universitaria Fiorentina, Viale Don Minzoni 25, Tel. 576552, 32 Z.
Universo, Piazza Santa Maria Novella 20, Tel. 211484, 36 Z.
Villa Natalia, Via Bolognese 106, Tel. 490773, 24 Z.

Hotelbuchungen

Consorzio Informazioni Turistiche Alberghiere (I.T.A.)
im Hauptbahnhof Santa Maria Novella, Tel. 282893
Geöffnet: tgl. 8.30 – 21.00 Uhr

Consorzio Regionale Aziende Turistiche
della Tosacana (C.R.A.T.), c/o F.I.A.V.E.T.
Via Martelli 5, Tel. 294900
(Buchungen nur auf schriftliche Anfrage)

Cooperative Alberghiere
(Buchungen nur für angeschlossene Hotels):

Coopal
Via il Prato 2 r, Tel. 219525

Florence Promhotels
Viale A. Volta 72, Tel. 570481

Toscana Hotels
Viale Gramsci 9 A, Tel. 2478543-5

Information

→ Auskunft

Jugendherbergen

Ostello "Villa Camerata"
Viale Augusto Righi 2/4
Tel. 601451

Ostello Santa Monaca
Via Santa Monaca 6
Tel. 268338

Villa Favard
Via Rocca Tedalda
Tel. 690847
(im Sommer kostenlose Übernachtung im Freien)

Kongreß- und Ausstellungszentren

Fortezza da Basso
Viale Filippo Strozzi
Tel. 49721
→ Sehenswürdigkeiten von A bis Z, Fortezza da Basso

Palazzo degli Affari
Via Cennini 5
Tel. 27731

Palazzo dei Congressi
Pratello Orsini 1 (Via Valfonda)
Tel. 2382241

Konsulate

Bundesrepublik Deutschland
Lungarno Vespucci 30
Tel. 294722

Republik Österreich
Via dei Servi 9
Tel. 215352

Schweizerische Eidgenossenschaft
Piazzale Galileo 5
Tel. 222431

Kraftstoff

In Italien liegen die regulären Kraftstoffpreise (abgesehen von Diesel) nach wie vor erheblich über dem europäischen Durchschnitt. Für einen Liter Superbenzin (97 Oktan) muß derzeit umgerechnet ca. 2.15 DM und für einen Liter Bleifrei (95 Oktan) ca. 2.05 DM bezahlt werden. Diesel ist mit ca. 1.60 DM pro Liter relativ günstig.

Preise

Benzingutscheine, mit denen Touristen den Kraftstoff bisher preiswerter erwerben konnten, gibt es seit Januar 1992 nicht mehr. Ob es ein anderes Rabattsystem geben wird, ist noch ungeklärt, man erkundige sich vor Reiseantritt ggf. bei den ADAC-Geschäftsstellen.

Benzingutscheine

Bleifreies Benzin (benzina senza piombo) ist mittlerweile an den meisten Tankstellen im nördlichen Italien erhältlich.

Bleifreies Benzin

Das Mitführen von gefüllten Reservekanistern ist in Italien aus Sicherheitsgründen verboten.

Reservekraftstoff

Kraftstoff
(Fortsetzung)
Tankstellen

Die meisten Tankstellen haben an Wochentagen 7.30 – 12.00 und 15.00 bis 19.30 Uhr geöffnet. Einen 24-Stunden-Service bieten u.a. folgende Tankstellen: Agip (Via Antonio del Pollaiolo), Esso (Viale Europa), Mobiloil (Via Pratese) und Texaco (Viale Guidoni).

Kreditkarten

→ Geld

Märkte

Lebensmittel

Mercato Centrale
Piazza del Mercato Centrale; nahe San Lorenzo
Geöffnet: Mo. – Fr. 7.00 – 14.00 (im Winter 7.30 – 13.00); Sa. und vor Feiertagen auch 16.00 – 20.00 Uhr
Im Erdgeschoß der Markthalle – eine der besten in Italien – werden Fisch, Fleisch, Käse und zahlreiche Delikatessen verkauft, im Obergeschoß Obst und Gemüse. Man kommt jedoch nicht nur zum Einkaufen hierher, an einigen Ständen werden auch Imbisse und Getränke serviert.

Mercato Sant'Ambrogio
Piazza Ghiberti
Geöffnet: Mo. – Sa. vormittags

Flohmarkt

Mercato del Piccolo Antiquariato
Piazza dei Ciompi
Geöffnet: Mo. – Sa. ganztags (im Winter Mo. geschl.)

Mercato Centrale: eine der besten Markthallen Italiens

Mercato delle Cascine
Parco delle Cascine
Geöffnet: Dienstagvormittag
Auf diesem Markt, der am Ponte delle Vittoria beginnt, werden Kleidung (mitunter erstaunlich günstige Designer-Modelle), Schuhe, Stoffe, Haushaltswaren, aber auch Pflanzen und Lebensmittel verkauft.

Märkte
(Fortsetzung)
Wochenmarkt

Mercato Nuovo
Loggia di Mercato Nuovo, Piazza del Porcellino
Geöffnet: tgl. 8.00 – 19.00 Uhr (im Winter: Di. – Sa. 9.00 – 18.00)
Bekannt ist der Markt für das hier angebotene Kunsthandwerk aus Stroh, daneben suchen jedoch auch Keramik, Stickarbeiten u.a. Käufer.

Lederwaren,
Andenken,
Kleidung

Loggia degli Uffizi
Piazzale degli Uffizi
Geöffnet: täglich
Einige Händler bieten hier vor allem Andenken, Lederwaren, Bücher und Ansichtskarten an.

Mercato di San Lorenzo
Piazza San Lorenzo
Geöffnet: täglich ganztags
Rund um die Kirche San Lorenzo stehen unzählige Marktstände. Hier kann man fast alles erwerben: Kleidung, Schuhe, Taschen, Gürtel, Schmuck, Spielzeug und vieles mehr.

Mietwagen

Avis: Tel. 01 30 77 33

Budget: Tel. 01 30 33 66

Europcar/InterRent: Tel. 01 30 22 11

Hertz: Tel. 01 30 21 21

Reservierungen
in Deutschland
(West) zum
Ortstarif

Avis
Via Borgognissanti 128r, Tel. 21 36 29 und 23 98 82 6
Lungarno Torrigiani 33, Tel. 23 46 66 8/9
Flughafen Peretola, Tel. 31 55 88

Internationale
Autovermieter

Budget
Via Borgognissanti 134r, Tel. 29 30 21 und 28 71 61

Europcar/InterRent
Via Borgognissanti 53 – 59r, Tel. 23 60 06 6/7
im Hotel Sheraton, Via G. Agnelli 1, Tel. 64 42 52
Flughafen Peretola, Tel. 31 86 09

Hertz
Via Maso Finiguerra 33, Tel. 28 22 60 und 23 98 20 5

Excelsior Autonoleggio
Via della Scala 48, Tel. 29 31 86 und 23 98 63 9

Italienische
Autovermieter

Far
Via San Gallo 101, Tel. 48 34 10

Maggiore
Via Maso Finiguerra 11r, Tel. 21 02 38

Museen

Eintrittspreise

Die Eintrittspreise für Museen und andere Sehenswürdigkeiten in Florenz sind hoch, sie liegen zwischen 3000 und 10 000 Lire, Ermäßigungen gibt es nur in wenigen Fällen.

Museumsliste

Appartamenti ex Reali
(Ehemalige Königsgemächer)
→ Sehenswürdigkeiten von A bis Z, Palazzo Pitti

Casa Buonarroti
(Michelangelo-Museum)
→ Sehenswürdigkeiten von A bis Z, Casa Buonarroti

Casa di Dante
(Dante-Museum)
→ Sehenswürdigkeiten von A bis Z, Casa di Dante

Collezione Contini Bonacossi
(Contini-Bonacossi-Sammlung)
Palazzina della Meridiana
(Zugang über Galleria d'Arte Moderna im Palazzo Pitti)
Beschtigung nur nach Voranmeldung unter Tel. 21 83 41

Congregazione dei Buonomini di San Martino
(Vereinigung der Buonomini von San Martino)
→ Sehenswürdigkeiten von A bis Z, San Martino

Conservatorio Musicale Luigi Cherubini
(Sammlung alter Musikinstrumente)
→ Sehenswürdigkeiten von A bis Z, Conservatorio Musicale Luigi Cherubini

Corridoio Vasariano
(Vasari-Korridor)
→ Sehenswürdigkeiten von A bis Z, Palazzo degli Uffizi

Galleria dell'Accademia
(Kunstmuseum der Akademie)
→ Sehenswürdigkeiten von A bis Z, Galleria dell'Accademia

Galleria d'Arte Moderna
(Galerie der Modernen Kunst)
→ Sehenswürdigkeiten von A bis Z, Palazzo Pitti

Galleria Carnielo
(Skulpturensammlung)
Piazza Savonarola 18
Geöffnet: Sa. 9.00 – 13.00 Uhr

Galleria Corsini
→ Sehenswürdigkeiten von A bis Z, Palazzo Corsini

Galleria del Costume
(Kostümsammlung vom 18. Jh. bis zum Ersten Weltkrieg)
Palazzina della Meridiana, Giardino di Boboli
Geöffnet: Di. – Sa. 9.00 – 14.00, So. 9.00 – 13.00 Uhr
Eintrittsticket kombiniert mit Museo degli Argenti

Galleria Palatina / Galleria Pitti
→ Sehenswürdigkeiten von A bis Z, Palazzo Pitti

Praktische Informationen

Galleria dello Spedale degli Innocenti
→ Sehenswürdigkeiten von A bis Z, Spedale degli Innocenti

Galleria Strozzina
→ Sehenswürdigkeiten von A bis Z, Palazzo Strozzi

Galleria degli Uffizi
→ Sehenswürdigkeiten von A bis Z, Palazzo degli Uffizi

Museo dell'Antica Casa Fiorentina
(Museum des alten Florentiner Hauses)
→ Sehenswürdigkeiten von A bis Z, Palazzo Davanzati

Museo di Antropologia ed Etnologia
(Museum für Völkerkunde)
→ Sehenswürdigkeiten von A bis Z, Palazzo Nonfinito

Museo Archeologico Centrale dell'Etruria
(Archäologisches Museum)
→ Sehenswürdigkeiten von A bis Z, Museo Archeologico Centrale
dell'Etruria

Museo degli Argenti
(Silbersammlung)
→ Sehenswürdigkeiten von A bis Z, Palazzo Pitti

Museo Bardini
→ Sehenswürdigkeiten von A bis Z, Museo Bardini

Museo del Bigallo
→ Sehenswürdigkeiten von A bis Z, Loggia del Bigallo

Museo Botanico
(Botanisches Museum)
→ Sehenswürdigkeiten von A bis Z, Orto Botanico

Museo delle Carrozze
(Kutschensammlung)
→ Sehenswürdigkeiten von A bis Z, Palazzo Pitti

Museo Ebraico
(Jüdisches Museum)
Via Farini 4
Besichtigung nach Voranmeldung unter Tel. 24 52 52 (9.30 bis 13.00 Uhr)

Museo di Firenze com'era
(Florenz, wie es war – Historisches Museum)
→ Sehenswürdigkeiten von A bis Z, Museo Storico Topografico
"Firenze com'era"

Museo della Fondazione Horne
(Museum der Stiftung Horne)
→ Sehenswürdigkeiten von A bis Z, Museo della Fondazione Horne

Museo di Geologia e Paleontologia
(Geologisches und Paläontologisches Museum)
Via La Pira 4
Geöffnet: Mo. 14.00 – 18.00; Di., Mi., Do., Sa. 9.00 – 13.00 und jeden 1. So.
im Monat 9.30 – 12.30 Uhr (im Juli und August geschl.)

Museo Marino Marini
→ Sehenswürdigkeiten von A bis Z, Museo Marino Marini

Museumsliste
(Fortsetzung)

Museo Mediceo
→ Sehenswürdigkeiten von A bis Z, Palazzo Medici-Riccardi

Museo di Mineralogia e Litologia
(Museum für Gesteinskunde)
Via La Pira 4
Geöffnet: Mo. – Sa. 9.00 – 13.00; Mi. auch 15.00 – 18.00 und jeden 1. So. im
Monat 9.30 – 12.30 Uhr (im Juli und August geschl.)

Museo Nazionale del Bargello
→ Sehenswürdigkeiten von A bis Z, Palazzo del Bargello

Museo dell'Opera del Duomo
(Dommuseum)
→ Sehenswürdigkeiten von A bis Z, Museo dell'Opera del Duomo

Museo dell'Opera di Santa Croce
→ Sehenswürdigkeiten von A bis Z, Santa Croce

Museo delle Porcellane
(Porzellanmuseum)
→ Sehenswürdigkeiten von A bis Z, Giardino di Boboli

Museo di Preistoria
(Museum für Urgeschichte)
Via S. Egidio 21
Geöffnet: Mo.–Sa. 9.30–12.30 Uhr

Museo di San Marco
→ Sehenswürdigkeiten von A bis Z, San Marco

Museo di Santa Maria del Fiore
(Dommuseum)
→ Sehenswürdigkeiten von A bis Z, Museo dell'Opera del Duomo

Museo di Santa Maria Novella
→ Sehenswürdigkeiten von A bis Z, Santa Maria Novella

Museo Stibbert
→ Sehenswürdigkeiten von A bis Z, Museo Stibbert

Museo di Storia della Fotografia "Fratelli Alinari"
(Museum der Fotografie)
→ Sehenswürdigkeiten von A bis Z, Palazzo Rucellai

Museo di Storia della Scienza
(Museum für die Geschichte der Naturwissenschaften)
→ Sehenswürdigkeiten von A bis Z, Palazzo Castellani

Museo Storico Topografico "Firenze com'era"
(Historisches Museum "Florenz, wie es war")
→ Sehenswürdigkeiten von A bis Z, Museo Storico Topografico
"Firenze com'era"

Museo degli Strumenti Musicali Antichi
(Sammlung alter Musikinstrumente)
→ Sehenswürdigkeiten von A bis Z, Conservatorio Musicale
Luigi Cherubini

Museo Zoologica "La Specola"
(Zoologisches Museum)
→ Sehenswürdigkeiten von A bis Z, Museo Zoologica "La Specola"

Opificio e Museo delle Pietre Dure
(Werkstätte und Museum für Einlegearbeiten in Stein)
→ Sehenswürdigkeiten von A bis Z, Opificio e Museo delle Pietre Dure

Raccolta di Arte Moderna "Alberto della Ragione"
(Sammlung Moderner Kunst "Alberto della Ragione")
Piazza della Signoria 5
Geöffnet: Mo., Mi. – Sa. 9.00 – 14.00, So. 8.00 – 13.00 Uhr

Musik

→ Theater, Konzerte

Nachtleben

Allzu ausschweifend darf man sich das Nachtleben in Florenz nicht vor-
stellen. In den Sommermonaten sind die Straßen allerdings bis weit in die
Nacht hinein belebt, dies gilt insbesondere für die Piazza della Repubblica.
Hier wird es erst ab etwa 24.00 Uhr etwas ruhiger. Wem dann der Sinn
nach mehr Unterhaltung steht, dem bleiben die Hotelbars bzw. eine der im
folgenden aufgeführten Diskotheken oder Pianobars (geöffnet in der Regel
ab 22.00 Uhr, montags haben viele Diskotheken geschlossen).

Andromeda
Via dei Cimatori 13, Tel. 2 39 20 02
Jazz und Rock, Tanzfläche mit Lasereffekten

Diskotheken

Fandango
Via Dell'erta Canina 12r, Tel. 2 34 39 03
Diskothek und Pianobar, wechselndes Musikprogramm

Full Up
Via della Vigna Vecchia 21, Tel. 2 39 30 06
Diskothek und Pianobar, buntgemischtes Publikum

Rockcafé
Borgo Albizi 66r, Tel. 24 46 62
Auftritte der besten italienischen Rock-Gruppen

Space Electronic
Via Palazzuolo 37, Tel. 2 39 30 82
Hier verkohrt ein überwiegend sehr junges Publikum

Tenax
Via Pratese 47, Tel. 37 30 50
Mitunter Live-Musik, Kult-Disco

Yab Yum
Via Sassetti 5r, Tel. 28 20 18
Derzeit absolut 'in', spätestens ab 1.00 Uhr nicht nur jugendliche Gäste

Caffè Stella Polare
Via del Romito 1g, Tel. 47 49 48
Bis spät in die Nacht geöffnetes Café, mitunter Kabarettaufführungen

Pianobars

Il Sipario Club
Via Faenza 52r, Tel. 2 39 41 36
Cocktailbar, mitunter Live-Musik

Nachtleben, Pianobars (Fortsetzung)	Jackie O. Via dell'Erta Canina 24, Tel. 2342442 Elegante Atmosphäre, Saal zum Tanzen
	River Club Lungarno Corsini 8, Tel. 282465 Nachtclub mit prächtigem Blick auf den Arno

Notdienste

Notrufe in Italien	Allgemeiner Notruf, Ambulanz: Tel. 113 Carabinieri (Überfall): Tel. 112 Feuerwehr: Tel. 115
	Deutschsprachiger Notrufdienst von ADAC und ACI in Rom: Tel. 06/4440404 (besetzt vom 1.6. bis 30.9.)
Notrufdienste in Deutschland	ACE-Notrufzentrale Stuttgart Kranken- und Fahrzeugrückholdienst Telefon aus Italien: 0049/711/5303111
	ADAC-Notrufzentrale München Telefon aus Italien: 0049/89/222222 (rund um die Uhr besetzt; Beratung nach Unfällen etc.) 0049/89/7676 2244 (Ambulanzrückholdienst und Telefonarzt)
	DRK-Flugdienst Bonn Telefon aus Italien: 0049/228/230023
	Deutsche Rettungsflugwacht Stuttgart Telefon aus Italien: 0049/711/701070
Ärztliche Hilfe	→ dort

Öffnungszeiten

Apotheken	Sommer: Mo.–Fr. 8.30–12.30 und 16.00–20.00; im Winter Mo.–Fr. 8.30–12.30 und 15.30–19.30 Uhr.
Banken	Mo.–Fr. 8.20–13.20 und 14.45–15.45 Uhr; die Bank im Bahnhof Santa Maria Novella ist durchgehend geöffnet (→ Geld).
Geschäfte	Mo.–Sa. 9.00–13.00 und 16.00–19.30 Uhr (manche Lebensmittelgeschäfte öffnen schon um 8.00 Uhr). Im Sommer haben die Geschäfte am Samstagnachmittag, im Winter am Montagvormittag geschlossen.
Postämter	Mo.–Fr. 8.30–14.00, Sa. 8.30–12.00; Hauptpostamt (Via Pellicceria): Mo.–Fr. 8.15–19.00, Sa. 8.15–12.00 Uhr.
Restaurants	Die meisten Restaurants sind im Sommer von 12.00 bis 15.00 und von 17.00 oder 18.00 bis 24.00 Uhr geöffnet. Im Winter wird die abendliche Öffnungszeit meist verkürzt (19.00 bis 22.00 Uhr).
Tankstellen	Mo.–Sa. 7.30–12.00 und 15.00–19.30 Uhr; einige Tankstellen bieten einen 24-Stunden-Service (→ Kraftstoff).

Die Öffnungszeiten sind unter dem betreffenden Museum angegeben (→ Sehenswürdigkeiten von A bis Z; → Praktische Informationen, Museen). Beachten sollte man, daß die meisten Museen außer an den wöchentlichen Ruhetagen an Feiertagen geschlossen sind.

Da sich die Öffnungszeiten in Italien häufig ändern und zudem Personalmangel, Streiks, Renovierungsarbeiten u.a. oft zu unvorhergesehenen Schließungen führen, erkundige man sich am besten vor jedem geplanten Museumsbesuch.

Öffnungszeiten (Fortsetzung) Museen

Die größeren Kirchen sind meist bis 12.00 Uhr mittags und gewöhnlich von 16.00 oder 17.00 Uhr bis zur Dämmerung geöffnet, einige Hauptkirchen auch den ganzen Tag.

Kirchen

Parkplätze

Der Stadtkern von Florenz ist für Privatfahrzeuge weitgehend gesperrt. Touristen dürfen die Hotels nur zum Be- und Entladen anfahren. Fast alle Parkplätze in der Innenstadt sind ausschließlich Anwohnern vorbehalten. So ist es vielfach unumgänglich, daß man seinen Wagen in einem Parkhaus abstellt. Verfügt das jeweilige Hotel über keine eigenen Parkmöglichkeiten, so wird dem Reisenden gern ein nahegelegenes Parkhaus empfohlen (von außen erscheinen die Parkhäuser mitunter wie normale Wohnhäuser, geparkt wird auf engstem Raum und man muß vielfach seinen Autoschlüssel hinterlegen, damit ein Rangieren möglich ist). Die Kosten für einen Einstellplatz liegen pro Tag bei 20 000 – 30 000 Lire.

Polizei

Tel. 1 13

Notruf

Questura
Via Zara 2
Tel. 4 97 71

Polizeipräsidium

Carabinieri
Borgognissanti 48
Tel. 1 12

Überfallkommando

Vigili Urbani
Piazzale di Porta al Prato 6
Tel. 35 21 41

Stadtpolizei

Polizia stradale
Tel. 57 77 77

Verkehrspolizei

Post, Telegraf, Telefon

Deutschland und andere EG-Länder:
Ansichtskarte 600 Lire
Brief (bis 20 g) 750 Lire

Porto

Österreich und die Schweiz:
Ansichtskarte 650 Lire
Brief (bis 20 g) 800 Lire

Die Briefkästen in Italien sind rot.

Briefkästen

Briefkasten   *Öffentlicher Fernsprecher*

Briefmarken

Außer auf den Postämtern kann man Briefmarken (francobolli) auch in Tabakgeschäften (erkennbar an einem Schild mit einem 'T' über dem Eingang) kaufen.

Postämter

Die Postämter sind Mo. – Fr. 8.30 – 14.00 und Sa. 8.30 – 12.00 Uhr geöffnet. Das Hauptpostamt an der Via Pellicceria hat Mo. – Fr. 8.15 – 19.00 und Sa. 8.15 – 12.00 Uhr geöffnet.

Telegramme

Die Telegrammaufnahme in der Hauptpost ist täglich 8.00 – 23.30 Uhr besetzt. Zudem können Telegramme unter Tel. 186 aufgegeben werden.

Telefon

Die öffentlichen Fernsprecher funktionieren sowohl mit Telefonmünzen (gettoni; Wert 200 Lire) als auch mit 100-, 200- oder 500-Lire-Stücken. Zudem kann man mittlerweile von den meisten öffentlichen Fernsprechern auch mit Telefonwertkarten (carta telefonica) telefonieren. Sie sind in Bars und Tabakgeschäften oder bei der SIP, der staatlichen Telefongesellschaft (Via Masaccio 221), für 5000 oder 20 000 Lire erhältlich. Von den Fernsprechämtern der SIP (eines befindet sich im Hauptbahnhof) können auch Ferngespräche gegen Barzahlung geführt werden.

Zudem gibt es in den meisten Bars Telefonautomaten (erkenntlich an der runden gelben Scheibe über dem Eingang), wo man mit Telefonmünzen Stadtgespräche führen kann. Steht in der gelben Scheibe der Vermerk 'teleselezione' oder 'interurbana', so ist es auch möglich, direkt ins Ausland zu telefonieren.

Telefontarife

Ein Drei-Minuten-Gespräch nach Deutschland, Österreich oder in die Schweiz kostet zum Normaltarif ca. 4000 Lire.

Um 30% verbilligt sind die Telefontarife von Montag bis Freitag 18.30 – 22.00, Samstag 13.00 – 22.00 sowie an Sonn- und Feiertagen 8.00 – 22.00 Uhr. Ein um 50% reduzierter Tarif gilt jeden Tag zwischen 22.00 und 8.00 Uhr.

Vorwahl von Italien
nach Deutschland (West): 00 49
nach Deutschland (Ost): 00 37
in die Schweiz: 00 41
nach Österreich: 00 43
(danach jeweils die Ortsnetzkennzahl ohne 0)

Post, Telegraf,
Telefon (Forts.)
Telefonnetz-
kennzahlen

Vorwahl von Deutschland und der Schweiz nach Florenz: 00 39 55
Vorwahl von Österreich nach Florenz: 04 05 55

Reisedokumente

Zur Einreise nach Italien genügt für Reisende aus Deutschland, Österreich und der Schweiz der Personalausweis. Kinder unter 16 Jahren müssen einen Kinderausweis besitzen oder im Elternpaß eingetragen sein.

Personalpapiere

Der Führerschein und der Kfz-Schein des Heimatlandes werden anerkannt und sind mitzuführen; bei Schadensfällen wird die Internationale Grüne Versicherungskarte verlangt (wer keine dabei hat, muß an der Grenze eine relativ teure Versicherung abschließen).
Kraftfahrzeuge müssen das ovale Nationalitätskennzeichen tragen.

Fahrzeugpapiere

Wer Haustiere (Hund, Katze) nach Italien mitnehmen will, benötigt für sie ein amtstierärztliches Gesundheitszeugnis (gültig für 30 Tage ab dem Tag der Ausstellung) sowie ein mindestens 20 Tage und höchstens 11 Monate altes Tollwut-Impfzeugnis.

Haustiere

Es ist ratsam, von den Reisedokumenten eine Fotokopie herzustellen, die bei Verlust die Beschaffung von Ersatzpapieren wesentlich erleichtert.

Hinweis

Reisezeit

Als beste Zeit für eine Reise nach Florenz empfehlen sich die Monate April bis Juni und September bis Oktober mit durchschnittlichen Temperaturen

Klimatabelle Monate	Temperaturen in °C		Sonnen- schein- stunden pro Tag	Tage mit Nieder- schlag	Nieder- schlags- menge in mm
	Durch- schnitts- maximum	Durch- schnitts- minimum			
Januar	8,7	2,1	4,0	7,0	60,5
Februar	10,5	2,7	4,5	7,0	58,0
März	14,3	5,4	5,2	9,0	72,5
April	18,0	8,3	6,8	8,0	66,5
Mai	23,3	12,1	8,8	7,5	61,0
Juni	27,5	15,6	9,3	6,5	69,5
Juli	30,3	18,0	10,7	3,0	25,5
August	30,2	18,0	9,4	3,5	35,5
September	25,6	15,0	7,5	5,5	68,5
Oktober	19,6	11,0	6,0	8,5	97,0
November	13,6	6,5	3,5	9,5	101,5
Dezember	10,0	3,8	3,0	9,0	78,0
Jahr	19,3	9,8	6,7 (2488)	84	795

Reisezeit
(Fortsetzung)

zwischen 15 und 20°C. Allerdings sollte man nicht unbedingt Ostern oder Pfingsten eine Reise in die Metropole am Arno unternehmen. Die Stadt ist über die Festtage von Touristen derart bevölkert, daß die Besichtigungstouren kaum noch ein Genuß sind.

Auch im Hochsommer (Juli, August) ist es ohne rechtzeitige Reservierung mitunter schwierig, ein Hotelzimmer zu bekommen. Neben den ausländischen Besuchern scheint nun noch halb Italien unterwegs zu sein.

Am ungestörtesten wird man die Sehenswürdigkeiten von Florenz in den Monaten November bis März genießen können – manch einer nimmt dafür das um diese Jahreszeit unbeständigere Wetter gern in Kauf.

Restaurants

Hinweise

Jede Gaststätte muß dem Gast eine quittierte Verzehrrechnung ausstellen, die im Umkreis des Lokales auf Verlangen der Steuerfahndung vorzuweisen ist (widrigenfalls Geldbuße).

Grundsätzlich ist es angebracht, darauf zu achten, nicht übervorteilt zu werden. Dies geschieht mit Vorliebe bei Fischgerichten. Wundert man sich über den Preis, der nicht mit dem in der Karte übereinstimmt, so erhält man zur Antwort, man habe ja auch zusätzlich eine ganz besonders große Languste o. ä. erhalten. War dies nicht bestellt, sollte man die Konfrontation nicht scheuen und ggf. die Polizei rufen lassen.

Neben dem meist relativ teuren und aufwendigen 'Ristorante' gibt es in Italien die in der Regel bescheideneren, aber qualitativ vorzüglichen Lokale mit den Bezeichnungen 'Osteria' (ursprünglich ein Lokal auf dem Land, in dem Wein und einfachere Gerichte serviert werden) oder 'Trattoria' (städtische Variante einer Osteria, meist gibt es hier für die Region typische Gerichte). Wer nur schnell etwas zu sich nehmen möchte, sollte eine 'Pizzeria' aufsuchen oder in einer 'Tavola calda' bzw. einer 'Rosticceria' (beides eine Art Cafeteria) essen.

Ristoranti

✻Enoteca Pinchiorri, Via Ghibellina 87, Tel. 24 27 77
    (Elegantes Restaurant in einem Palast aus dem 16. Jh., sehr schöner Innenhof; Nouvelle Cuisine)

✻Sabatini, Via de'Panzani 9 a, Tel. 21 15 59
    (Ein Restaurant der Luxusklasse mit Tradition)

Buca Lapi, Via del Trebbio 1 r, Tel. 21 37 68
    (Charakteristisches Lokal der mittleren Preisklasse)

Cavallino, Via delle Farine 6 r, Tel. 21 58 18
    (Im Sommer wird auch im Freien serviert)

Dino, Via Ghibellina 51 r, Tel. 24 14 52
    (Feines und doch nicht übermäßig teures Restaurant, ausgesprochen angenehme Atmosphäre)

Don Chisciotte, Via Cosimo Ridolfi 4/6 r, Tel. 47 54 30
    (Elegantes Restaurant)

Giglio Rosso, Via Panzani 35 r, Tel. 21 17 95

Il Coccodrillo, Via della Scala 5, Tel. 28 36 22
    (Toskanische und internationale Küche)

Il Francescano, Largo Bargellini 16, Tel. 24 16 05
    (In dem kleinen Lokal wird ausgezeichnete Hausmannskost serviert)

La Capannina di Sante, Piazza Ravenna, Tel. 68 83 45
    (Typisches, relativ teures toskanisches Lokal in einem Holzhaus am Arno, zahlreiche Fischspezialitäten)

La Greppia, Lungarno Ferrucci 8, Tel. 6 81 23 41
    (Rustikales Restaurant, Terrasse)

La Vecchia Cucina, Viale de Amicis 1 r, Tel. 66 01 43
    (Gepflegtes Restaurant, Gerichte variieren nach Jahreszeit)

Lo Strettoio, Via di Serpiolle 7, Tel. 42 50 04 44
    (Lokal in einer Villa aus dem 17. Jh., Terrasse mit Blick auf Florenz, kreative Küche)

Taverna del Bronzino, Via Ruote 25r, Tel.495220
   (In einem alten Kirchengewölbe wird eine gepflegte Küche serviert)

Ristoranti
(Fortsetzung)

Coco Lezzone, Via del Parioncino 26r, Tel. 287178
   (Restaurant im toskanischen Stil, gute toskanische Küche)
Pepolino, Via Franceschi Ferrucci 16r, Tel. 608905
   (Angenehmes Lokal, Spezialitäten sind u. a. Innereien und Fischspeisen)

Osterie

Angiolino, Via Santo Spirito 36, Tel. 2398976
   (Ursprüngliche Küche, mittags speist hier meist Stammpublikum)
Antico Fattore, Via Lambertesca 1, Tel. 2381215
Baldini, Via il Prato 96r, Tel. 287663
Buca Mario, Piazza Ottaviani 16r, Tel. 214179
   (Typische florentiner Trattoria)
Cammillo, Borgo Sant'Jacopo 57r, Tel. 212427
   (Typische fiorentinische Trattoria, allerdings recht teuer)
Cantinetta Antinori, Piazza Antinori 3, Tel. 292234
   (Untergebracht ist die Cantinetta in dem Palazzo der Weinproduzenten-
   familie Antinori, man probiert Wein und ißt dazu kleine edle Spezialitäten)
Del Carmine, Piazza del Carmine 18r, Tel. 218601
Del Fagioli, Corso Tintori 47, Tel. 244285
   (Original-toskanische Gerichte zu akzeptablen Preisen)
Garga, Via Moro 48, Tel. 2398898
   (Künstlerlokal in einem ehemaligen Bischofssitz, ausgefallene Küche)
Oreste, Piazza Santo Spirito 16r, Tel. 262383
   (Man speist abseits der großen Touristenströme, gute preisgünstige
   Küche)
San Zanobi, Via San Zanobi 33r, Tel. 475286
   (Ausgezeichnet sind die gefüllten Calamari, gute Chianti-Weine)
Sostanza, Via del Porcellana 25r, Tel. 212691
   (Florentiner Gasthaus, man sollte die Kutteln und den Chianti aus eige-
   ner Abfüllung probieren)
Vittoria, Via della Fonderia 52r, Tel. 225657
   (Bekannt für seine Fischgerichte)

Trattorie

China-Town, Via Vecchietti 6–10r, Tel. 294470
Il Mandarino, Via Condotta 17r, Tel. 2396130
Nanchino, Via dei Cerchi 36–40r, Tel. 213142
Shanghai, Piazza della Libertà 32r, Tel. 583596

Chinesische
Restaurants

Giapponese, Via dei Neri 72r, Tel. 210940

Japanisches
Restaurant

Rundfunk

Die staatliche italienische Rundfunkanstalt RAI strahlt auf Mittelwelle (846
kHz) ein Nachtprogramm in deutscher Sprache von 0.33 bis 5.33 Uhr mit
stündlichen Nachrichten aus. Tagsüber sendet RAI auf Kurzwelle (9575,
7290, 5990 kHz) in deutscher Sprache von 15.35 bis 15.50 Uhr für österrei-
chische Hörer und von 17.50 bis 18.10 Uhr für Hörer aus Deutschland.

Sendungen in
deutscher Sprache

Reiserufe in deutscher Sprache bringt die staatliche Rundfunkanstalt RAI
täglich um 13.56 Uhr.

Reiserufe im Radio

Shopping

Bekannt ist Florenz für die exquisite Auswahl an Modegeschäften – alle
großen Namen dieser Branche sind hier vertreten –, aber auch Schmuck,
Lederwaren, edle Stoffe und Delikatessen kann man gut in der Metropole

Allgemeines

Allgemeines (Fortsetzung)	am Arno erwerben, vorausgesetzt, man ist bereit, den meist recht beachtlichen Preis zu bezahlen.
Antiquitäten	Bartolozzi Via Maggio 18r Ugo Camiciotti Via di Santo Spirito 9r Zahlreiche kleine Antiquitätengeschäfte findet man in den Straßen Borgo Ognissanti, Via Maggio, Via Fossi, Via di Santo Spirito sowie Via della Vigna Nuova.
Bücher	Feltrinelli Via Cavour (auch deutschsprachige Literatur) Salimbeni Via Palmieri 14r (Antiquariat) Seeber Via Tornabuoni 70r (internationales Angebot)
Bürowaren, Papier	"& C." Via della Vigna Nuova 82r
Delikatessen	Alessi Paride Via dell'Orche 27–29r (mit großer Weinhandlung)

Via Calzaiuoli, eine der Haupteinkaufsstraßen von Florenz

Pegna
Via dello Studio 8
(großes Angebot an Olivenöl)

Procacci
Via dei Tornabuoni 64r
(mit Schlemmerecke)

→ dort

Naj Oleari
Via della Vigna Nuova 35r
(ausgefallene Geschenkideen und farbenprächtige Stoffe)

Ugolini's Gloves
Via Tornabuoni 20 – 22

Galleria Machiavelli
Lungarno Guicciardini 104r

Sbigoli Terracotte
Via Sant'Egidio 4r
(eigene Werkstatt)

Emilio Paoli
Via della Vigna Nuova 26r
(handgemachte Körbe und zahlreiche Artikel aus Weide, Stroh und Rattan)

Cellerini
Via del Sole 37r
(hier werden Koffer und Taschen noch manuell gefertigt)

Gucci
Via dei Tornabuoni 57 – 59r

Il Bisonte
Via del Parione 35

Ottino
Via de'Cerretani 60 – 62r

Raspini
Via Roma 25 – 29r

Scuolo del Cuoio
Piazza Santa Croce 16
(untergebracht ist die 'Lederschule' in den Räumlichkeiten des Klosters
Santa Croce; handgefertigte Lederwaren)

→ dort

Alex
Via della Vigna Nuova 19r
(Damenmode)

Enrico Coveri
Via della Vigna Nuova 27 – 29r
(Damen- und Herrenmode)

Ermano Daelli
Via Roma 12r
(Damen- und Herrenmode, Accessoires)

Delikatessen
(Fortsetzung)

Galerien

Geschenke,
Souvenirs

Handschuhe,
Krawatten

Keramik

Körbe,
Strohwaren

Lederwaren

Märkte

Mode

Mode
(Fortsetzung)

Fendi
Via dei Tornabuoni 27r
(Damenmode)

Gabbanini
Via Porta Rossa 31
(Herrenmode)

Laura Biagotti
Via Calimale 27r
(Damenmode)

Luisa via Roma
Via Roma 19 – 21r
(fast alle bekannten Modedesigner und eigene Kreationen)

Valentino
Via dei Tornabuoni 67r
(Damen- und Herrenmode)

Zanobetti
Via Calimala 20 (für Damen)
Via Calimala 22 (für Herren)

Zegna
Piazza Rucellai 4 – 7r
(Kleidung und Accessoires für Herren)

Modeschmuck

Bijoux Cascio
Via Por San Maria 1r
(Exklusives, ausgefallenes Angebot)

Papier

Il Papiro
Via Cavour 55
Piazza Duomo 24
(typisch florentinisches Papier aus handgeschöpften Bütten)

Porzellan

Armando Poggi
Via dei Calzaiuoli 105 und 116r
(große Auswahl an Porzellan, Kristall und Tafelsilber)

Schmuck

Fratelli Coppini
Via Por S. Maria 78r

Torrini
Piazza del Duomo 9r

Ylang Ylang
Via dei Tornabuoni 54
(ausgefallene Schmuckideen)

Eine große Auswahl an wertvollen Gold- und Silberwaren findet man in den mehr als 30 Läden auf dem Ponte Vecchio.

Schuhe

Beltrami
Via dei Pecori 1 und 16r

Dominici
Via Calimala 23

Mario Valentino
Via dei Tornabuoni 67

Ein Paradies für Schmuckfans: Läden auf dem Ponte Vecchio

Pollini
Via Calimala 12

Vitali
Via Panzani 20

Nencioni
Via della Condotta 36r
(große Auswahl an Stichen aus verschiedenen Epochen)

Garbo
Borgo Ognissanti 2

Casa dei Tessuti
Via dei Pecori 20 – 24r
(Designerstoffe)

Haas
Via Tornabuoni 53

Lisio
Via dei Fossi 45r
(wertvolle Brokate und Seidenstoffe)

Loretta Caponi
Borgo Ognissanti 12r
(Dessous und feine Wäsche)

→ Delikatessen

→ dort

Schuhe
(Fortsetzung)

Stiche

Stickerei,
Spitze

Stoffe

Wäsche

Wein

Öffnungszeiten

Shopping
(Fortsetzung)
Mehrwertsteuer

Der Mehrwertsteuersatz liegt in Italien für viele Waren erheblich über dem deutschen (für Schmuck und andere Luxuswaren beträgt er z. B. 38 %) bzw. über dem deutschen Einfuhrumsatzzoll. Bei höheren Rechnungsbeträgen empfiehlt es sich daher, sich bei der Ausreise vom italienischen Zoll gegen Vorlage der Rechnung die Ausfuhr des jeweiligen Gegenstandes bestätigen zu lassen (mitunter erhält man diese Bestätigung nur, wenn zuvor der deutsche Einfuhrumsatzzoll entrichtet wurde). Diesen Beleg sendet man danach an das jeweilige Unternehmen in Italien, das daraufhin den entsprechenden Mehrwertsteuersatz erstatten sollte.

Speisen

→ Essen und Trinken

Sport

Stadion

Stadio Comunale
Viale Manfredo Fanti
55 000 Plätze; Schwimmbad

Galopp-,
Trabrennbahn

Galoppo Ippodromo del Visarno
Trotto Ippodromo delle Muline Cascine
→ Sehenswürdigkeiten von A bis Z, Cascine

Golf

Golf dell'Ugolino
Grassina, Strada Chiantigiana 2

Tennis

Circolo del Tennis
Cascine, Viale Visarno 1

Club Sportivo Firenze
Via Fosso Macinante 13

Freibäder

Piscina Comunale Bellariva
Lungarno Colombo 6

Piscina Costoli
Viale Paoli

Piscina Il Poggetto
Via Michele Mercati 24 b

Piscina Le Pavoniere
Via delle Cascine

Sprache

Italienisch

Das Italienische ist die geradlinige Fortsetzung der lateinischen Sprache, der es von allen romanischen Sprachen am nächsten steht. Nicht zuletzt infolge der früheren politischen Zerrissenheit des Landes entstanden zahlreiche Mundarten, aus denen die großen Dichter des 13. – 14. Jh.s, besonders Dante, das Toskanische als noch heute gültige Schriftsprache heraushoben. Die Sprache der Florentiner gilt als das reinste Italienisch.
In den größeren Hotels und Restaurants von Florenz kann man sich in der Regel in Deutsch oder Englisch verständigen, ansonsten helfen mitunter schon einige Redewendungen weiter.

Praktische Informationen

Der Ton liegt meist auf der vorletzten Silbe. Wird der Endvokal betont, trägt dieser stets einen Akzent (perchè, Città). Bei Betonung auf der drittletzten Silbe steht in der offiziellen Rechtschreibung (außer in Zweifelsfällen) kein Akzent. Vielfach wird ein solcher jedoch als Aussprachehilfe hinzugesetzt (chilòmetro, sènapa), é bzw. ó bedeuten den geschlossenen, è bzw. ò den offenen Laut. Diphtonge sind getrennt zu sprechen: causa wie 'ka-usa', sei wie 'ßä-i'. Ein e ist nie stumm, auch nicht im Auslaut.

C oder cc wird vor e und i wie 'tsch', g oder gg vor e und i wie 'dsch' gesprochen; c und g vor den übrigen Vokalen sowie ch und gh wie 'k' und 'g'; gn und gl zwischen Vokalen wie 'nj' und 'lj'. H ist stumm, r ein Zungenlaut; qu wie 'kw'. Das s ist am Wortanfang vor einem Vokal stimmlos, vor b, d, g, l, m, n und v sowie zwischen zwei Vokalen jedoch stimmhaft; sc vor e und i wie 'sch'; z wie 'ds'.

0	zero	19	diciannove	
1	uno, una, un, un'	20	venti	
2	due	21	ventuno	
3	tre	22	ventidue	
4	quattro	30	trenta	
5	cinque	31	trentuno	
6	sei	40	quaranta	
7	sette	50	cinquanta	
8	otto	60	sessanta	
9	nove	70	settanta	
10	dieci	80	ottanta	
11	undici	90	novanta	
12	dodici	100	cento	
13	tredici	101	cento uno	
14	quattordici	153	centocinquantatre	
15	quindici	200	duecento	
16	sedici	1000	mille	
17	diciasette	5000	cinque mila	
18	diciotto	1 Mio.	un milione	

1.	primo (prima)	7.	settimo
2.	secondo	8.	ottavo
3.	terzo	9.	nono
4.	quarto	10.	decimo
5.	quinto	20.	ventesimo/vigesimo
6.	sesto	100.	centesimo

$1/2$ un mezzo (mezza)
$1/4$ un quarto
$1/10$ un docimo

Guten Morgen, guten Tag!	Buon giorno!
Guten Abend!	Buona sera!
Auf Wiedersehen!	Arrivederci!
Ja, nein!	Si, no!
Entschuldigen Sie	Scusi
Bitte (um Gefälligkeit)!	Per favore!
Bitte (nach Entschul-	Prego!
digung oder Dank)!	
Danke (sehr)!	(Molte) grazie!
Gestatten Sie, bitte!	Con permesso!
Sprechen Sie deutsch?	Parla tedesco?
Ein wenig, nicht viel	Un poco, non molto
Ich verstehe nicht	Non capisco
Wie heißt auf italienisch?	Come si dice in italiano
Wie heißt diese Kirche?	Come si chiama questa chiesa?
Der Dom	Il duomo
Der Platz	La piazza

Wichtige Redewendungen (Fortsetzung)	Der Palast (das Gebäude)	Il palazzo
	Das Theater	Il teatro
	Wo ist die Straße X?	Dov'è la via X?
	die Straße (Autobahn) nach ...?	la strada (l'autostada) per. . .?
	Links, rechts	A sinistra, a destra
	Immer geradeaus	Sempre diritto
	Oben, unten	Sopra, sotto
	Wann geöffnet?	Quando è aperto?
	Wie weit?	Quanto è distante?
	Heute	Oggi
	Gestern	Ieri
	Vorgestern	L'altro ieri
	Morgen	Domani
	Sind Zimmer frei?	Ci sono camere libere?
	Ich möchte gern. . .	Vorrei avere. . .
	Ein Zimmer mit Bad (Dusche)	Una camera con bagno (doccia)
	Mit voller Pension	Con pensione completa
	Was kostet es?	Qual'è il prezzo?
		Quanto costa?
	Alles inbegriffen	Tutto compreso
	Das ist zu teuer!	E troppo caro
	Kellner zahlen!	Cameriere, il conto!
	Wo ist die Toilette?	Dove si trovano i gabinetti?
		(il servizi, la ritirata)
	Wecken Sie mich um sechs!	Può svegliarmi alle sei!
	Wo gibt es einen Arzt?	Dove sta un médico?
	einen Zahnarzt?	un dentista?
Auf der Post	Adresse	Indirizzo
	Brief	Lettera
	Briefkasten	Buca delle lettere
	Briefmarken	Francobolli
	Briefträger	Postino
	Eilboten	Espresso
	Einschreibebrief	Raccomandata
	Luftpost	Posta aerea
	Postkarte	Cartolina
	Postlagernd	Fermo posta
	Telefon	Telefono
	Telegramm	Telegramma
Auf der Reise	Abfahrt	Partenza
	Abflug	Partenza, Decollo
	Ankunft	Arrivo
	Aufenthalt	Sosta
	Bahnhof	Stazione
	Bahnsteig	Marciapiede
	Fahrkarte	Biglietto
	Fahrplan	Orario
	Fahrpreis	Brezzo del biglietto, Tariffa
	Flug	Volo
	Flughafen	Aeroporto
	Flugzeug	Aeroplano
	Gepäck	Bagagli
	Gepäckträger	Portabagali, facchino
	Haltestelle	Fermata
	Nichtraucher	Vietato fumare
	Raucher	Fumatori
	Schaffner	Conduttore
	Schalter	Sportello
	Umsteigen	Cambiare treno
	Wartesaal	Salla d'aspetto

Montag	Lunedi	Sprache
Dienstag	Martedi	(Fortsetzung)
Mittwoch	Mercoledi	Wochentage
Donnerstag	Giovedi	
Freitag	Venerdi	
Samstag	Sabato	
Sonntag	Domenica	
Tag	Giorno	
Wochentag	Giorno feriale	
Feiertag	Giorno festivo	
Woche	Settimana	
Neujahr	Capo d'anno	Festtage
Ostern	Pasqua	
Pfingsten	Pentecoste	
Weihnachten	Natale	
Januar	Gennaio	Monate
Februar	Febbraio	
März	Marzo	
April	Aprile	
Mai	Maggio	
Juni	Giugno	
Juli	Luglio	
August	Agosto	
September	Settembre	
Oktober	Ottobre	
November	Novembre	
Dezember	Dicembre	

Wörterbücher und Sprachführer

Für detailliertere Informationen sei auf die Wörterbücher des Verlages Langenscheidt KG, Berlin und München, hingewiesen.

Sprachunterricht

Verschiedene Institute bieten in Florenz Kurse zum Erlernen der italienischen Sprache an. Sie finden sowohl für Anfänger als auch für Fortgeschrittene statt und haben – je nach Intensität – eine Dauer von zwei bis vier Wochen. Neben diesen ständig stattfindenden Kursen werden auch Feriensprachkurse angeboten, die außer dem Unterricht auch Hotelaufenthalt und Vollpension sowie ein Freizeitprogramm beinhalten.

Centro Koinè   Sprachschulen
Via Pandolfini 27, Tel. 213881

Centro Pontevecchio
Piazza del Mercato Nuovo 1, Tel. 2394511

Macchiavelli
Piazza S. Spirito 4, Tel. 2396966

Scuola Leonardo da Vinci
Via Brunelleschi 4, Tel. 294247

Über weitere Unterrichtsmöglichkeiten sowie über spezielle Kurse, z.B.   Italienische
Literaturkurse, erteilen die Italienischen Kulturinstitute Auskunft.   Kulturinstitute

Sprachunterricht, Italienische Kulturinstitute (Fortsetzung)	In Deutschland Beethovenstr. 17, (W)-6000 Frankfurt am Main 1, Tel. (069) 7531123 Hansastr. 6, (W)-2000 Hamburg 13, Tel. (040) 440441 Universitätsstr. 81, (W)-5000 Köln 41, Tel. (0221) 402923 Hermann-Schmid-Str. 8, (W)-8000 München 2, Tel. (089) 772362 Kolbstr. 6, (W)-7000 Stuttgart 1, Tel. (0711) 605980 Porschestr. 74, (W)-3180 Wolfsburg 1, Tel. (05361) 23081 In Österreich Maria-Theresien-Str. 38/C, 6020 Innsbruck, Tel. (0512) 583373 Ungargasse 3 III, 1030 Wien, Tel. (01) 7133454 In der Schweiz Florastr. 7, 8008 Zürich, Tel. (01) 344825

Stadtbesichtigung

Besichtigungs-programm	→ dort
Fremdenführer	Fremdenführer vermittelt das 'Ufficio Guide Turistiche' (Viale Gramsci 9a, Tel. 2478188). Für eine Gruppe von ein bis 17 Personen zahlt man pro halbem Tag 95000 Lire, für jede weitere Person 1900 Lire.
Stadtrundfahrten	"Universalturismo" (Prospekte liegen in vielen Hotels aus) veranstaltet zweimal täglich Stadtrundfahrten. Treffpunkte sind u.a. die Piazza della Stazione und die Piazza della Repubblica. Nähere Auskünfte erteilen die örtlichen Reisebüros bzw. Universalturimo (Via Speziali 7r, Tel. 217241).
Kutschfahrten	Meist warten auf der Piazza della Signoria sowie vor dem Dom Pferdekutschen auf Kundschaft.

Taxi

Funk-Taxi	Via Steccuto 12, Tel. 4390 Via Valdinievole 44c, Tel. 4798
Taxistandplätze	Ein Verzeichnis der Taxistandplätze findet man unter dem Stichwort 'Taxi' im Branchenverzeichnis (Pagine Gialle).

Telefon

→ Post, Telegraf, Telefon

Theater, Konzerte

Oper, Konzerte	Teatro Comunale Corso Italia 12 Tel. 27791 Teatro della Pergola Via della Pergola 18 Tel. 2479651

Praktische Informationen

Sala Bianca
im Palazzo Pitti
Piazza Pitti

Konzerte

Sala del Conservatorio di Musica
Piazza Belle Arti 2

Teatro dell'Oriuolo
Via dell'Oriuolo 31
Tel. 2340507

Schauspiel

Teatro Verdi
Via Ghibellina 99
Tel. 2396242

Revuetheater

Insbesondere in den Sommermonaten finden in Florenz zahlreiche kulturelle Veranstaltungen statt (→ Veranstaltungskalender).

Theater- und
Musikfestivals

Box Office
Via della Pergola 10, Tel. 242361

Vorverkaufsstellen

Globus Viaggi
Piazza Santa Trinita 2r, Tel. 214992

Trinkgeld

In Hotels und Restaurants ist die Bedienung inbegriffen, jedoch werden 5 – 10 % des Rechnungsbetrages als Trinkgeld erwartet. In den 'Bars', den italienischen Cafés, ist die Bedienung häufig nicht eingeschlossen, in diesem Fall werden 12 – 15 % gegeben. Bei Taxifahrten rundet man den zu zahlenden Betrag auf. Gepäckträger erwarten ca. 2000 Lire pro Koffer. Nicht üblich ist es in Italien, dem Zimmermädchen oder dem Friseur ein Trinkgeld zu geben.

Uhrzeit

→ Zeit

Unterkunft

→ Hotels
→ Camping
→ Jugendherbergen

Veranstaltungskalender

Mustermesse von Florenz (Lederwaren und Lederkonfektion).

Januar

Aurea Trade (Messe für Goldschmiedekunst).

Februar

Möbel-Muster-Messe.

März

Ostersonntag: Scoppio del Carro ('Wagenverbrennung' zwischen Dom und Baptisterium).

März/April

Veranstaltungen (Forts.) April	Internationale Messe des Kunsthandwerks (bis Mai).
Mai	Himmelfahrtstag: Festa del Grillo (Frühlingsfest) im Parco delle Cascine.
Mai/Juni	Maggio Musicale Fiorentino: Musikalische Veranstaltungen mit Künstlern aus aller Welt, Vorstellungen vor allem im Teatro Comunale und Teatro della Pergola.
Juni	24. Juni: Fest des hl. Johannes des Täufers (Stadtpatron von Florenz) mit Feuerwerk auf der Piazzale Michelangelo. Calcio Storico Fiorentino: Fußballspiel in Kostümen des 16. Jh.s (an drei Spieltagen, eines findet grundsätzlich am 24. Juni statt; → Sehenswürdigkeiten von A bis Z, Santa Croce). Palio Remiero: Ruderwettbewerb auf dem Arno.
Juli/August	Estate Fiesolana (Sommer in Fiesole): Kulturelle und musikalische Veranstaltungen, vielfach als Freilichtaufführungen, z.B. im Teatro Romano in Fiesole.
August	Pitti-Bimbo (Kindermodenmesse). Internationale Lederwaren-Messe.
September	Pitti-Uomo (Herrenmoden-Messe). Pitti-Filati (Strick- und Stickwaren-Messe). Casual (Freizeitmoden-Messe). Festa delle rificolone (Laternenfest; 7. Sept.). Oltrarno di Firenze (Septemberfest).
Oktober	Antiquitätenausstellung (alle zwei Jahre). Pitti-Donna (Damenmoden-Messe).
November	Beginn der Opern-, Konzert- und Theatersaison. Italienische Brillen-Messe.
Dezember	Vielerorts Krippenausstellungen.

Verkehrsmittel (Öffentlicher Nahverkehr)

Autobusse	Als öffentliche Verkehrsmittel verkehren in Florenz nur Autobusse. Die Fahrkarten – es gibt Einfachfahrkarten (Gültigkeit 70 Min.), Sammelfahrscheine sowie spezielle Touristentickets (damit können beliebig viele Fahrten an einem Tag vorgenommen werden) – werden in behördlich autorisierten Verkaufsstellen oder in Tabakgeschäften vertrieben. Man entwertet die Fahrscheine im Bus.
Auskunft	Fahrten in die Umgebung von Florenz kann man u. a. mit den Autobussen der Gesellschaft SITA unternehmen. Sie bietet ihren Kunden am Busbahnhof (Via S. Caterina da Siena 15r, nahe Hauptbahnhof) per Computer einen viersprachigen Informationsdienst über Abfahrt- und Ankunftszeiten. Die Öffentliche Verkehrsbetriebe (ATAF) haben einen Stadtplan mit allen Buslinien herausgegeben (Piazza del Duomo 57r, Tel. 58 05 28).

Verkehrsvorschriften

Die allgemeinen Verkehrsvorschriften in Italien unterscheiden sich nicht wesentlich von denen anderer Länder mit Rechtsfahrordnung. Die Verkehrszeichen entsprechen den internationalen Normen.

Die Innenstadt von Florenz ist für den privaten Autoverkehr weitgehend gesperrt (→ Parkplätze).

Innenstadt gesperrt!

Innerhalb geschlossener Ortschaften 50 km/h; außerhalb geschlossener Ortschaften 90 km/h.
Auf Autobahnen dürfen Personenkraftwagen bis 1100 cm³ 110 km/h und Pkw über 1100 cm³ 130 km/h fahren. Motorräder bis 149 cm³ sind auf Autobahnen nicht zugelassen, für Motorräder bis 349 cm³ liegt die Höchstgeschwindigkeit bei 110 km/h, für Motorräder ab 350 cm³ bei 130 km/h. Ein Pkw mit Anhänger darf auf der Autobahn nicht schneller als 100 km/h, auf der Landstraße nicht schneller als 80 km/h fahren.

Höchstgeschwindigkeit

Motorräder über 350 cm³ dürfen erst ab dem 21. Lebensjahr gefahren werden. Das Fahren mit Motorrädern unter 150 cm³ auf Autobahnen ist nicht erlaubt. Grundsätzlich nicht zugelassen sind Motorrad-Anhänger.

Motorräder

Es besteht für alle Autoinsassen über 14 Jahre Anschnallpflicht. Kinder bis vier Jahre dürfen nur in speziellen Kindersitzen befördert werden.

Sicherheitsgurte/Kindersitz

Vorfahrt hat der auf den Hauptverkehrsstraßen fließende Verkehr, sofern diese durch ein auf die Spitze gestelltes weißes oder gelbes Quadrat mit roter bzw. schwarz-weißer Umrandung beschildert sind. Sonst gilt grundsätzlich (auch im Kreisverkehr) die Regelung 'rechts vor links'. Auf schmalen Bergstraßen hat das bergauffahrende Fahrzeug Vorfahrt. Schienenfahrzeuge sind immer bevorrechtigt.

Vorfahrt

Der Fahrbahnwechsel vor und nach dem Überholen ist durch Blinken anzuzeigen. Zudem muß vor dem Überholen außerhalb geschlossener Ortschaften gehupt werden (bei Dunkelheit Lichthupe!).

Überholen

Hupverbot besteht entsprechend den Verkehrszeichen bzw. entsprechend der Aufschrift 'zona di silenzio' in größeren Ortschaften.

Hupverbot

Auf gut beleuchteten Straßen darf nur mit Standlicht, in Tunnels und Galerien muß jedoch mit Abblendlicht gefahren werden.

Beleuchtung

Fahren unter Alkoholeinfluß ist grundsätzlich verboten.

Alkohol

Das Mitführen von gefüllten Reservekanistern ist in Italien aus Sicherheitsgründen nicht zulässig.

Reservekanister

Der 'Rimozione forzata' schleppt vorschriftswidrig geparkte Personenkraftwagen ab. Findet man sein Fahrzeug nicht am Abstellplatz wieder, wendet man sich entweder an die Stadtpolizei (Vigili urbani, → Polizei) oder direkt an das Depot für abgeschleppte Kraftfahrzeuge (Via Circondaria 19, Tel. 35 15 62).

Abgeschleppte Personenkraftwagen

→ Autohilfe

Unfälle, Pannen

→ Anreise

Autobahngebühren

Wein

Italien ist seit uralter Zeit ein Weinland; heute liegt es mit der Gesamtmenge seiner Produktion weltweit an der Spitze (fast ein Viertel der Weltweinproduktion kommt aus Italien). Die Toskana wiederum gehört zu den am besten organisierten Weinbauregionen des Landes.

Allgemeines

Von hier kommt der vielleicht bekannteste Wein der Welt, der Chianti. Er wird aus der dunklen Sangiovese-Traube zusammen mit Canaiolo- und

Rotweine

etwas weißen Trebbiano- und Malvasia-Trauben gewonnen. In unmittelbarer Nähe von Florenz wird der Chianti Colli Fiorentini erzeugt, ein frischer, rubinroter Wein, der sich gut als Tischwein eignet. Aus der Landschaft zwischen Florenz und Siena stammt der Chianti Classico, diese weichen, leicht bitterlichen Weine sind meist nach zwei bis fünf Jahren reif, gute Jahrgänge können über ein Jahrzehnt halten. Man erkennt den 'klassischen' Chianti an dem schwarzen Hahn auf dem Flaschenetikett; der mit einem Engelchen gekennzeichnete Chianti Putto steht ihm an Qualität kaum nach. Daß die Weinbauern gerade mit dem Chianti in letzter Zeit zunehmend Absatzschwierigkeiten haben, mag daran liegen, daß es erhebliche Qualitätsunterschiede gibt. Die insbesondere außerhalb des eigentlichen Kerngebietes betriebene Massenerzeugung hat dazu geführt, daß manche Chianti-Weine zumindest für Kenner kaum genießbar sind.
Ein hervorragender Rotwein, der allerdings auch seinen Preis hat, ist der Brunello di Montalcino. Gute Jahrgänge altern ausgezeichnet und entfalten dabei ein elegantes Bukett. Aus dem gleichen Gebiet stammt der Roso dei Vigneti di Brunello, aus derselben Traubensorte, aber von jungen Reben oder aus etwas schwächeren Jahrgängen. Er ist trocken, samtig sowie bukettreich und wird jung getrunken.
Ausgezeichnet ist daneben der Vino Nobile di Montepulciano aus dem Südosten der Toskana. Er ist granat- bis ziegelrot, trocken und mit leichtem Veilchenbukett. Längere Zeit gelagert und ausgebaut werden nur die ganz großen Jahrgänge.

Eine wachsende Nachfrage hat zum Wiederaufleben der toskanischen Weißweine geführt. Unter der Bezeichnung 'Chianti' darf zwar eigentlich nur Rotwein verkauft werden, doch werden in diesem Anbaugebiet auch zunehmend weiße Chianti aus Trebbiano- und Malvasia-Trauben erzeugt. Sie sind im allgemeinen trocken und leicht, können bei entsprechender Behandlung auch fruchtig ausfallen. Diese Tafelweine laufen unter einer Vielzahl von Bezeichnungen. Überdurchschnittlich gut ist der Galestro, der einen maximalen Alkoholgehalt von 10,5% aufweist, trocken, frisch und fruchtig ist, ähnliche Merkmale weist der Bianco della Lega auf.
Östlich von Lucca gedeiht der Montecarlo, einer der besten toskanischen Weißweine. Er wird aus verschiedenen Traubensorten gekeltert, weshalb er je nach Erzeuger unterschiedlichen Charakter hat. Im allgemeinen wird er jung getrunken. Ein Weißwein mit Tradition ist der Vernaccia di San Gimignano. Je nachdem, ob er als klarer Most oder mit der Schale vergoren wird, ist er hell, frisch und blumig oder kräftig und dunkler in der Farbe. Auch er wird nur selten längere Zeit gelagert.

Wer einen Rosé bevorzugt, dem sei der Brolio Rosé empfohlen, es ist ein sehr duftiger Wein, oder auch der 'Rosé di Bolgheri', der aus Sangiovese- und Canaiolo-Trauben gekeltert wird.

Aus den in Italien üblichen Bezeichnungen auf dem Weinetikett läßt sich nur sehr bedingt auf die Art des jeweiligen Weines schließen. Die Namen können Orte oder Rebsorten bezeichnen, sind jedoch häufig reine Phantasieschöpfungen oder Markennamen. Es ist keineswegs selten, daß unter ein und demselben Namen Rot- und Weißweine mit unterschiedlichsten Eigenarten angeboten werden. Das italienische Weingesetz von 1963 legt drei verschiedene Qualitätsstufen fest:
'Denominazione Semplice', die unterste Stufe, entspricht etwa dem deutschen Tafelwein: eine bestimmte Qualität ist nicht vorgeschrieben.
Denominazione di Origine Controllata (DOC): ist das nächsthöhere Prädikat. Jede Erzeugervereinigung kann die Registrierung ihres Weines als DOC beantragen. DOC-Weine müssen aus einem amtlich anerkannten Weinbaugebiet stammen, aus festgelegten Rebsorten und nach festgesetzten Methoden verarbeitet werden. Die Einzelheiten werden für den jeweiligen DOC-Bezirk von den dort ansässigen Erzeugern festgelegt. DOC-Weine sind Prüfungen unterworfen und müssen neben dem eigenen Etikett zusätzlich mit einem DOC-Etikett versehen sein.

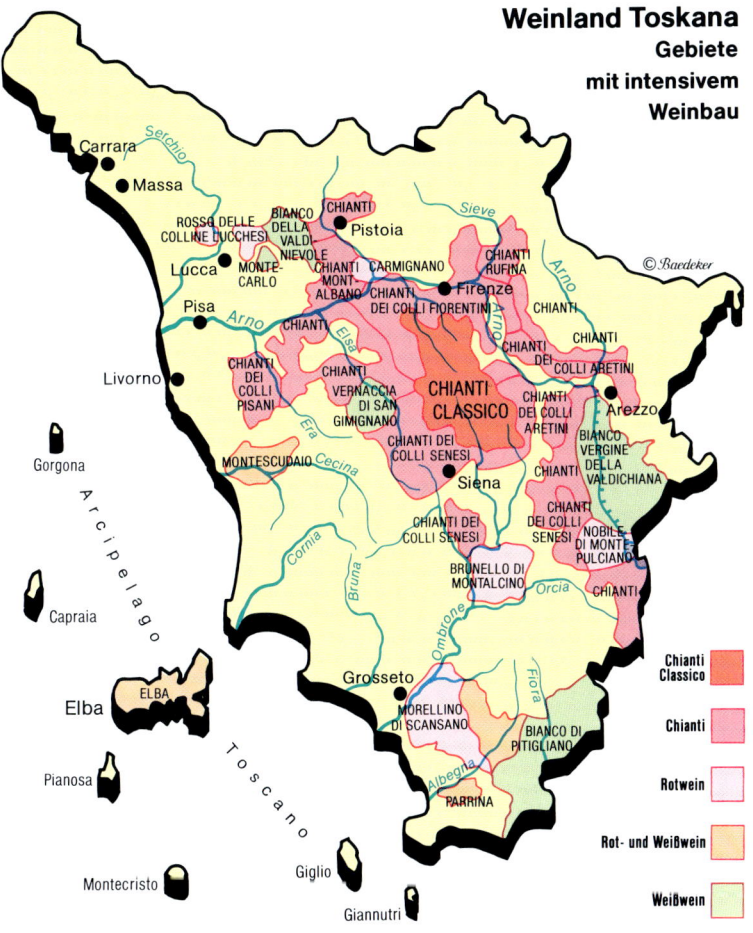

Weinland Toskana
Gebiete
mit intensivem
Weinbau

© Baedeker

| Chianti Classico | Chianti | Rotwein | Rot- und Weißwein | Weißwein |

Die höchste Qualitätsstufe, 'Denominazione di Origine Contrallata e Garantita' (DOCG), wird nur ausgesuchten Weinen einzelner Erzeuger zuerkannt. Der Wein wird in der Regel von diesen abgefüllt und die Originalabfüllung durch ein staatliches Verschlußsiegel garantiert.

Weinetikett (Fortsetzung)

Weinvokabular

Amabile	Lieblich
Annata	Jahrgang
Azienda agricola (agraria)	Weingut
Barbera	Herzhafte Traubensorte aus Piemont
Bianco	Weiß
Cantina	Weinkellerei
Cantina sociale	Winzergenossenschaft
Classico	Aus dem Zentrum und der besten Gegend des Gebiets

215

Wein, Weinvokabular (Fortsetzung)	Frizzante	Etwas schäumend
	Gradazione alcoolica	Alkoholgehalt
	Metodo champenois	Flaschengärung
	Nero	Dunkelrot
	Riserva	Über eine satzungsgemäße Zeit (meist drei Jahre) gelagerter Wein
	Rosato	Rosé
	Rosso	Rot
	Secco	Trocken
	Spumante	Schäumend
	Superiore	Bezeichnung für DOC-Weine, die über der Norm liegen
	Tenementi	Besitz oder Weingut
	Uva	Traube
	Vendemmia	Jahrgang (eigentlich Weinlese)
	Vigna	Weinberg
	Vino ordinario (bzw. di tavola)	Einfacher, meist nicht abgefüllter Wein

Wetter

→ Reisezeit

Zeit

In Italien gilt die Mitteleuropäische Zeit (MEZ). Für die Sommermonate (April bis September) wurde – ebenso wie in Deutschland – die Mitteleuropäische Sommerzeit (MEZ + 1 Std.) eingeführt.

Zollbestimmungen

Einreise aus EG-Ländern

Nach Italien können zollfrei die für den persönlichen Gebrauch bestimmten Gegenstände eingeführt werden; dazu gehören auch (für Personen über 15 Jahre) 1000 g Kaffee oder 400 g Pulverkaffee und 200 g Tee oder 80 g Teeauszüge, ferner (für Personen über 17 Jahre) 1,5 l Spirituosen über 22 % oder 3 l Spirituosen unter 22 % oder 3 l Schaumwein und 5 l Wein sowie 300 Zigaretten oder 75 Zigarren oder 400 g Tabak, Personen über 15 Jahre dürfen zudem Waren und Geschenke bis zum Gesamtwert von 620 000 Lire einführen.
Videogeräte, CB-Funkgeräte und Autotelefone müssen bei der Einreise deklariert werden.
Die Einfuhr von Waffen, Waffenimitationen, Fahrten- und größeren Mehrzweckmessern ist verboten. Auch Reservetreibstoff in Kanistern darf nicht eingeführt werden.
Werden bei der Einreise nach Italien größere Bargeldbeträge mitgeführt, so empfiehlt sich eine Deklarierung (→ Geld).

Ausreise

Die Ausfuhr von in Italien gekauften Waren ist bis zu einem Wert von 500 US-Dollar zollfrei; für Kunstgegenstände und Antiquitäten ist eine Bescheinigung der Kunstkammer erforderlich.

Wiedereinreise nach Deutschland

Bei der Wiedereinreise nach Deutschland sind aus Italien stammende Waren bis zu einem Gesamtwert von 1235 DM zollfrei. Einfuhrmengen für Spirituosen und Tabakwaren: siehe Einreise.

Register

Register

Register

Verzeichnis der Karten, Pläne und graphischen Darstellungen im Reiseführer

Bildnachweis

Notizen

Notizen